Doing The
A Value B

做正确的事

以价值为基础的经济学

荷] 可尤·克莱默 (Arjo Klamer) ◎著

姜丽丽 ◎译

首都经济贸易大学出版社
Capital University of Economics adn Business Press
· 北京 ·

图书在版编目（CIP）数据

做正确的事：以价值为基础的经济学/（荷）阿尤·克莱默著；姜丽丽译. --北京：首都经济贸易大学出版社，2020. 7

ISBN 978-7-5638-3090-9

Ⅰ. ①做… Ⅱ. ①阿… ②姜… Ⅲ. ①经济学—研究 Ⅳ. ①F0

中国版本图书馆 CIP 数据核字（2020）第 098967 号

Doing the Right Thing：A Value Based Economy

根据 Society of Economics and Culture（SEC） and Ubiquity Press 2016 年版翻译

著作权合同登记号

图字 01-2019-1878

做正确的事：以价值为基础的经济学

[荷] 阿尤·克莱默（Arjo Klamer） 著 姜丽丽 译

Zuo Zhengque De Shi：Yi Jiazhi Wei Jichu De Jingjixue

责任编辑 王玉荣
封面设计 张人予 安娜·克莱默（Anna Klamer）
出版发行 首都经济贸易大学出版社
地　　址 北京市朝阳区红庙（邮编 100026）
电　　话 （010）65976483 65065761 65071505（传真）
网　　址 http：//www. sjmcb. com
E-mail publish@cueb. edu. cn
经　　销 全国新华书店
照　　排 北京砚祥志远激光照排技术有限公司
印　　刷 北京玺诚印务有限公司
开　　本 710 毫米×1000 毫米 1/16
字　　数 303 千字
印　　张 17. 25
版　　次 2020 年 7 月第 1 版 2020 年 7 月第 1 次印刷
书　　号 ISBN 978-7-5638-3090-9
定　　价 68. 00 元

谨以此书献给所有正在追寻和准备追寻另一种经济学的人们

以及那些为了美好生活而奋斗和为了美好社会而做出贡献的人们

致中国读者的寄语

以中国人的方式去做正确的事情到底有何特点？自从我的博士毕业生姜丽丽开始翻译我这本书，这个问题就一直萦绕在我的脑海里。在本书中，我引用了大量有关西方生活的案例。但是，中国人对UGG雪地靴的狂热是否会和西方人一样（这款鞋出现在第5章的一则轶事中）？除此之外，中国人又会如何看待他们所追求的财富？在中国的语境里，涵盖五大领域的多维模型理论是否成立？

我在第2章中提及“文化”至关重要。从许多方面上来讲，中国的文化和欧洲国家或者美国的文化一样，都会对相应的经济活动、社会生活以及个人成长有显著的影响。因此，不可避免，中国读者有可能会在阅读本书的过程中，时不时会皱一皱眉头，甚至会因为文化的差异而无法完全理解文中插图的含义。那么，我在本书所介绍的以价值为基础的研究方法正是为了处理有关文化的问题。

我很想知道，对中国的学生、经济学家以及其他社会科学家来说，他们是否认可将标准经济学的思维模式进行彻底的颠覆？他们是否会优先考虑价值，而不是价格？当然，以价值为基础的研究方法会促使人们去考虑有关“什么才是最重要的”问题。其答案也往往会以价值观的形式出现，因为价值观可以体现人们认为重要的行为、事物、社会实体以及理想的品质。如果我们得到的答案是“金钱或与金钱有关的物品”时，我们继续要问的问题就是：“钱有什么用？”类似这样不断地探索最终会帮助我们发现什么才是真正重要的财富。是权力？是地位？还是其他更重要的财富？

比如，就第1章而言，中国读者或许比欧洲读者更能理解我所提的有关“房子”和“家”区别的例子。标准经济学的思维模式往往会引导人们更关注“房子”，因为房子可以被买卖，可以被贴上价格，可以被视为是资产的一部分。然而，需要注意的是，我们并不是为了房子而活着。房子是我们生活所需具备的条件之一。我们生活是为了一个美好的家，至少对大部分人来说是这样的。但是，我们不能买卖“家”。“家”没有价格，也不会成为我们资产的一部分。这听上去很奇怪，因为“家”才是我们生命中最重要的财富，而“房子”不是。拥有一栋价格昂贵的别墅，并不能代表拥有一个幸福美满的家。我们可以没有房子，但是不能没有家。那么，如果我们最先关注房子的质量是为了拥有一个美好的家，似乎也说得通吧？总而言之，在以价值为基础的研究方法中，需要关注的是我们将要为之奋斗的“价值”和“财富”，而市场、价格、金融资产等都仅仅只是帮助我们实现最终目标的工具而已。这就是我所倡导的一个颠倒标准经济学的世界观。

对于那些已经熟练掌握标准经济学的人来说，转变原有的传统思维模式，也许困难重重。比如，当我试图向我的一位同事介绍什么是共享财产以及共有财产时，他的反应却不尽如人意，尽管他很愿意听我的解释，并表示这些概念听上去似乎也很有道理，但他还是不能真正地去理解这些概念的含义。或许这些概念对他来说实在是太陌生了。当然，我也注意到了来自学生们的困惑。即使他们并不会禁锢在某一特定的思维模式下，但是由于周围大环境的影响（来自市场领域与政府领域），他们依然无法快速地接受以价值为基础的思维模式。

我非常想知道，对于中国学生来说，他们是否也会存在同样的困扰，又或者他们是否会更容易接受有关重要财富及其分享的概念，比如家庭、亲情、友谊、艺术和知识。正如我所讲的，只有与他人一起分享，这些财富才会有意义，尤其是友谊与亲情。任何人都不可能独自拥有亲情，因为亲情本身就在于共享。

一旦你接受了这样的观点，那么就会发现，除了私人财产和集体财产以外，我们还会拥有各种各样的共享财产，由此你也会对财富与幸福产生新的看法。比如，你可以理解，为什么有的人住在顶级的豪宅中却会感到一无所有，而有的人家徒四壁却幸福满满。其原因就是，当人们欠缺社会性或者文化性的共享财产时，他们就很有可能在社会或者文化方面感到极为贫穷。

与此同时，以价值为基础的研究方法也会对城市规划项目以及商业管理事务有一定的影响。当主管项目的开发商提出有关城市建设的规划时，当地的政府官员不仅会问他有关该项目的成本问题，还会问到该项目有可能带来的文化效益是多少。为了解决这些问题，开发商就需要掌握各种的知识与技能。

同样，（商业）组织机构的利益相关者也会很想知道该组织机构的社会以及文化实践对人们有什么样的影响。比如，我们会期待组织机构对其员工的家庭生活做出贡献，让员工更好地平衡工作与个人生活之间的关系，并为有孩子的员工提供帮助；又或者，我们会希望组织机构尽最大努力为手工艺的复兴或可持续发展的环境做出贡献。组织机构之所以会这么做不仅是出于财政的原因，同时也是因为该组织机构的工作人员认为这些贡献是非常重要的。这些具有积极性的影响会不断激励员工的意志和行为。

因此，以价值为基础的研究方法总是和切切实实的目标相关联。如果我们将注意力放在“对我来说，什么才是最重要的”（而不是“我想要什么”）的问题上时，我们就有机会发现真正的自己。当然，传统经济学的教学方式也需要改变，人们应该减少对工具性问题的关注，而把重点放在本质性的问题上来。

然而，从始至终最关键的问题是，当我们努力地去追求对我们来说重要的财富时，我们能否判断自己的行动是否正确？或者他人是否能对我们进行正确的评估？这是一个值得人们反思的问题。最近我和我的同事正在研究所谓的定性观察分析法，希望它可以向组织机构的管理者以及利益相关者提供有效的反馈，以此判断组织机构的行动方向是否正确。目前来看，第一个实验结果成效显著。所以，或许我们也会在中国开拓并应用有关类似定性观察的分析方法。

在此，我真诚地邀请你和我们一起来体验以价值为基础的研究方法。如果当你在阅读完本书后，愿意和其他人一同分享你的读后感，那就说明我的这本书是有用的。

非常期待和大家一起交流经验和心得。

Arjo Klamer
Hilversum, the Netherlands
10-6-2020

序　言

如何做出正确的决策

做正确的事也就是做对的事情。在编写本书的过程中，我不断思索到底什么才是正确的选择。或许，作为读者的你，在拿起这本书的同时，也在试图回答同样的问题。其实，在现实生活中，我们总是在为如何做出正确的选择而努力：艺术家为了艺术事业而奔波；父母抚养他们的孩子们；从政者们忙于政务活动；管理人员处理各项业务；教师从事教育工作；水管工进行维修工作……

然而，想要做出正确的选择和知道如何做出正确的选择是截然不同的。实际上，当我们决定付诸行动时，仍有其他更多方面的因素需要考虑。比如，当你对一幅画的品质持有怀疑态度时，你是否还会愿意出高价购买它？你是否应该抬高自己剧院的票价，尽管这种做法会导致穷人不满？为当地社团演讲后收取1 000欧元的酬劳是否合适？孩子做家务，父母该不该付报酬？是否应该把公司卖给出价最高的竞标者？我们为什么一遍又一遍地去思考并讨论这些有关金钱方面的问题？到底什么样的选择才是正确的呢？

作为一名经济学家，我时常也困惑为什么人们总是如此关注有关金钱方面的问题。或许有人会说，回答这个问题其实应该是我的专业强项。但是，在与这些问题斗争多年之后，我终于领悟到，作为一名经济学家，应该做的正确的事情就是提出质疑：我们究竟应该报以什么样的目的来做事情？提出这个问题，目的就是为了让我们之间的对话可以超越金钱所带来的局限。我为什么会写这本书？你又为什么会阅读它？或者你为什么会参与涉及艺术或者与艺术相关的领域？你的目的是什么？到底什么对你来说最重要？这些问题会让我们开始思考并探讨我们自己的价值究竟是什么。这也正是我想要通过本书与大家分享和讨论的主题：哪些价值对我们来说最重要？它是如何体现的？我们又该如何利用它呢？

在编写本书进程过半后，我才开始写序。起初，我的思维一直停留在传统的学术模式中，我会邀请你和我一同站在所谓崇高的殿堂之上，俯视文化艺术世界中那些埋头苦干的人们，看他们的无知和他们的命运，而这样却让我陷入死胡同。后来我和我的妻子分享了我的想法，并告诉她我真的很想知道到底什么是做正确的事情。那天，我们都还没有起床，她迫切地还想继续入睡，于是她喃喃地说："为什么不把你的书取名为《做正确的事》?"接着又翻过身去，我听到后激动地跳下了床，因为我意识到我妻子刚刚所说的，也正是我想要表达的主题内容和书名。

为了美好的生活，为了美好的社会，也为了一个强大而又鼓舞人心的文明

对于本书我们也应该提出同样的问题：为了什么？在这里，什么又是最重要的呢？

为什么编写本书？我的答案是：我想要追求美好的生活，并且作为社会的一分子，我也想为这美好的社会出一份力。如果你非要我说出一个具体的理由，那么我会告诉你，我是在为你和我当前所享受的文明可以充满活力地蓬勃发展而努力奋斗。对于文明，我所担心的是，有些人以一种野蛮的态度驱逐与自己不同的文明及其价值；更严重的是，我担心这种情况已经以贬低和蔑视文明重要性的方式出现。例如，这种野蛮的方式似乎已经进入校园，一些经济学家对自己本专业的历史不屑一顾，并对自己学科的相关哲学理论一无所知。我逐渐感受到了这些野蛮的力量在不断影响着我们的心智，在不断地削弱着我们的同情心，使我们在精神层面和文化生活中迷失方向。同时我也可以感受到他们对我们社会文明构建的冷嘲热讽。由于我的工作主要涉及艺术和科学领域，所以我特别希望在这些领域里做我应该做的事情。正如大家所注意的，依靠跨界思维的优势，我积极地参与不同领域的活动，并不断地努力在这些不同的领域中寻找属于自己的正确位置。

我希望，本书中所提到的理念和见解能够激发研究经济学理论的学者和实践工作者思考做正确的事情到底意味着什么。这可以让你我思考想要实现的价值以及应该如何帮助他人实现他们的价值。很显然，这本书对于我来说，是很有价值的。但是对于读者而言，它是否可以帮助你们实现你们认为有价值的事情呢？为了探索这个问题，我先将这本书的内容运用到了我的教学当中，并在专题研讨会上分享给其他专业人士。从结果来看，效果是肯定的。让我尤为欣慰的是，本科生，特别是硕士生在完成自己的课题时，将本书作为研究价值的理论依据。这也正是这本书的另一个作用所在。

这也许是我个人的美好愿望，如果我所提出的以价值为基础的研究方法可以促进经济学其他领域的发展，进而对另一种经济有贡献的话，那么我将会得到莫大的满足。

希望这本书提到的观点可以取代目前所流行的“工具主义”的研究理念

我的学生在上课时，他们更多学习的是“工具主义”的研究方法。也就是说，他们学习的主要是和一些政策目标有关的内容，例如如何促进经济增长、缓解通货膨胀、减少失业率、降低负债、提高效率、费用最小化以及利润最大化等。这种“工具主义”的教学方式侧重于对预期结果的量化。也许正是因为如此，越来越多的学生将学习片面地看作是为了“获得更多的收入”或是“谋求好的工作”的一种工具性手段。然而，类似于此的负面影响，在我们的生活中比比皆是。

工具主义，即工具主义推论的盛行，被加拿大哲学家查尔斯·泰勒（Charles Taylor）称为是现代生活的三大隐忧之一（Taylor，1991）。他认为工具理性“霸权”会给伦理价值带来消逝的危险，或者说他认为当今占主导地位的工具理性是无法帮助研究者和政治家确切地回答“你到底在做什么?”这个问题的。我非常赞同泰勒的观点，比如“更多的经济增长”“更多的利润”“更多的个人成长”之类的答案，对于本真性伦理而言，毫无意义。

泰勒指出现代生活的另外两个隐忧分别来自于个人主义以及政治自主性的丧失。这三者之间是相互联系的。个人主义主要强调自我的主动性，认为人应该作为独立的个体拥有相对独立的决策权。这个观点在标准经济学中尤为常见。个人主义观点总是优先考虑“什么是理性选择或决定?”的问题，而往往把人的社会性和政治性放在了次要位置上。如泰勒所言，只强调关注本身和个体的个人主义会导致人们无视生存的意义，因为所谓生存的意义必须在某种社会和政治的背景下才能实现。

对于政治自主性的丧失，泰勒指的是一种政治，且这种政治变得越来越技术化和工具化，但由于该制度体系具有高效性、可最大化增长性、可控性以及统一性等特点，从而迫使人们不得不去接受。然而，这种普遍存在的工具理性却会让人们远离政治讨论和政治生活，使我们成为实现功利的工具，最终失去作为公民本应该拥有的掌控自身命运的政治自主性。

我在大学里任教，从 2014 年 5 月开始又多了一个身份——从政者。此时，工具理性占主导地位的影响在我看来变得更为明显。大多数的公务员总是关注如何取得可量化的结果和过程，他们把福利的受益人视为“客户”，同时热衷于考虑组织是否可以推行一些针对关怀青少年、重返社会等服务性的项目，并在该项目供给过程中引入具有竞争性的市场机制。他们不断地为这些“客户”寻求更高效、更可靠的服务。但是，结果却不尽如人意。当服务质量不能得到保证时，他们试图利用定量指标对其进行监控。然而，如果这些定量指标偏离了所制订的定性目标该怎么办？如果一味地统计在权威期刊上发表文章的次数，而忽略了科学研究的质量和水平，该怎么办？如果为了追求安置工作的任务数量，以牺牲工作质量为代价，又该怎么办？参观剧院的人数究竟能反映剧院演出质量的哪些方面呢？

每当我告诉这些公务员，他们的言行体现了新自由主义的观点时，他们总是用困惑的眼神看着我。事实上，他们中并没有人能够真正解释新自由主义的含义，以及它与弗里德里希·哈耶克（Friedrich Hayek）和米尔顿·弗里德曼（Milton Friedman）等经济学家所倡导的自由主义的观点到底有何不同。这让我感到非常不解，因为如今“新自由主义”这个名词被如此广泛地用来描述美国、英国和欧盟的政策。显然，在这个新自由主义盛行的圈子里，人们并没有对其产生真正的共鸣。

新自由主义推崇工具推理，但是它又不同于大多数经济学教科书中所出现的具有实践性质的工具推理，学生在教科书中学到的往往是如何设计工具，进而促进某些政策目标的实现。这种工程式的方法正是我曾经的偶像——获得第一个诺贝尔经济学奖的荷兰计量经济学家简·廷伯根（Jan Tinbergen）所提出的。这种模式让你把经济想象成一台机器，从政者们可以利用研究经济学所具备的特有的洞察力对其进行修补和完善。但是，弗里德里希·哈耶克和米尔顿·弗里德曼等崇尚自由的经济学家极力反对这种干预型的修补模式，并主张将国家的权力限制在最低限度，即提倡放任型的“小政府”。新自由主义，正如米歇尔·福柯（Michel Foucault）多次在他的演讲中提到有关生命政治学的定义（Foucault，1975—1976），它指的是让政府领导者（以及公务员）采用市场手段作为他们的政策。即新自由主义就是将市场逻辑融入政府的治理领域当中。

基于新自由主义的观点，从政者，尤其是政府公务员，总是把世界看作是一个庞大而喧闹的市场。他们将公民视为顾客，尝试运用适合于市场的理论知识为这些公民解决问题（例如高额的医疗费用），企图以目标为导向，强调自由选择和竞争的重要性，并针对产品、需求、供应以及效率等方面问题进行研究和讨论，就宛如他们原封不动地消化了一整本经济学入门教科书。但是，事实上他们是在政府机构工作，而不是在以市场为导向的组织机构工作。这其实就是新公共管理作用的必然结果。这种工具推理的作用甚至比在社会民主主义政体中更加有效。因为它的目标本身就具有功利性，例如提高效率、降低成本和促进经济发展（将司法作为一个具有本质性的目标）。但是，显然这些实践者们并没有意识到这一点。

本书的目标读者主要是我身边有类似思考和疑惑的人们，我试图用一个新的代替方案去解决同样的问题。正如下面内容所述。

另一种经济模式

工具理性的替代方案是本质理性，后者关注价值（values），强调什么对我们最重要以及什么才是值得我们为之而奋斗的。本质理性以主体人为中心，试图通过某些具有本质性的价值理念来解释我们自己行为和他人行为的合理性，并强调作为个人、组织以及团体应该追求怎样的品质（quality）。

我发现人们时刻都执着于对品质的探索。除了艺术与科学领域外，还体现在环境质量、卫生保健、公共生活、民主政治以及社会生活等其他方面。越来越多的人开始寻求一种可以代替以金钱为杠杆的世界观。他们期待的是另一种经济，在这种经济体系下，人们不会用金钱来评估一切，不会把一切对象看作是可量化的事物，而是将焦点放在了品质的重要性上。但是，对于如何提高品质、如何实施具体方案，我们又该如何去做呢？

关于另一种经济的提议与方案比比皆是。它们共同的目标是实现“公有制经济、可循环经济或创新型经济”。这与数码技术、机器人、自动化等带来的新可能性相比较，使得匠心精神的再次盛行逐渐成为焦点。一直以来，戴尔德丽·麦克洛斯基（Deirdre McCloskey）和其他的相关学者都在呼吁，应该将经济学（Economics）和人文学（Humanities）相结合，构成人类经济学（Humanomics）。在这种以人类生活为基础的新经济模式下，信仰、希望、关爱等基本价值将会得到充分的关注。当然，作为应对如此庞大规模现象的现代社会而言，佛教经济学（Buddhist Economics）充分激发了人们的想象力。与此同时，这对可持续性经济的有利发展也是毋庸置疑的。

在目睹了标准经济学遇到本质性和定性问题以及面对创新思维却总是显得无能为力的情况下，我决定提出另一种研究方法，并将它称为“以价值为基础的”经济模式。

呼唤另一种经济学

以价值为基础的研究方法，指的是一种追求本质并以品质（quality）为主导的研究方法。这种研究方法在艺术、科学、宗教等领域显得尤为必要，同时它也适用于政治、组织以及机构、社会生活，当然也包括特定的个人生活领域。因为它可以更好地帮助人们了解他人的想法和行为，特别是帮助人们明确自己真正想要什么，所以这种研究方法的出现具有一定的必然性。

以价值为基础的经济学其实就是一种重现古老而又悠久的经济讨论（economic discourse）的经济学。该经济学所涉及的思想与理论是许多并没有被划分为经济学家的伟大思想家以及著名学者所提出的，其中包括亚里士多德（Aristotle）、托马斯·阿奎那（Thomas Aquinas）、亚当·斯密（Adam Smith）、约翰·梅纳德·凯恩斯（John Maynard Keynes）、卡尔·门格尔（Carl Menger）、托斯丹·邦德·凡勃伦（Thorstein B. Veblen）、马克斯·韦伯（Max Weber）、约瑟夫·阿洛伊斯·熊彼特（Joseph Alois Schumpeter）、路德维希·冯·米塞斯（Ludwig von Mises）、弗里德里希·奥古斯特·冯·哈耶克（Friedrich Augustron Hayek）、富兰克·奈特（Frank Knight）、舒马赫（Schumacher E. F.）、肯尼思·爱华·博尔丁（Kenneth E. Boulding）、唐·拉夫尔（Don Lavoie）、埃莉诺·奥斯特罗姆（Elinor Ostrom），再比如当代的戴尔德丽·麦克洛斯基（Deirdre McCloskey）、路易吉诺·布鲁尼（Luigino Bruni）以及罗伯特·斯基德尔斯基（Robert Skidelsky）等。

该传统理念与目前占主导地位的所谓新古典主义思潮的理念形成鲜明对比，我将后者称为标准经济学（standard economics）。有关标准经济学的定义，如果你简单地查阅一下经济学材料或者问问身边学过经济学的人就会知道，该经济学是研究稀缺资源分配的科学，或者说是理性选择的科学。这种对经济学的定义实际上起源于20世纪30年代，更确切地说，它是来源于英国经济学家莱昂内尔·罗宾斯（Lionel Robbins）于1932年所发表的一篇文章——《论经济科学的性质和意义》（*An Essay on the Nature and Significance of Economic Science*)。在该文章中，罗宾斯避开了在此之前指导经济学科学实践的价值讨论，而提出经济学应该和稀缺资源有关。他使得经济学看起来是关乎人类生存与发展的学科，并强调如何增长和创造更多的收入与利润是至关重要的。这种立场在大萧条时期或许是很正确的。然而，这种思考方式放在现在却显得越来越毫无意义。当然，我们依然需要选择。我们需要规划度假行程、思索企业并购问题、考虑是否应该提高出场费用、处理如何减免国家债务或是考虑完善福利政策等。不过，研究稀缺性资源应该如何有效配置的理论是否能给以上这些选择提供有效的公式或模型呢？也许可以吧。但是，我们选择怎么做的原因，也正是和其他事情相比，我们认为它更重要、更有意义。换句话说，我们在评价某些事情或事物时，不仅仅单纯地考虑生存，而还会考虑实现美好生活和美好社会的问题。关键是，著名经济学家保罗·萨缪尔森（Paul Samuelson）在他的第一本现代经济学教材中，也提到了这一点。该教材的第九版也正是助我走上经济学之路的启蒙教材。

在另一种定义中，标准经济学是一门涉及商品的生产、分配和消费的学科。当标准经济学家提到财富（goods）时，他们想到的是商品（commodities）。当他们对分配（distribution）进行讨论时，他们会把注意力集中在市场上的商品交换（exchange）方面。如果我们扩大“财富”的概念，使之不仅包括无形的服务，也包括“知识”“友谊”“自由”等内容时，那么会发生什么事情呢？毕竟，这些财富和“冰箱”或“咨询报告”一样有价值。

我的目标是重现经济学中有关价值的讨论，或者至少为这样的复原工作做出一份贡献。因为，我将经济学定义为：**研究个人、组织机构以及国家，并帮助其实现价值的一门学科**。

标准经济学专注于研究金融方面的问题，并力求运用货币的价值来衡量各种活动。这就是为什么我总是强调“金融”现象不能等同于“经济”现象的原因所在。正如我在这里定义的，经济学所涵盖的领域和标准经济学相比更为广泛。

本书将提出有关以价值为基础的研究方法，至少包括以下七种特性：

（1）当人们想做出正确的决策时，他们通常会为实现自身的价值不断努力。也就是说，他们首先需要了解这些价值到底是什么，其次需要通过与他人的互动，比如生产、购买、销售、社交以及交谈等，试图让这些价值成为现实，使它们存在于现实世界中。这种观点与标准经济学所涉及的偏好

（preferences）和效用最大化（utility maximization）观点形成鲜明对比。（见本书第3章和第5章）

（2）实现价值是一种文化的实践。因此，经济行为根植于某一种文化，并在其文化的语境中具有一定的意义。所以这需要我们超越交易的金钱层面，并意识到包括经济活动在内的各种活动均具有的文化意义，以及它们与相关文化背景所构成的相互作用。本书在文化对经济的重要性的认识方面，与标准经济学的观点截然不同，标准经济学认为文化在经济学中处于边缘或辅助作用。（见本书第1章和第2章）

（3）在为价值而工作或以价值为基础的工作中，我们不仅需要具备良好的判断能力，善于利用古希腊人所提出的实践智慧（phronesis），还需要权衡选择、深思熟虑、不断尝试并评估。这些与我们在标准经济学中提到的理性选择方法（Rational Choices）大相径庭。（见本书第4章）

（4）为了实现价值，人们必须生产和使用财富（包括有形财产和无形财产）。其中最重要的财富则是能与他人共享的，例如友谊、艺术、宗教和知识。与此同时，实践（practices）也可以作为财富，例如体育、科学、工艺和艺术等工作。然而，如果按标准经济学的观点，我们无法理解共享财产（shared goods）以及实践的真正作用。（见本书第6章）

（5）有些财富比其他财富显得更为重要。有些财富值得人们为其奋斗，也正是因为如此，它们使人们的行为变得更有意义，并更进一步使人们获得心理上的极大满足。当实践（practices）值得一搏时，我们称它为另一种“实践”①（praxes）。本书将会区分四种不同领域的财富和实践（ultimate goods and praxes）：个人的（personal）、社会的（social）、公共的（societal）以及具有超越性的（transcendental）。可是，在标准经济学理论中，人们在处理财富问题时，总是将福利（welfare）和幸福感（well-being）两者的概念混为一谈。（见本书第7章）

（6）在确定产生价值的来源时，以价值为基础的研究方法可以帮助我们超越金融实体（例如金钱）。通过本书，我希望可以帮助大家了解到，除了金钱以外，还有很多实现价值的途径，例如我们成长的环境、我们的社会、我们的

① praxses，在希腊文中，它被解释为把最终目标转换成一种实际性行动，其意思是强调在目标指引下的行为。

记忆以及（作为一切基础的）信任、希望、爱情等要素。(见本书第 8 章)

(7) 为了实现各自的价值，我们通常需要让他人也参与在内。换句话说，我们必须与他人建立起某种关系，其中至少涉及五种不同的逻辑(logics)：“家”的逻辑（the logic of the oikos)、社会逻辑（social logic)、政府及治理逻辑（logic of governance)、市场逻辑（market logic）以及超越或文化逻辑（transcendental or cultural logic)。但是，标准经济学往往只关注市场逻辑，或在一定程度上，关注政府逻辑。(见本书第 9 章、第 10 章)

以价值为基础的研究方法会帮助我们从另外一种角度看待各种事物和问题（包括我们自己的行为和选择)。不仅要简单地明确自己的预算约束(budget constraints)，还要认识到自己到底想实现什么样的价值，以及运用什么样的逻辑才能实现这些价值。你会注意到，财富不只是电脑和自行车等物质，还有你的友谊、你的知识、你对某种音乐的热爱以及你的回忆。什么是富人？什么穷人？从价值的角度分析，我们需要重新思考构成财富的真正因素，以及界定富裕与贫穷的标准。

此外，如果我们用以价值为基础的方法为出发点研究企业和政策，那么该研究方法也许同样会对企业的发展或政策的实施起到至关重要的影响，不同的是，我们采用它的最终目标并不是单纯地获得利润最大化和推动经济增长，而是督促人们认真且慎重地看待品质的问题。

为了增强实用性，本书在最后部分以定性观察分析法（the quality impact monitor）为例做了说明。以价值为基础的研究方法也会成为一种工具，并被用来服务于政府逻辑。尽管如此，政府逻辑依然是做出正确决策的一部分。在此情况下，我们需要一个可行性的研究框架，以便切实有效地在此框架中针对品质展开深入讨论。

然而，在本书中，我并没有提到具体的可操作性方案。本书不能告诉你如何赚钱或不赚钱，也不能告诉你如何才能把事情做好，而是引导大家思考到底什么才算是做正确的事情。我认为授人以鱼不如授人以渔，是想提醒人们自我反省各种问题、思考各种概念、预测不同结果，并理解在与他人互动行为过程中存在的不同逻辑，关注可以产生各种话语的不同环境，甚至了解涵盖范围更广的语境（比如创意经济)。这需要我们去了解太多太多的东西。当读者以各自不同的立场阅读本书时，他们都有可能会寻找到属于他们自己的答案。

它会让你感到不安吗

我猜想，对于相当多的读者来说，这本书所给出的论证和推理一开始会让人感到奇怪。荷兰鹿特丹伊拉斯姆斯大学（Erasmus University Rotterdam）的一名优等生称这本书是他读过的书中“最令人不安的书”。我不知道他还读过些什么，但我大体可以猜到。我把这一评价当作是一种恭维。读这本书时，你学习的有关经济学、商业、法律等方面的知识越多，你就越会觉得这本书的论证方法陌生和令人不安。最初，你可能无法意识到自己都学到了什么。在此我借用英国诗人塞缪尔·泰勒·柯勒律治（Samuel Taylor Coleridge）的一句话——“停止你的怀疑”。请你相信我，先别下结论。或许通过这本书你可以得到新的思路和见解，就像我的一些学生以及与我一同分享过此观点的一些专业人士一样。

治愈性和启迪性

在可接受的范围之内，我认为经济学应该涵盖另一种解释，并且应该有一定的科学作用及科学任务。按照公约规定，科学应该是人们用来解释现象以及预测未来的工具。这种解释赋予了科学应该具有的一种工具性的作用：人们依靠知识武装自己和自己的后代，通过新的发明和有效的措施，去塑造自己喜欢的世界。针对“科学是做什么的”的传统解释，激发了科学家对未来的无限想象和探索，就如同我最开始一样。

但是现在，我对科学的作用和意义有了与之前不同的看法。在从事政治活动时，我不断地体会到运用标准经济学知识在处理一些事务时的无能为力，极少发现科学会对国家政策产生直接影响。

正如理查德·罗蒂（Richard Rorty）在他的《哲学与自然之镜》（*Philosophy and the Mirror of Nature*）（Rorty，1979）一书中提到的建议，我认为科学的两大主要特性分别为治愈性（therapeutic）和启迪性（edifying）。当科学工作有助于人们发现新的或是一些棘手的问题，并帮助人们意识到某些现象的存在时，这时科学具有治愈性。（为什么降低工资是解决失业问题的办法？资助艺术活动是否对艺术发展无利？追求财富可以成为人生的目标吗？）人们可以利用科学知识反思自我并质疑传统。科学可以让人们意识到之前从未关注过的问题。“哦？或许文化很重要，那又如何呢？区别在何处？”“难道标准经济学所得到的实证结果真的对制定政策无效吗?”“那另一种取代方式又是什么?”众所周知，知识始于困惑，而开启探知之旅必须从正确的问题出发。

有问题就需要答案，或者至少需要一种思维方法，它可以让我们朝着答案的方向不断前行。这就是科学实践的启迪作用。当人们通过科学工作得到各种概念、思维方式、模型、见解以及发现时，就会从不同的角度理解问题、解决问题，这时科学具有启迪性。标准经济学之所以具有启迪性，是因为它可以提供会计概念框架，这些框架包括了利润、总产量、消费、投资、对外贸易、政府赤字以及债务等方面的相关数据。标准经济学以市场、理性选择、外部效应、公共物品、信息不对称、风险和博弈等概念为基础，为人们思考各种问题提供了帮助。然而，现在越来越多的人和组织机构开始关心有关品质、价值、目标和意义方面的问题，标准方法越发显得无能为力。此时，我们需要另一种框架。

科学工作的启迪性任务之一就是针对“是什么”的问题进行描述或解释。当人们或多或少对周围的世界产生困惑时，他们需要明确自己在寻找什么，并分辨出事物之间的各种特性。科学家们（包括经济学家）在这方面发挥了重要的作用，因为他们为人们提供了观察世界的新视角。比如，经济学家倡导人们关注市场化进程，并了解在消费、生产和劳动过程中人与人之间的相互关系，以及对特定的价格进行区分，使他们形成一种特殊的世界观。以价值为基础的研究方法试图改变这种世界观，我们可以此方法来描述我们所看到的世界。以价值为基础的研究方法，将会帮助你辨别出什么是共享财产，使你学会着眼于观察各种社会行为，并开始关注共同生产和共同创造现象，会对“什么会导致富裕和贫穷”此类的问题有一个全新的认识和不同以往的观察角度。

所以，我没有理由去否认科学具备的解释已知现象和预测未知现象的功能，也正是因为其治愈性和启迪性作用使得科学与我们的日常生活、组织生活、政治生活等息息相关。

进入“大象”的内部

在一次会议上，我以盲人摸象为例，提出了以价值为研究方法的理论。盲人摸象这个故事起源于古印度，讲的是有四个盲人分别被要求描述放在他们面前的同一个物体。第一个人说是一条绳子，第二个人说是一支树干，第三个人说是一根管子，第四个人说一把利器。他们都持有各自的观点。只有把他们不同的观察结果组合在一起，他们才能意识到其实放在面前的是一头大象，见图 0-1。

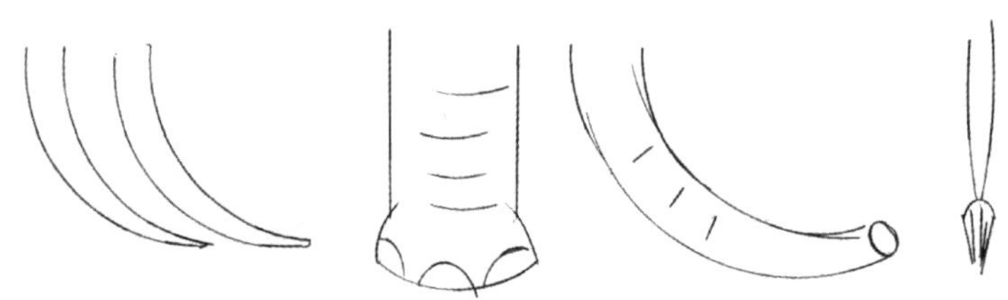

图 0-1　观察大象

经济学领域存在着各种各样的观点。有以理性选择为基础的标准经济学、博弈论经济学、制度经济学、行为经济学、奥地利经济学等学派。那么，为了帮助我们更全面、更准确地了解经济学的全貌，我们为什么不再增加一个以价值为基础的研究方法呢？

上面列出的所有观点都具备一个共同的特点，那就是它们都来自于旁观者的视角。这些旁观者总是和“猛兽”保持着一定的距离，远远观望。然而，以价值为基础的研究方法却提议大家应该尝试着走进“大象”，进入这头猛兽的内部，去探究它真正需要什么。这头“猛兽”可以是一个人、一个组织机构、一个政府、一个国家或任何一个团体。

当我们进入这个“猛兽”内部的时候，我们就必须重新思考怎样才能做正确的事情，以及为什么做正确的事情总是那么困难等此类的问题。

然而，“专注于做正确的事情”却受到了普遍的质疑和批判，发出批判言论的人们一致认为这样的思考过于天真。他们看到的世界到处都充满了丑陋，比如自私、权力滥用、腐败和剥削等。这似乎也在告诉我，是我在逃避而已。我承认本书的内容并不是为那些寻找自私行为或腐败行为的人准备的，这本书更倾向于推荐给那些想要做正确事情的人阅读。毕竟，这才是我们最终获得真正幸福的唯一途径。

因此，让我们一起进入“大象”的里面吧（见图 0-2）。

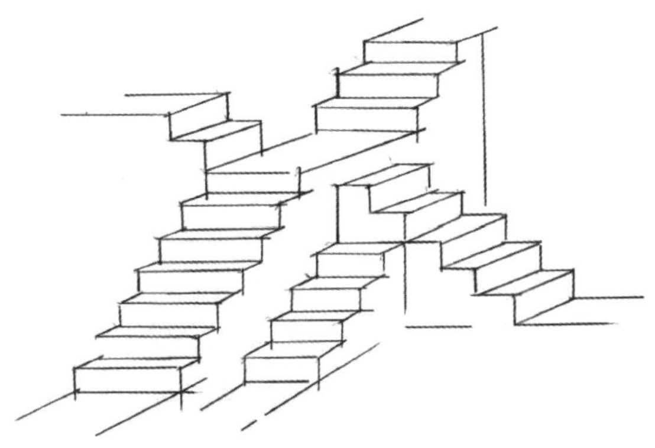

图 0–2　进入大象内部

以价值为基础的经济学方法是否具有规范性?

在经济学领域，我们不可避免地会遇到关于规范性的问题。这是因为，对于经济学家而言，经济学作为一门科学必须是“积极的”，也就是说，必须关注现实世界。经济学家不应该将自己的主观想法（比如价值观或者准则）强加于客观逻辑分析之上，如果这样的话，他的观点就不具备规范性。

在此，我需要明确地说明一点，对价值实现的研究以及以价值为基础的研究方法本身是不规范的。但它可以变得像标准经济学一样规范：①它可以表明经济学家的立场；②它可以呼吁让我们有意识地去追求美好的生活和社会。与标准经济学相比，它的不同之处在于：它要人们参与现实生活；它和标准经济学所宣扬的超然思想体系不同；它不仅要人们和经济进程保持一定的距离，同时还要人们有意识地参与其中。

归功于……

要想做正确的事情，足够的知识和理解力是必不可少的。我们的想法不可能凭空而出。幸运的是，我们作为文明的一部分，可以从人们已经创造的知识和见解中获益。我在编写这本书时所需要的知识，以及当我们做正确的事情时所需要的知识，都可及时获取。这些知识储存在科学家、人文学者、哲学家和圣贤等留给我们的文本资料中，这些知识从而构成了文明的核心。

我们需要做的就是把这些文字化的知识识别出来，并增强它的可使用性，以便帮助我们去做正确的决策。

本书中的很多学术材料都是我在各种课程和项目中搜集整理的教学成果。在这里提出的许多观点，也都是我在各类研讨会上，与学生以及专业人士进行研究和探讨得出的见解。我参与了荷兰鹿特丹伊拉斯姆斯大学（Erasmus University Rotterdam）的文化经济学和文化创业项目，以及Creare艺术和经济研究中心（Centre for Research in Arts and Economics）在荷兰、乌干达、印度、巴西和日本等国家的各种教学项目。我曾经提议建立一所以“为了美好生活和美好社会去做正确的事情”为宗旨的大学。但不幸的是，由于受经济大环境的影响，这个大学并没有建成。后来成立了一个学院，这个学院被命名为文化艺术学院（The Academy for Liberal Arts）。目前，我参与这个学院的教学工作。该学院的学生会渴望反思他们自己的生活、他们自己的工作，以及他们周围一切的事物。他们提出的问题几乎涉及他们全部的生活和工作。学院的教学总是以经典文本为主，比如当我讲起亚里士多德时，你可以想象我是从哪里学到了这些知识（当然，我们在和经济学家谈话时，这些知识绝对不会被提到）。所以，这本书其实是我教学的产物，同时我也希望可以成为学校的教材。无论是学生还是相关专业人士，我希望他们都能从中有所收获。对于如何才能好好地生活，我们都是学生，难道不是吗？

在这本书的最后部分，大家会看到我因偶然的机遇成了一名兼职从政者。对我而言，这是一个令人深省的经历。面对这种情况，最初，我感觉自己就像一个盲人，必须要弄清站在前面的这头“猛兽”到底是什么。这段经历让我从此改变了我观察事物的视角。曾经的我只是单纯地认为标准科学在商业和政治领域不够有效，但是现在的我深刻感受到这种所谓的标准科学对于平日的工作竟然毫无用处。作为一名负责福利监管以及贫困和就业问题（包括残疾人就业）的市议员而言，我迫切地需要各方面的知识，但是我又不知从何做起。到底如何才能激发雇主去雇佣更多的员工？什么才能激励人们去积极地寻找工作？我又应该如何去做呢？此时，我意识到我可以从这本书中得到答案。关于我是如何做的，本书的第二部分会和大家一起分享。

关于引用方面，我遵循哲学家阿拉斯戴尔·麦金泰尔（Alasdair MacIntyre）曾经给我的建议：去说自己想要说的，去做别人已经说过的，但原则是要把引用的内容降到最少。因为引用会分散读者的注意力。我在书中脚注和方框中详细阐述了一些有关技术和学术性的议题，在某种程度上，我违背了少引用这一个原则。我这样做一方面是为了应对可能会遇到的读者的不理解、质疑以及批判，另一方面是为了避免自己遗漏一些观点。我认为我不仅善于交流，而且我也会真诚地对待每一个和我交流过的人，同时我也正是这样做的。如果没有 McCloskey、Seiz、Fisher、de Beus、Verbruggen、Prins、Van Heusden、Frey、Throsby、Hutter、Taylor、Amariglio、Velthuis、Dekker、Goto、Magala、Zuidhof 以及更多人的帮助，这本书就不可能问世。如果说，这本书所包含的每一种看法、每一种见解都是他人提供的，也不为过，我的工作只是将这些内容进行了整理。

即便如此，本书所讨论到的方法和内容也与以往其他研究所涉及的方法和内容截然不同。或许我也可以以没有时间以及为了增加书本的页数为借口，去重复别人说过的内容。但是，我还是更希望以这样特别的方式去告诉你如何才能做正确的事情，即使我会被他人批评，甚至更糟，比如被他人忽略。

好了，让我们开始吧

本书从核心问题——如何做正确的事情出发。这也是有关价值如何实现的问题。在此过程中，你需要学习和掌握实践智慧（phronesis），并清楚地了解这与我们通常所说的理性概念有何不同。

对于那些不仅仅满足于阅读本书，而想以更广阔的视野去进一步研究和探索这个世界的人，可以通过 www. klamer. nl 和 www. doingtherightthing. nl 网站找到相关问题。毕竟，提出问题才是学习的方法和途径，所有的知识都是源于问题的产生。

就我个人而言

我经常被问起：为什么要写这本书，为什么我觉得有必要去讨论文化和价值的重要性，又为什么我会如此“傲慢”和不顾一切地去讨论经济学的另一个定义。

我不知道该如何去回答这些问题。但是，值得肯定的是，我必须完成这本书，即使我也有很多不写这本书的理由，比如写出来可能并不会被他人重视，或者在某些圈子中，会被他人非议或嘲笑。那么我为何又要执意去做这件事呢？这个背后一定有我的原因。

当我反思我的学术生涯时，我注意到自己总是在边缘性话题上徘徊。我和批评家们相处得很愉快，尤其是当他们遵循社会和人文价值的时候。相比之下，我在和所谓的经济学家谈话时，我却总是体会到冷漠和同理心的缺失，这让我感到极度苦恼。这有可能与我作为新教牧师之子的成长经历有关。在我 14 岁之前，我笃信宗教并曾致力于为牧师这个行业奉献一生。即使现在，我依然坚定我当年的信念，从未改变，只是正如你们现在和随后看到的一样，我的精神生活并不是一帆风顺的。此时的我想要唤回曾经的记忆，试图再一次与心灵对话。这也许正是我一开始所强调的我们应该为之去奋斗的财富（goods）类型之一，且包括在超越性财富（transcendental goods）范畴之内。同时，有可能这也是发展共享财富（shared goods）理念的理由之一。

通过本书，我想表达的是：我希望这个世界可以变得更有意义（至少对我自己来说是这样的），希望这个社会的经济结构可以变得更加合理，并且建立起一个以人文价值为基础的经济体系。这也许都是我一厢情愿的个人想法，但是作为学者，我们不仅有责任看清世界的客观现状，同时也有责任去构想即将到来的未来世界，不是吗？

随着年龄的增长，我希望在争辩中依然存有包容。我不会试图寻找论据去攻击那些意见相反者，也不会破坏他们的出路。我们已经做了足够多的功课去拿下标准经济学这个“堡垒”。而当我提出这些不同以往且对我有意义的概念和观点时，我觉得生活就会变得更有意义。所以，如果这些概念和观点同样也可以给大家带来满足感，我将会感到无比高兴；不然的话，我宁愿把这本书带进我的坟墓。

目　录

第一部分　构建和增强意识

第二部分　概念框架

第一部分
构建和增强意识

探索以价值为基础的研究方法需要一个框架，一个可以让我们的研究前行的框架。价值总会让人联想到“文化”这个词，那是因为价值是由文化背景决定的。那么，我们如何才能让文化在有关经济的对话[①]中发挥有意义的作用？我们又该如何看待文化与经济之间的关系呢？对“文化究竟是什么”有着多种多样的解释，我们有必要明确这一概念。

在接下来的章节中，我将指出以价值为基础的经济讲的就是关于价值的实现。价值的实现反过来也就是针对价值的觉醒和评估。在这一部分，我们着重关注如何认识价值。在第二部分，我们将主要探讨如何评估价值。

如果你赞同我们的提议和做法，或者认同组织机构或政府机构的工作最终是为了价值的实现，那么你也要和我一样意识到基于理性行为的标准经济学模式对于我们研究经济来说是远远不够的。价值的实现需要依靠实践或者实践智慧。

---

① 对话（conversation），在整个研究过程中，作者将一个主题以及和这个主题相关的某些对话的集合总称为“conversation”。正如作者在他另一本著作《与经济学家对话》（*Speaking of economics: how to be in the conversation*）中提到的，conversation 作为特性化的暗喻，它和一般意义上所说的“对话”不同。

1 以家为起点，做正确的事；一切归于文化

那天，我站在炙热的烈日下，街上尘土飞扬，四周弥漫着不一样的气息，这里是乌干达的首都坎帕拉。第二天我将参加乌干达文化部门组织的一个项目活动。这是我第一次来到中非。我漫不经心地穿梭在路边的集市里，无意中，目光却被一个条幅所吸引（见图 1-1）。这个条幅上写的内容不正是在说我的研究方法吗？“金钱能买到床，却买不到睡眠；金钱能买到书籍，却买不到智慧；金钱能买到服饰，却买不到美丽；金钱能买到房舍，却买不到家；金钱能买到食物，却买不到胃口；宗教不代表救赎；奢侈不代表文化；护照可以让你走遍世界，却无法让你到达天堂。”这完全就是我想要传递的信息，既简单又明了。难以置信的是，我竟然在非洲中部一处尘土飞扬的路边发现了它。我马上按照卖主的要价付了钱（相当于 1 欧元），然后继续赶路。

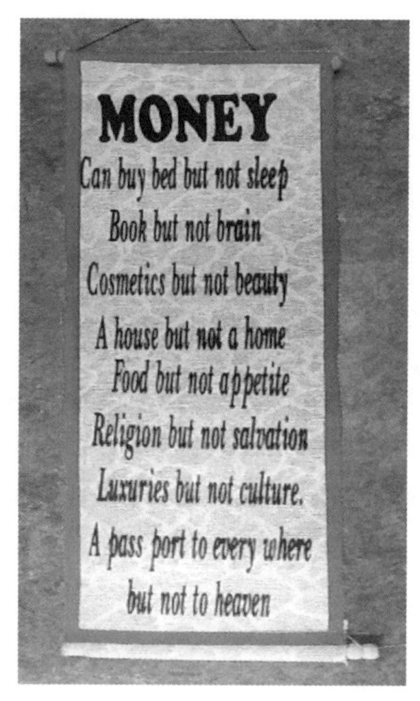

图 1-1　条幅

这个条幅提醒我们，人生中最重要的东西是无法用金钱衡量的。我们可以买各种各样的东西，但是当我们占有这些东西时，并不能代表我们同时拥有了我们真正想要的东西。就如同日常的一个例子，我们可以买房子，然而买了房子不意味着我们就有了一个家。房子再漂亮，但它却不一定是一个美好的“家”。

1.1 房子和家

让我们用一个简单的议题来解释价值吧！我认为以“家”作为我们研究的对象会更具备说服力，如此可以让我们从中了解很多东西。

房子是有形的。我们可以很容易地发现它的缺陷，通常我们也会知道如何去解决这些问题。比如：我们可以更换有裂缝的窗户；我们可以维修漏雨的屋顶；如果有空间，我们可以在房子的阁楼上再增建一个房间。

同时，房子也是有价格的。价格的数字可以体现这所房子的价值，也就是说，房子是可以定量化描述的。我们通过这种方式，将砖、木、混凝土或者其他房屋材料的集合价值，以及房屋形态和装修设计价值构成量的部分，我可以说我的房子很值钱。当我减去抵押贷款的部分时，剩下的数值或多或少代表了我拥有房子的价值，至少我的房子对我来说是值这么多钱的。

这是相当大一笔钱，至少我是这么觉得的。或许你期待的更多。然而，由雷曼兄弟破产而引发的美国金融危机却给我带来了巨大的经济损失，我每个月的住房抵押贷款需要花掉我大部分的工资。但是，谁会在乎呢？反正我不在乎。对我来说，那些损失是虚拟的，在支付抵押利息之后，我还有足够的钱来维持我的家庭和我的爱好。

我想说的是，我并不是为了那些“数字”而去买这所房子。我不会每天去关注那些代表房子价值的数字发生了什么样的变化，因为我需要专注于更重要的事情：我的家庭，我和我的妻子、孩子们住在一起，因为我们想有一个家，家对于我来说才是最重要的。房屋价值受损并不意味着家庭受损，至少我是这么认为的。当我们失去了自己的家的时候，真正的损失才会发生，就如我曾经离婚所带来的损失一样。所以，房子一定程度上仅仅代表是一种可以分割的财产（见图 1-2）。

对我来说，家象征着我与我的妻子和孩子们共有的一切。屋内的家具、装饰物以及其他特别的地方烘托出家的氛围，并唤起我们以后对家的记忆。这些记忆，是我们一同创造、一同珍惜的事情：我们死去的爱犬和猫咪埋在我们的后花园里；我们在一起举办的派对；每年的圣诞聚会；一些戏剧性的场景；我们用来测量孩子们这些年是否长高的门柱（天哪，他们又长高了），还有那些我们永远也不会忘记了的家人和朋友，以及其他种种回忆（见图 1-3）。

图 1-2　我的房子

图 1-3　我的家

我的家（home）就是我的“家”（oikos）①。我更喜欢后者，因为它可以让人联想到经济学的最初含义。“经济学 economics”的词源来自 oikos 和 nomos，oikos 希腊文意为家庭，nomos 希腊文意为法律。伟大的希腊哲学家柏拉图和亚里士多德通过研究家庭问题展开了对经济学的讨论。他们想知道，对于一个操持家务的人来说，做什么才是正确的事情。其中一个问题就是是否会进行交易。亚里士多德认为，最好的办法是自给自足，交易只会在必要的

① 译者注：oikos 英文指私人领域，本书所述的“家”均包含这一含义。

情况下进行。现在的我们也许并不赞同这样的说法，但是对我们来说，这个问题依然很重要。比如，在家做饭吃和出去吃饭，哪个比较好？以及在什么样的情况下，出去吃饭更好？

如今的经济学往往侧重于讨论货币数字以及可以买卖并可以用金钱衡量的事物。这些数字蕴藏着具体性和实用性。房子很容易被价格数字化。因为房子比如是用混凝土建造出来的实物，所以人们在谈论房子时，很容易想到它的物理状态和它的价格。房子会让我们想到市场、需求和供给（比如，当市场上的房源供大于求时，房子的价格就会下跌）。房子是一种可以买卖的商品。但是家完全是另一回事。家不能量化而定，它会涉及一个完全不一样的讨论，一个没有很多数字的讨论，一个与实物外观以及实用性能无关的讨论。我真正关心的是家的质量。在购买住房时，对我来说，这才是真正需要考虑的本质性问题。价格只是其中的附着因素。

当我和我的乌干达学生一起讨论有关家的相关问题时，他们对家的定义感到很好奇。对我来说，家就是自己以及和自己有重要关系的人一同组成的人际圈。在这个圈子里，命运会将彼此联系在一起。所以，在课堂上，我告诉我的学生们：我的家会让我想到我的亲人，可能是我的父母、祖父母、兄弟姐妹以及他们的伴侣和孩子们，或者还有我的岳父母。他们笑了。他们告诉我，个体的家庭对于他们而言只是他们家（族）的一部分，有些人还会将自己从小成长的当地社区也包括在内。很显然，他们对家界定的范畴不仅比我的要大，同时家对他们而言可能也有着更多的意义，或者更确切地说，他们的家隐含着各自不同的含义。比如，从忠诚方面来看，他们对于忠诚程度方面远远超过我们西方国家所认为的。我们国家会把父母送到疗养院，让护士、医生或者家属以外的人来照顾他们，但是这在他们看来是完全不可行的，他们认为这样的做法是极为不孝顺的体现。其中一个学生指出，文明的标志在于，就比如我们的父母在我们小的时候会帮我们擦屁股，那么当他们年迈的时候，我们也应该帮他们擦屁股。我听后只能点点头，因为我知道，也许在那一刻，疗养院的护士可能正在帮我照顾着我的母亲。

即便我的家的范畴可能很小，但是在我的生活中却起着至关重要的作用。比如，此时此刻，我正在家里写这本书。过一会儿，我的妻子还希望我和她一起喝咖啡，这也就意味着我需要准备点话题。谁知道呢，我也许会说说我的想法和感受。比如，谈谈今晚我们成年儿子的生日聚会的准备情况，谈谈我们女儿的冰球队可能会在明天晚上出去聚餐，谈谈我们明天需要出去购物的事，谈谈这周末我必须打理一下我们的花园，谈谈我的妻子需要去看看她的妈妈，又或许谈谈我的妈妈会来我们家吃晚饭等。我猜此时你已经可以想象出我和我的妻子正在喝咖啡时的场景了。我想要说的是，我们的家需要我们做大量的工作来维护，而我们却从未在学校里接受过类似的教育。维护一个家不仅意味着需要我们做家务，同时还要求我们必须维持家庭成员彼此之间的关系。这一切都和品质（qualities）有关。比如，和家人共进早餐，如果我只顾埋头看报，那么我的做法就不对，因为家里的其他成员都希望我也可以参与到他们的谈话当中；如果我今晚不能参加我继子的生日聚会，那么我的家人肯定会对我很失望。（好了！请等一下，我的妻子现在正喊我喝咖啡去呢!）

当我的妻子走下楼时，我告诉她，我其实正在写东西。她笑我为何不能好好地安排工作和生活，将它们清晰地分开处理。很明显，她和我对于科学应该具备的治愈性质——我在前言中提到的观点——存在分歧。其实我也不知道我为什么要写下这段话，因为这看上去应该属于我个人的私事。这类私事和经济学又有什么关系呢？在我还没有弄清楚前，我貌似又陷入了另一个老生常谈的难题中。这正是之前我告诉过你的，关于如何处理好人和人之间的关系。尽管这件事并不容易，但我还是尽量做到不让我的家人失望，比如我需要和我的妻子一同喝个咖啡。庆幸的是，我似乎慢慢掌握到了处理人际关系的技巧，至少这次喝咖啡期间的谈话是成功的。

处理家的相关问题就是度过和家人在一起的时刻，一起吃早餐和晚餐、一起在晚上看电视，一起出去度假等。这其实是一种实践，是我们必须亲自去做的事情。对于我个人来说，我需要照顾我的妻子和孩子们的感受，需要每周去疗养院看望我年迈的母亲，需要努力去做一个负责任的父亲和丈夫。换句话说，我一直在尝试做正确的事情（doing the right thing），尝试着培养维护我的家所应该具备的品质（qualities）。

当然，我也会为了这个家迈进市场。每个周六我都要去当地的农贸市场为家人购买下一周的食品，比如鱼、蔬菜、水果、面包、牛奶；我要给我的女儿支付参加体育俱乐部的相关费用，给她买衣服，还需要给她零用钱；我要支付房屋贷款利息，支付房屋修理费，以及支付度假时的花费；我偶尔也会给自己买些东西，比如书、内衣和衬衫。不过，我的大部分花费都是为了维护我的家。

当我把我个人的这些私事写在这里时，也许对你来说有些奇怪和尴尬，但其实我的目的是想告诉大家，家不仅是我生活的基础，同时对于生活在这个社会上的其他人来说，家都永远属于一个不可缺少的部分。你有可能不会像我一样去组合成一个家庭。但是你会和你最亲密的朋友（挚友）组成一个属于你们的圈子（oikos），又或者你会选择依靠自己，建立一个很隐私的、仅属于你自己的领域（oikos）。但是，无论这个“家”是如何形成的，它都是我们生活的起点，或许也是我们结束人生旅途的终点。当人们感到孤独时，往往是因为他们的生活中缺少了一个“家”（尽管你也有可能会在这个“家”中感受到孤单）。有时，有的学生会质疑有关“家”对我们的重要性，但是他们却从未停止从一个“家”迈向另一个“家”的脚步。也就是说，我们一直在“家”中成长，与此同时，“家”也影响和造就了我们，让我们变成现在这个样子。

人类学家斯蒂芬·古德曼（Stephen Gudeman，2008）用基础（base）这个词代替了家（oikos）。我认为这种说法是恰当的，因为 base 正说明了 oikos 是人们生活的基础。大多数人大部分时间都是在“家”中成长的。当我们长大后，许多人又会试图复制儿时的“家”，这也正如心理学家经常会提到的，家（比如原生家庭）对我们大多数人的生活有着深远的影响。古德曼指出，在拉丁美洲地区，人们生活的基础（base）覆盖的领域会更为广泛，就像我之前提到的乌干达人一样。但是，这和本书涉及的关于家的核心思想没有什么不同。在美国和欧洲的国家，家都会被认为是一切的基础，既是人生的起点也往往是人生的终点。

1.2 “家”也意味着文化和内容

“家”是一个组织机构或一个社会的最好比喻。比如，如果可以拥有一个剧院，可能对剧团成员而言，这是一件值得庆幸的事情，但是对于可以拥有这个剧院建筑物这件事来说，并不是他们的最终目的。该剧团其实是希望拥有我们本书前面提到的那个“家”，而那个“家”是由演员和观众共同构成的。演员和前来观看戏剧的人们在剧院里一同营造着气氛、释放着能量、感受着活力，触动着内心深处的共同的价值情感，并营造出共同的难忘回忆。

而此时，剧院本身依然只是一个建筑物。

同样的比喻也可以用在公司上。我们可以说，公司本身其实是相关的有意义且有价值的实践活动的综合体。在此我们以一家工程公司为例。曾经一家工程公司的老板让我参加了该公司一整天的会议，并和他的管理团队进行交流。那天，我下午才到这个公司，而他们整个上午都在讨论财务数字、资产负债表、营业额、利润等。如果用房子和家做比喻的话，我认为他们讨论的仅仅是房子的价值以及进出额等问题。然而，实际上，对他们而言，这不应该是最重要的事情。他们需要意识到，最重要的、最应该讨论的事情是关乎公司的品质（qualities）的事，如有关工艺质量、从业动机、创新理念、人际交往、客户需求、发展机遇以及如何树立共同的价值观并建立共同愿景等事情。不过，这终究是他们自己的事情，我也只能建议而已。后来，他们欣然同意了我的提议。那么，为什么下次不直接展开有关到底什么才是真正对他们的“家”最重要的讨论呢？当公司的品质保持良好时，他们的财务状况也自然会好起来，不是吗？尽管他们非常认同我的观点，但我还是从他们的眼神中看到了困惑，在这个时代下，他们依然对“如何做正确的事情”无从下手。

对于那些在剧院、博物馆等组织机构工作的人，我也会提出同样的建议：请把你们的注意力放到如何组织管理好这个“家”、放在如何才能提高你正在做的事情的“质量”上。对于他们而言，我的建议往往会与他们已有的认知产生共鸣。他们会欣然承认货币的确应该只是一个工具和附属品。但是，当他们面临资金短缺时，他们却又常常产生怀疑。然而，不幸的是，他们经常会遇到类似的情况。尽管如此，金钱依然不能当作衡量他们成功与否的标准，即使它有可能是一种成功迹象。

对此，经济学家也许会把我以上的这个提议理解为我在强调有关幸福、福利和安康等概念的问题。看上去我似乎是在暗示我们应该去追求幸福、福利和安康。与此相关的论点我将会在后面讨论，但是请允许我在这里指出一点，当我们在追求幸福或安康的同时，我们仍然需要知道到底是什么才会让我们真正体会幸福和快乐，需要知道什么样的“家”才是最适合我们的，需要知道什么样的品质（qualities）才是最重要的。在传统的经济学讨论中，人们时常假定我们购买的东西在某种程度上有助于满足我们的幸福感。但是类似的观点却回避了一个关键性的话题，那就是我们所购买的东西（比如房子、汽车）如何提高我们“家”的质量？这才是我们最终应该关心的事情。在购买商品和获得幸福感之间存在着一个重要的问题，即建设“家”的过程。但是仅仅凭借购买商品的行为本身是远远无法实现的。所以，做正确的事情并非简单指购买商品，而是指满足我们家的需要，让我们认为能实现有价值的事情。

如果你同意我的观点，那你可能会把任何一个只注重财务数据或坚持把任何事物都量化的人，和以下这个笑话里的醉汉联系到一起：一个醉汉站在路灯下看着地面转来转去找东西。路人问他在找什么，他说家门钥匙丢了。路人帮他一起找，但是找来找去什么都没找到。路人又问他在哪儿丢的钥匙，他说出了家门钥匙就丢了。路人大怒并质问他为什么在路灯下寻找，醉汉振振有词“因为只有这里有光线啊！”即使我们可以用金钱来衡量事物，但是这并不能意味着这些事物就是我们生活的全部。如果我们真想找到属于我们自己的钥匙，很有可能我们需要在黑暗中摸索。是的，这就是生活！

1.3 归根到底，文化才是最重要的；文化是硬件，金钱是软件

“家”赋予了亲密生活的全部意义。它构成了个人的文化。文化（culture）赋予了共同生活的全部意义。通过与家人、同事、同胞或同行等他人的合作，我们一起创造并传承着文化。文化决定了我们是谁；文化会为我们提供有意义的语境；文化会让我们获得情感上的归属感和心理上的慰藉；文化会激发我们内心的希望和灵感。当我们在黑暗中摸索时，我们将不可避免地需要思考“文化”的定义。

在这里，我将“文化”一词理解为三种不同的含义：

第一，人类学意义上的文化（C1）是指一个团体所共享的风俗故事、历史记忆、未来期盼、艺术文学、象征符号、民族印记和价值信仰，是区分其他团体、构建特定团体的标志。从这个意义上来说，一个家庭、一个公司、一个城市、一个地区、一个民族、一个国家、一个洲各自拥有着不同的文化。在某个团体中，人们共享同一种文化，这意味着你能和他人一起分享生活的意义。拥有强大的文化，对局内人来说是一件好事，但在局外人看来，文化具有排他性。

第二，当德国人提到“Kultur”（文化）时，他们往往就是在指文化的第

二种含义，即文明，通常表示在某一特定地区，人们经过长时间的积累所获得的全部成果，比如艺术、科学、技术、政治和社会习俗等（C2）。正如马修·阿诺德（Matthew Arnold）所说，“文化是曾被思索过和谈论过的最美好的事物”（Arnold，1869）。文化不仅包括人们所共有的某种东西，同时还包括人们在不同领域取得的不凡成就和业绩。

第三，在普遍的文化认知中，文化往往只是指艺术，有时也包括设计、建筑和一些工艺（C3）。当人们提到“文化”部门或者“文化”政策时，想到的也是这个范畴。这里提到的文化是更大范围下的C2的子集。我将用这个类别去讨论其他具有特征性内容的实践活动（practices），比如建筑、设计、技术和宗教。

在人文学者、人类学家、社会学家、历史学家以及哲学家的对话中，所有这些对文化或文明的解释都是存在争议性和不确定性的（Elias，2000；Lasch，2013）。因此，我们在使用这些定义时需要非常谨慎。特别是文明（civilization）这一概念，当人们为了显示优越感时，文明一词就会被经常使用，因此它也带有轻蔑的语义。“文化”（Kultur）是德国纳粹主义的一个论点，他们号称要征服其他低等的“文化”，从而消灭所谓的“堕落”的人，比如犹太人、吉卜赛人和同性恋者。

同样地，当人们强调自己的文化时，也可以给在同一群体的其他人带来温暖的归属感和认同感，但同时也排斥着非同一群体的人。由于这种贬义的用法，学者们对文化、文明和身份认同的概念进行了严格的解析重构。最近我们看到有人试图从该解构工作中还原这些概念，显然人们还是很需要这些原有的概念。不过，我们需要时刻提防着贬义用法的出现。

文化是很重要的。比如，家文化（C1）决定了它的弹性，即使在房屋倒塌时，它的文化依然存在。多样的文化特质告诉我们，“家”（oikos）不仅仅代表一个家，也可以代表一个工作场所、一个社区、一个社会等。人们可以通过一系列的行动方式来维持、巩固或者削弱他们的文化；与此同时，文化也会为人们的行动赋予不同的意义。尽管人类在思考自己的行为时，自身可能会从文化语境中抽离出来，即使我们并没有意识到这一点，我们仍可能会感到困惑，我们到底是如何摆脱语境影响的。正如人们常常提到的，文化和人之间的关系就好比水和鱼儿的关系。当鱼儿离开水时，就会失去生命；当人们走出属于自己的文化圈时，就会深切地体会到文化对我们日常生活的重要性，同时，当我们一旦进入其他群体的文化圈时，我们也会感受到自己的文化和其他文化之间的差异。

在严峻的形势下，强大的文化（C1）会使其团体中的成员们紧密地团结在一起。比如，如果由于政府消减补贴或门票销售量减少而导致一个博物馆在资金方面面临困境时，我们应该思考的问题是：它的文化（C1）是否强大；人们是否愿意承担责任；它是否还会获得足够的支持。一个强大的博物馆，它所拥有的文化也是强大的。

此外，我们有充分的理由去怀疑，大型区域（城市、地区、民族甚至大陆板块）的活力和能量其实主要来源于活跃的艺术氛围和积极向上的科学社团（C2 和 C3）。经济环境也许是必要条件之一，但最终最重要的还应该是文化品质（C1，C2 和 C3）：它们会告诉我们这个区域的内容到底有多丰富，生活有多精彩、多鼓舞人心，以及共有的价值观念有多强大和有效。

因此，文化（C1，C2 和 C3）才是至关重要的。其他方面都只是文化的附属品，或者是有助于文化实现的辅助工具。“家”是一种文化，它包含其成员共有的价值观、故事、记忆以及愿望等。货币的数量或者我们可以用货币单位来衡量的那些价值，它们充其量只能起到辅助作用。然而，用货币衡量价值往往会使我们偏离对我们来说最重要的东西——我们的文化（culture 或者 cultures）。文化不仅对任何一个 oikos 和任何工作场所都很重要，同时对一座城市来说也很重要。当然，城市化进程有利于就业机会的增长和经济的发展，但是，城市的形成却是通过各种定性的文化要素所实现的。巴黎有它独特的城市氛围，纽约有着它独有的城市活力，维也纳有它特色的咖啡厅，伦敦也有着它传统的咖啡馆。正如简·雅各布斯（Jane Jacobs）所指出的那样，城市需要“以人为本”，“宜居”对一个城市来说，才是最重要的（Jacobs，1993）。一个城市的文化品质决定了生活在那里的人们是否可以实现美好的生活，决定了它是否可以吸引游客，决定了它是否可以为人们提供良好的工作环境。

文化对一个国家来说也是很重要的。构成一个国家的文化品质决定了其公民能够实现什么样的理想和追求。

所以，我们再次强调文化的重要性。

2 文化与经济

当我们尝试着做正确的事情时，我们不会首先考虑我们所处的文化背景。文化对于我们来说，就好比水对于鱼儿：人在水中游泳时，会忘了水的存在。也就是说，大多数的人会认为自己的文化是理所应当存在的。而只有你进入另一种“世界”，接触另一种文化时，你才会认识到自身文化的存在。当我开始在美国的北卡罗来纳州求学时，我才意识到自己是一个荷兰人。随后，每当我穿梭在学术界和政界之间时，我会意识到文化的重要性，天哪！原来这两个世界是如此不同。

在本章节内容中，我试图阐明文化与经济之间的关系，并强调“文化的重要性”。你不仅会看到我的出发点与以往的研究方式（比如标准经济学）有所不同，同时也会发现我在文化经济学这个领域做了大量的研究。因此，这一章节也将会涉及相关的学术讨论，并进一步阐明本书所代表的特殊立场；为读者指明方向，以此作为接下来探索的过渡。

2.1 针对文化作用的学术立场

许多学者像我一样都很想知道如何探究文化，以及应该用什么样的方式去讨论文化。每个学者的关注点都不同。对于我来说，我最关心的话题是“实践”（practice）。因此，我也最关心“文化”在实践中到底意味着什么。当然，有关可以让文化变得有意义的对话（conversation），我也是很感兴趣的。

例如，有一些学者只专注于文化历程而忽视其他相关问题。我们可以称他们为文化主义者（culturalists），比如人类学家、社会学家、历史学家、考古学家，以及研究一般文化（包括 C1 和 C2）的人，又或者像艺术史学家一样，专门研究艺术（C3）的人。作为一名经济学家，我承认他们的研究不会对金融领域提供任何有建设性的意见和建议。这些文化主义者始终认为，文化应该是独立存在的，对他们来说，文化才是最重要的。他们认为任何事物都是以文化开始，又因文化结束。

然而，当我们观察标准经济学家的立场时，我们又会发现他们的观点和以上文化主义者的观点截然不同。也就是说，在标准经济学的讨论中，所有的焦点都会集中在我们生活里的财政方面，即经济的工具方面。不会涉及有关文化的话题。所以，标准经济学并不能帮助我们了解文化（包括 C1，C2 和 C3）在经济进程中的作用，以及经济发展对文化（包括 C1，C2 和 C3）又有何影响。

近些年来，许多领域的学者都开始意识这一点，并试图去打破之前片面、狭隘的见解，进一步探索经济与文化之间的关系。比如：历史学家在研究历史文化因素时，会考虑相关金融业的发展情况；社会学家和人类学家会探索经济和文化现象之间的相互作用；商业经济学家会展开有关文化进程的研究；社会地理学家会指出地理因素对艺术和创新性产业的重要性；文化经济学家会深入研究有关艺术的经济学等。社会学家拉里·雷（Ray）和安德鲁·萨耶（Sayer）在描述人们研究文化和经济互动方面时，用到了“文化转向”（culture turn）一词，目的是为了形容人们日益增长的兴趣（Ray 和 Sayer，1999）。

作为学者，我们一直在寻找一种正确的“对话”模式。尽管我们可以参与到各种各样的对话中，但是，当我们想要探索正确的事物时，想要理解为何经济生活如此错综复杂时，想要弄清楚什么才对我们最重要时，那么，到底什么样的对话才是正确的呢？

如果你已经习惯了经济学的标准规范式的对话模式，那你一定会注意到，我正在说服你尝试一种新的对话模式，一种公正看待“家”（oikos）和文化（culture），同时认真对待经济现象的对话。在本书中，我尝试着通过重新审视一些已经被忽略的概念（比如价值、财富），去改变旧有的对话模式，并帮助人们在已有的对话研究中获得一种新的理解。

首先，我需要介绍有关对话的概念，在本书中，该词出现的频率很高。

2.2 “对话”是一种隐喻

除了“实践”（practice）、“实践行动”（praxis）、“公共资源”（commons）等术语外，我会在以下的章节中多次提到“对话”这个词语。在早些年，我专门为此写过一本书，专门探讨什么是“对话”（Klamer，2007）。概括地说，“对话”是一种隐喻，它是指一群人或多或少地以一种特定的对话方式就某一个特定的主题进行有组织的讨论。对话可以发生在特定的时间点，也可以发生在特定的场景下，但通常我指的是在一段时间内，各种各样的人在不同的场合下，围绕同一个主题展开的对话。“科学”（science）就是这样一种对话，“艺术”（art）、“政治”（politics）、“商业”（business）和“体育”（sport）均是如此。每个对话可以细分为许多不同且特定的对话语言。比如，“科学”是由“物理学”之类的专业语言组成，而“物理学”又是由“热力学”“基本粒子”等专业语言组成的。“经济学”（economics）也是一种对话，它是由“博弈论”“微观经济学”“文化经济学”等许多学科的语言组成的（你可以在查阅《经济文献杂志》索引时看到）。

当我在使用“对话”这个隐喻时，我希望你不仅仅想到是人们在正式地交谈，同时可以想到也许他们是在写字、阅读、打手势、倾听、参加会议、查看日志，又或是在走廊里聊天。经济学家通常喜欢使用“领域”（fields）这个词，这会让人联想到马术运动，参与者穿着高筒长靴骑着马儿在场地（field）上小跑。而德国哲学家尤尔根·哈贝马斯（Jürgen Habermas）提到的交际行为理论（Habermas，1984），和我的想法较为接近。同时，我和英国哲学家迈克尔·欧克肖特（Michael Oakeshott，1901—1990）、德国哲学家汉斯·格奥尔格·迦达默尔（Hans Georg Gadamer，1900—2002）、美国实用主义者理查德·罗蒂（Richard Rorty，1931—2007），以及社会学家兰德尔·柯林斯（Randall Collins，1941）等人的观点一样，我们都更倾向于使用“对话”这个概念。其目的是为了让具有实践性的探索看上去更形象化，让人们更好地理解如何在特定的背景、特定的主题、特定的推理模式以及特定的习惯、习俗和行为准则下，做出有意义的事情。

正如我在本书中所提到的，“对话”是一种公共资源，是一种可以共享的“实践”。在第6章里，我将着重讨论有关公共资源（commons）、共享财产（shared goods）和实践（practices）的相关概念。

那么问题来了，目前的你正在进行着什么样的“对话”呢？或者你又想和什么人去构成什么样的对话？又或者，如果你是位从业者，你希望参与到什么样的对话中去理解你的世界，并弄清楚在你的生活和工作中什么才是正确的事情。

2.3 有关文化（culture）、经济（economy）、经济学（economics）和艺术（the arts）之间关系的六种对话模式

为了将理论和实践更好地结合，我做了深入调查，并将其细分为6种不同的对话模式，进一步说明经济（E）和文化之间的关系，或者更严格地说，是经济学作为一门科学（e）和文化（C1，C2或者C3）之间的关系。

2.3.1 “文化与经济无关”的对话

这是我曾经在学习经济学时学到的对话。但是，目前该对话模式依然在学术界占据着主导地位，同时在政界、商界、新闻界亦是如此。在这个对话中，“文化”一词根本就不会出现。有关它的概念从未被传授过或者使用过。人们假设，经济学家不必费尽心思去研究文化（C1，C2和C3），因为文化对经济不会有任何重要的影响，同时，文化也不在经济学家需要考虑的必要因素范畴之内。相当多的经济学家在被追问到有关文化的问题时，他们会说他们并不知道应该如何将文化因素纳入他们的数据模型里。他们不明白为什么研究经济时要劳神解释文化现象，比如，民族文化的存在或者艺术的兴衰。他们坚持认为，文化在经济进程中并不重要，因此，“文化”完全没有必要在他们的经济学研究中占有一席之地。

根据这样一种对话模式，文化（C1，C2或者C3）是完全独立于经济（E）存在的（见图2-1）。

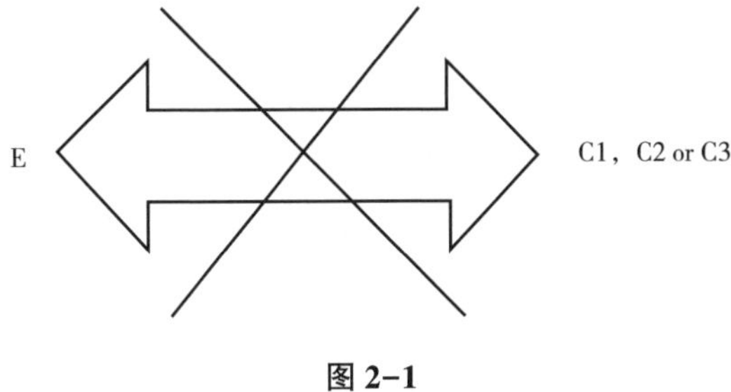

图2-1

很显然，这并不是我想要推崇的对话模式，尽管我将会借用一些它的见解。

2.3.2 “经济与文化无关”的对话

当你打开一本艺术史方面的书，或者翻阅一本小说，又或者与研究历史学、社会学、人类学、考古学或哲学等方面的学者们交谈时，你是否会困惑有关经济的话题到底何时才会出现。在很多关于艺术和文化的讨论中，人们都只会关注于纯文化问题，而完全忽视经济发展在其中的作用和影响。你很难在这类对话模式里找到价格、收入、财务状况、市场交易或任何有关金融因素的参考信息（如图 2–2 所示）。

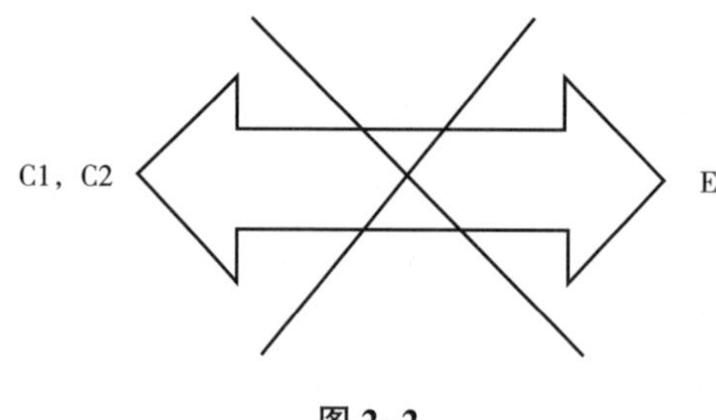

图 2–2

其中最体现无关性的说法是，文化代表所谓“文明中超然的部分”。这种“文化”专指艺术、科学、宗教以及其他领域（比如热爱大自然的人们和体育爱好者）。一般来说，此对话模式中，人们追求的是超越世俗的事物（比如超越我们的日常饮食、社会地位和金钱收入）：文化对于他们来说，表达的是一种对美、真、善的精神和神圣的追求。

如果需要解释的话，这类对话模式可以在其文学方面体现出来，如果一旦涉及与经济相关的内容，那么它会以某一种形式出现，比如查尔斯·狄更斯（Charles Dickens）[①]、约翰·斯坦贝克（John Steinbeck）和托马斯·沃尔夫（Thomas Wolfe）的小说。另外，当我不小心听到自然科学和人文科学学院的同事的谈话时，我会不禁怀疑也许他们在这类对话模式中也或多或少地“发挥”了作用。在他们的理论知识和实践活动中，美学、真理、人类情感以及所有的文化现象都应该是至高无上的，相比之下，经济（主要是金融方面）因素和

① 查尔斯·狄更斯（Charles Dickens）的代表作品之一《圣诞颂歌》（*A Christmas Carol in Prose, Being a Ghost-Story of Christmas*，1843），该小说在对人性的真善美进行热情歌颂的同时，把“金钱至上”的资本主义社会以及其丑陋的一面展现给读者，从而强调人文主义的重要性。

其进程却往往被排挤在外。还有相当多的艺术家和艺术工作者只会关注于艺术，而将有关经济的一切话题遗忘在角落里。

更重要的是，那些沉浸在宗教意识和精神世界的人们往往也会参与到该对话模式中。不仅教皇会针对有关经济的问题发言①，同时穆斯林也将禁止从事与高利贷或利息相关的教规纳入伊斯兰教法。

虽然我自身很容易陷入这些文化主义的讨论中，但是作为一名经济学家，我是不可以忽略经济存在于文化中的意义和作用的。

2.3.3 “经济对文化很重要”的对话

文化经济学家会将经济分析的工具应用在艺术世界。你也许会认为他们的对话模式其实是建立在经济帝国主义之上的：这些经济学家倾向于运用他们自己的研究方法去观察任何一种现象，比如从爱情到自杀现象，又或者涉及艺术、宗教和科学等的各个领域，就如同加里·贝克尔（Gary Becker）的著名论点一样。他指出，婚姻是一种理性的选择，是对成本与收益进行理性计算的结果。关于生孩子还是堕胎也同样如此，包括是去信仰上帝还是去从事艺术，或者去投身于科学，都是理性选择。

在这类有关“经济学问题”的对话中，标准经济分析法的标准概念和工具至关重要。所以，人们会就市场、理性选择、弹性、条件价值评估法、消费者剩余、外部效应、公共选择等概念展开激烈的讨论。

如我们所预料的一样，主导这种对话模式的正是一群经济学家。他们把他们的分析应用在宗教现象和科学方面（比如，Oslington，2003；Mirowski and Sent，2008）。专门研究艺术领域的经济学家会给自己贴上文化经济学家的标签。以著名的经济学家威廉·杰克·鲍莫尔（William Jack Baumol，1922~）为首，大卫·索斯比（David Throsby）、布鲁诺·弗雷（Bruno S. Frey）、露丝·陶斯（Ruth Towse）和弗朗索瓦斯·本哈莫（Françoise Benhamou）等都是这方面的杰出专家。

如果你非常喜欢经济学家们所使用的独有的论证方法（比如理性选择、机会成本、边际成本和边际效益、信息不对称、博弈论等），那么你就能体

---

① 教皇认为，人类社会疾苦的根源其实是来自于不平等，而不平等最主要原因是资本主义制度造成的，他甚至用“市场暴政”来谴责资本主义所带来的剥削和社会不公。

会到此对话模式的魅力所在。但是，如果情况恰恰相反，你便会费解，为何人们要把时间和精力花费在这样的讨论上。文化经济学家会呼吁他们的对话内容与政策制定者息息相关，并希望他们的研究方法和成果可以得到学术界的认可（见图 2-3）。

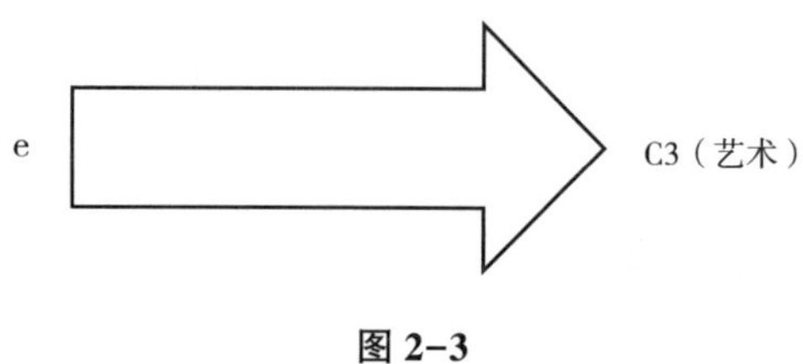

图 2-3

2.3.4 “艺术与经济息息相关”的对话

一些文化经济学家，尤其是文化界与政界出身的文化经济学者，都喜欢重点研究艺术和艺术家与经济之间的相互关系。他们的讨论往往围绕着文化对经济的影响等问题展开，特别是艺术对经济的作用。其目的是为了证明，一些发展并不理想的城市会因为艺术家所开展的具有创造性的行为活动以及由此而产生的创新性氛围发生改变，并逐步取得显著的经济成果，同时文化（C3）可以吸引游客（也可以带来可观的财政收益）。（见图 2-4）

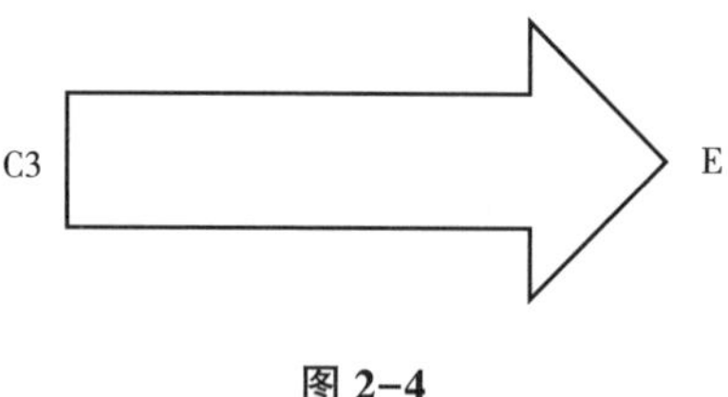

图 2-4

关于艺术对经济的影响，毕尔巴鄂古根海姆美术馆（Bilbao Guggenheim Museum）应该是最好的案例了。尽管目前还没有具体的定论，但是人们普遍认为，这座曾经荒凉的西班牙城市是通过毕尔巴鄂古根海姆美术馆吸引了众多游客，并创造了新的商业环境，从而使整个城市获得重生，并实现了经济的复苏。在此对话模式中，人们始终强调艺术以及相关的文化机构会对经济产生积极的影响。根据理查德·佛罗里达（Richard Florida）提出的著名理论，创意阶级（creative class）是创意产业的原动力，理论强调政策制定者们需要意识到艺术投资（比如新建博物馆、剧院或组织节日庆典等）所带来的经济效益不可忽视（Florida，2002）。有关“创意城市”的相关文献或多或少都持有相同的观点。比如，艺术家是如何为城市的再生做出贡献的（例如纽约市曼哈顿内的苏豪区，即 SoHo），以及当文化相关机构进驻某个地区或城市时，当地的房地产市场是否会受到影响等。

然而，需要我们注意的是，在这种对话模式下，艺术被沦为推动经济发展的工具。经济增长是最终目的，艺术只是为了支撑经济发展而存在的。

2.3.5 “文化对经济很重要”的对话

“文化对经济很重要”的对话主要集中在文化的人类学意义（C1）和文明（C3）以及这些文化可能产生的经济影响方面。根据德国著名的政治经济学家及社会学家马克斯·韦伯（Max Weber，1864—1920）提出的理论，新教文化为资本主义的崛起和北欧国家经济同步增长做出了巨大贡献。经济人类学家一直从事着这方面的研究，而标准经济学家却往往忽略了这一点。这就是为什么我们很难在经济学的教科书中找到有关文化概念的原因。

最近，戴尔德丽·麦克洛斯基（Deirdre McCloskey）、弗吉尔·斯托（Virgil Storr）和罗伯特·莱恩（Robert Lane，实际上他是一名政治学家）等经济学家开始重新拾起韦伯留下的理论（McCloskey，2007；Lane，1991）。比如，麦克洛斯基在研究价值和美德对经济发展产生的影响时，对 17 世纪早期荷兰黄金时代以及 18 世纪末和 19 世纪经济的飞速发展进行了实证研究。2000 年，劳伦斯·E. 哈里森（Lawrence E. Harrison）和塞缪尔·亨廷顿（Samuel Huntington）共同出版了他们的著作：《文化的重要作用：价值观如何影响人类进步》（*Culture Matters：How Values Shape Human Progress*），该书名说明了一切。此外，值得一提的还有法国社会学家皮埃尔·布尔迪厄（Pierre Bourdieu，1930—2002），他在主张经济因素会作用于文化的同时，也认为艺术及其他知识是为积累经济资本所必需的文化资本。总而言之，文化影响着经济（Grube 和 Storr，2015）。

近些年来，文学学者、历史学家和社会地理学家就“文化的重要性”展开了各种讨论。比如，英格·莱曼斯（Inger Leemans）整理出，关于 17 世纪上半叶荷兰黄金时代荷兰社会所独有的文化特质及其重要性（Leemans & Johannes，2013；Goede de，2005）。

在有关“文化重要性”的对话中，同样重要的还有，商业文学针对文化展开的讨论。20 世纪 70 年代，日本的经济复兴让商业经济学家对文化在成功的企业战略中所体现的价值产生了浓厚的兴趣（Cameron 和 Quinn，1999；Waterman 和 Peter，1982）。荷兰学者吉尔特·霍夫斯塔德（Greert Hofstede）针对世界各地 IBM 分公司之间所存在的文化差异的研究给人们留下了深刻的印象（Hofstede，2003）。这个研究从文化经济学的角度展开讨论，其涉及文化在组织中的作用、文化语境对组织绩效的影响、组织中的文化管理等等问题（Beugelsdijk 和 Maseland，2014）。所有的这些都有助于商界人士越来越深刻地认识到，文化不仅仅会在企业经营的环境中发挥作用，同时对企业内部的环境也是很重要的。

另一种讨论则是集中在有关企业的创新过程上，例如艺术家们应该在此过程中发挥一定的作用。

从该对话模式中，我们可以看出，人们试图呼吁政治家以及商界的领导者开始关注人类学意义上的文化，尤其是艺术。从政者们应该关心艺术和文化——所以也就暗示了——文化可以推动经济的发展；商界的领导者应该明白他们组织机构的文化对其绩效的影响是至关重要的。换句话说，明确而博深的文化可以引导企业成为一个强大且可持续性发展的组织，至少我觉得这个建议不错。

2.3.6 “经济根植于文化”的对话

现在，我来谈谈这个和我的研究有着密切联系的对话模式。这是一种将经济现象视为一种文化表现的对话。在这个对话模式中，文化就是生活、人类的日常事务，包括人们的交易、消费、生产都应该是文化现象的一部分。

假设你刚刚画完一幅画，画画本身其实只是一项日常活动，但是该活动却可以体现出你的价值观以及你所在的文化圈。如果你生活在石器时期，你必须依靠狩猎和采集为生，但是你又想从事绘画工作，那么你就必须像萨满巫师一样，在群体中享有着特殊的某种地位，这样才能换取别人狩猎或采集到的食物。如果你生活在 17 世纪的荷兰，作为一名工匠，你必须实现自己的价值。为了让你的工作取得进展，你需要成为行会的成员，并尊重该行会的相关习俗和礼仪。另外，出售自己的绘画作品也是行会的日常业务之一。如果你生活在当代高雅艺术文化的氛围之下，那么你会想要寻求同行艺术家的认可，有意与可以帮助自己事业的人交往合作，并希望自己的作品能够被现代美术馆或者著名的艺术收藏家收藏。你的作品或许还可以得到评论家的关注。很显然，在这三种不同的文化背景下，你会扮演着不同的角色。

在"经济根植于文化"的对话模式中，让我感兴趣的是，人们的行为会随着不同的文化背景而改变。你该如何处理自己的绘画作品取决于你在此对话中的身份和地位。在当代的文化背景之下，谈论艺术工会显然是毫无意义的。然而，一些艺术家也许会很想回到石器时期的洞穴壁画时代，从而享受艺术所带来的福利保障和社会地位。

"经济根植于文化"的对话主要强调人类的行为可以传递出某种信息，当我们想要判断该行为的意义和价值时，我们需要考虑该行为所在的特定文化背景。无论我们是在购物、工作还是从事企业活动，我们都会对相应的事物和行为赋予某种意义，我们不仅会重视它们的存在，同时也会更进一步为自己和他人实现新的价值而努力。我们人类存在的意义在于：无论是对自我价值的实现，还是对他人行为举止的理解，人们都需要在一个特定的文化背景下去进行。①

建立以讨论人类行为为主的对话，其目的是为了梳理、解释和描述人们对事物和活动所赋予的意义和价值，以及人们在这些行为过程中所实现的意义和价值。以美国著名人类学家克里福德·格尔茨（Clifford Geertz，1926~2006）为例，他详细阐述了文化是如何在日常生活中表现出作用的，比如巴厘岛的斗鸡习俗。在他的经典著作《深层的游戏：有关巴厘岛斗鸡的记述》（*Deep Play*：*Notes on the Balinese Cockfight*）中，他深入分析了应该如何"解读"文化（Geertz，2005）。

最近，随着重新解读亚当·斯密（Adam Smith）著作的研究工作的进一步深入，被誉为"经济学之父"的亚当·斯密被后人认为，他其实也曾经参与到此类的对话模式中。当我们阅读《国富论》（*The Wealth of Notions*）时，根据他早期的著作《道德情操论》（*Theory of Moral Sentiments*），我们明白，

① 请参考相关文献，与伯纳德·彼得·赫斯登（Barend van Heusden）的对话（Klamer，1996，p. 44~55）。

人们在为正义之事而奋斗时，会对自己的道德情操观做出回应（Smith，1776）。在《道德情操论》中，斯密描述了人们在道德生活中会出于对他人的同情而伸出援手，并努力成为一个有道德的人。但是，在《国富论》中，他面临的问题却是，同情和美德在市场形势中似乎失去了彼此的关联。在市场经济条件下，我们不能要求得到别人的帮助，也不能指望得到别人的同情，其理由很简单，那就是我们通常并不太了解我们的贸易伙伴。正如亚当·斯密所提出的著名观点，即我们需要呼吁人们学会自爱。随后，斯密也承认，市场只不过是社会组成的一部分。人们可以有足够的空间去善待他人。至少在他的《道德情操论》里面是这样强调的。

“经济植根于文化”的观点同样在卡尔·波兰尼（Karl Polanyi，1886—1964）的著作中被多次提到。这位经济史学家为我们展示了各种各样的经济制度，他主张市场不应该具备普遍性，而认为我们应该从历史的角度观察市场的进程。也就是说，市场在某些环境下可以起作用，但是在有些环境下却不能起作用。比如在某些历史文化的背景下，贩卖儿童是被允许的，而该行为在当代西方世界却是一种禁忌；高额奖金在某些情况下是种成功的标志，而在另外一些情况下则被认为是不道德的。这一切都归结于文化。

经济社会学家马克·格兰诺维特（Mark Granovetter）、维维安娜·泽利泽（Viviana Zelizer）以及经济人类学家斯蒂芬·古德曼（Stephen Gudeman）也以类似的对话模式对经济过程和相关现象进行过研究。

我想弄明白到底什么是文化（C），什么才能让我们的生活变得有意义，以及我们生活的内容又是什么（这里不仅会涉及“家”、友谊、社会、艺术、宗教，还涉及科学）。为此，我需要一场对话，一场可以让我在尘土飞扬的乌干达坎帕拉街头停下脚步并拾起那幅横幅的有意义的对话。让我们看看当我们思考文化时，当我们专注于对我们而言真正重要的事情时，接下来又会发生什么。

首先，至少在这本书中，我们开始关注价值，尤其是关注价值的实现。

3 价值的实现

3.1 关于价值实现

每个人都有属于自己的文化圈。这个特定的范畴有可能是家、工作的机构组织、职业群体、居住的城市、社会，或是其他任何实体。人们会在这个文化圈内采取各自不同的行动，去实现自己认为最重要的价值，并进一步促进该种文化的巩固和发展。比如，我个人就会为了价值的实现而参与各种活动：我会计划家庭的圣诞晚餐，会去剧院，会去市场购物，会考虑工作组织的合并问题，会考虑展览计划，会参与艺术活动，会做演讲，会投票表决新的法律，又或者会和朋友一起去跑步。通过这些活动，我都可以实现我想要的价值，至少我是这么希望的。

当我考虑应该如何度过一个夜晚时，我需要考虑什么对我来说是最重要的。我可以把时间花在所谓“不用动脑筋”的电视节目上，但我也可以考虑花时间和我的孩子们在一起，又或者去看一场戏剧表演。如果一个剧团决定在来年做一件和往常完全不一样的事情时，有可能是想实现对剧组人员来说很重要的事情，也许是想给其他的戏剧制作人一个惊喜，也许是想测试一下自己的能力，又或许是想吸引新的观众。

当我们在做每一件事情时，我们是否都会有意识地怀揣着美好的期待，去追求自己认为重要的事情。在所有的例子中，从人们开始意识到价值，然后采取行动，再到价值的实现，在这整个过程里，风险始终存在。甚至人们会在随后的阶段进行反思，思考是否成功达到了自己的预期目标。比如，晚上睡觉之前，我会躺在床上总结这个晚上我是否过得好，无聊的电视节目是否帮我消磨了时间，或者我是否和我的孩子们一起度过了愉快的时光，或者我是否看到了精彩的戏剧演出，又或者我什么也没做。

在这里，我想要强调的核心问题是，**一个人的行为取决于他看重什么样的价值，也就是说，对价值的认识可以影响人的行为**。**所谓实现价值，即意**

识到价值的存在（in the sense of valorizing values）和完成价值的塑造（making values real）。实现价值包含着两种含义，如图3-1所示。

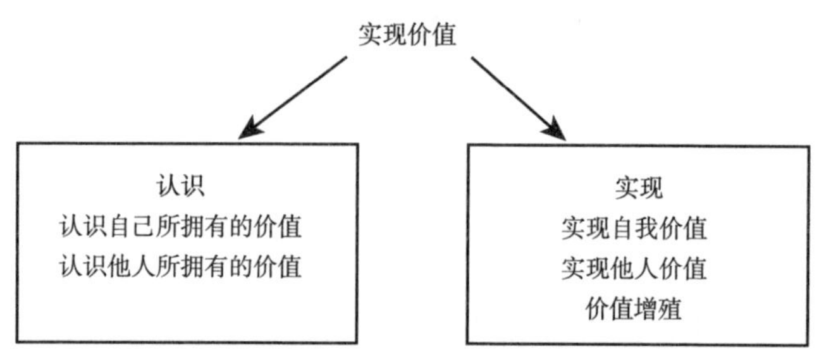

图3-1 实现价值的含义

对于文化机构（比如博物馆、剧院和管弦乐队）、宗教团体和学术机构而言，价值的实现尤为重要，至少原则上是这样的，这需要与其利益相关的人员有能力完成此事。比如，为了实现博物馆所看重的价值，优秀的博物馆馆长需要努力筹划各种精彩的展览，与此同时，他们也希望通过这些展览，吸引到更多的观众，并让这些访客也可以意识到展品对他们的重要性。其他机构组织也是这么做的，慈善以及捐赠机构，乃至会计事务所和律师事务所也同样如此。一个优秀的律师需要努力拓展社交能力，丰富社会阅历，保持良好的品性；一个优秀的会计不仅需要过硬的专业知识，还需要足够的耐心和细心。

我认为，“价值增殖”（valorization）和价值密切相关，意为价值的实现。在通常条件下，它往往被解释为金融价值或者交换价值的实现（比如以某价格出售某物）。但是，在这里，我认为这个术语同时也可以涉及艺术价值和社会价值。当有人从事艺术活动时，他为了赚钱而画画是一回事，但如果他是为了得到艺术界的认可，那又是另一回事。价值增殖是指相关的价值得到实现，无论它是否和金融价值有关。

在这本书中，我将研究重点放在了文化、学术以及宗教机构上，因为它们的共同点都是为了我们可以更好地生活和工作，都是为了帮助我们做正确的事情。让我尤为感兴趣的是，当我们去做正确的事情时，我们都需要哪些条件？以及又有什么会阻碍我们去做正确的事情？

就举大学的例子来说吧！当我们在参与实践并传授科学知识的时候，我和我的同事们所做的应该就是为了价值的实现。当然，我们这些科学家也会互相嫉妒、消极抵抗[①]（我就是这样做的），会渴望自己成为被关注的对象，会追逐金钱，会粗鲁地对待和自己意见不同的同事，会指责不好好学习的学生。但是，如果我们平心静气地坐下来想一想，我们就会重申我们对追求真理的承诺，会意识到合作价值观是至关重要的，同时彼此之间也会开始以诚相待。也正如同社会学家莫顿在《科学中的马太效应》（*The Matthew Effect in Science*）中所研究的，他描述了科学家的科学价值与他们自身实际行为之间的差异性（Merton，1968）。

我和我的同事们可能在学术界都获得了不少的荣誉，但是我们并不完美，有时回头看看自己的过往，我们会发现各自的弱点。心理学家告诉我们，这些弱点就是我们阴暗面的一部分。我发现这个说法对我来说很有帮助，那就是我不需要假装自己是完美的。然而，当我用一个旁观者公正的眼光去审视自己以往对关注的渴望和对外在奖励的欲望时，我还是会感到羞愧。但是，当我试图去追求真实，建立良好的人际关系，并积极推动教学质量提升时，我就感觉好多了。

关注价值的实现是文化部门的核心，至少对于文化部门“认真的”领导和“认真的”艺术家们来说，是这样的。一个艺术博物馆会致力于发展和繁荣艺术，一个剧团会致力于普及和弘扬戏剧文化。鹿特丹交响乐团的艺术总监希望让最好的音乐家和最好的指挥家来演奏马勒《第五交响曲》，这是以前从未有过的事情。他的目标就是创作出最好的音乐。然而，为了追求这样的目标，这个艺术总监不得不和缺乏音乐分辨能力的普通听众进行沟通和磨合。他也许不仅需要面对一个以商业利益为重的业务经理，而且有可能会面对一个不愿意尝试革新的演奏家。除此之外，他还需要考虑大众可能只喜欢那些耳熟能详的乐曲。而他其实是站在满足大众娱乐需求的对立面，他更加倾向于非通俗音乐。但是，如果他担心听众太少会导致剧团可能破产，那么他就必须在实现自己音乐价值的同时，考虑避免门票销售量下滑的情况。

荷兰诗人吕瑟贝尔特（Lucebert，1924—1994）曾经说过，“任何有价值的事物都是脆弱的（everything of value is vulnerable）”。如果你在荷兰文化界

---

① “消极抵抗”指的是你不会直接用抗议或阻挠的方式去表达自己的意愿。比如，对于我来说，当学校的管理部门在不征求我的意见的前提下，去推行某个新的规章制度时，我虽然不会直接去表示抗议，但是我会选择忽视它们的存在。

工作，那么你就会清楚地知道，这句话常常被用来描述文化艺术界反复出现的两难困境。为了做正确的事情，为了追求更好的绘画、音乐或戏剧创造，为了实现对自己来说最重要的价值，你需要冒着失去一切的风险。现在的问题是，作为文化艺术界的从业人员，他们是否需要为了继续他们的艺术创造，而必须在自己的价值观上妥协。一部分人告诉他们，应该更多地去关注公众的需求；另一部分人又会告诫他们，需要有力地表达自己的价值观，坚持自己想要的艺术创作，说服或诱导他人一同去追求伟大的艺术。

3.2 持有不同观点的先行者

根据经济学的研究方法，我将遵循众多前辈学者通过实践所积累下的经验展开讨论。其中包括托马斯·阿奎纳（Thomas Aquinas）和亚当·斯密（Adam Smith）有关宗教和心理学（Maslow）方面的研究，以及近期的阿拉斯代尔·麦金泰尔（Alasdair MacIntyre）、玛莎·娜斯鲍姆（Martha Nussbaum）、查尔斯·泰勒（Charles Taylor）、戴尔德丽·麦克洛斯基（Deirdre McCloskey）的研究。其他相关的经济学家其实也在讨论类似的课题，比如罗伯特·斯基德尔斯基（Robert Skidelsky）（这些学者都是参与在“经济根植于文化”的对话模式中的）。我最喜欢的资料文献来源于亚里士多德（Aristotle），尤其是他的《尼各马可伦理学》（*Nicomachean Ethics*，Aristotle & Ross，1959）。

3.3 以追求和实现价值作为行为准则，其实也意味着为了“善”而奋斗

亚里士多德（Aristotle，公元前 384—322）是希腊一位实用主义的哲学家，他对人类文明的发展有着深远的影响。这种影响始于 12 世纪，当时的学者们把他的作品翻译成了拉丁文。亚里士多德的著作成了整个 19 世纪哲学家们的主要著作参考资料。托马斯·阿奎那（Thomas Aquinas，1225—1274）在处理经济形势下的道德问题时，主要参考了圣经和亚里士多德的著作（他称亚里士多德为哲学家）。在 20 世纪时，亚里士多德或多或少地被忽视，但是现在他又重新被重视起来。阿拉斯代尔·麦金泰尔（Alasdair MacIntyre）

和玛莎·娜斯鲍姆（Martha Nussbaum）是当代两位杰出的哲学家，也是他们再次让亚里士多德的著作重现光芒。尤其是亚里士多德的《尼各马可伦理学》在被遗忘一个多世纪后，再次获得广泛的关注。甚至有些商家将其纳入商业工作手册中，为的是指导经理们如何将亚里士多德的理论应用到他们的现实工作中去。

有趣的是，亚里士多德可能是为了教导自己的儿子尼各马可而写下了以下这些文字。他的教导是这样开始的：

"每种艺术与探索，同样地，每种实践与选择，都以某种善为目的。正因为如此，善被看作是一切事物的目标。"（Aristotle 和 Ross，1959）

对当代的读者来说，理解这句话可能有些困难。至少，这是我与学生和专业人士一同阅读这段话时的感受。尤其是对善（the good）[①]的概念所引发的疑问和怀疑——就好像你我都可以得到善行一样。在本书中，我并不打算继续讨论有关哲学的问题，我更愿意将善理解为一个人、一个社区或者一个组织所追求的目标。

以组织或者企业为例，它们的目标往往会在它们的任务中体现出来，有些机构会具体地描述出该任务是什么，但是大部分机构并非如此（比如，我们不能把利润的最大化作为我们的任务）。

亚里士多德还提出，善有善变：

"目的存有差异，有的是实现活动的本身，有的是活动以外的产品。当目的是活动以外的产品时，产品就自然比活动更有价值。"（Aristotle 和 Ross，1959）

一名演员会想成为一名好的演员。好演员的优点在于舞台上的表演出色：通过表演来展现他的优点。一名手造帽工匠的追求是，他可以设计并能制造出世界上顶级的帽子。

我们在亚里士多德的文章中可以继续阅读到此类观点："由于活动、技艺和科学知识有许多种，做这些事的目的自然也是多种多样的。医疗使人健康，造船的目的是为了船舶行业的发展，战术的目的就是为了取胜，理财的目的是为了财富增长。但是有些技艺是属于同一种能力的——比如，制作马

---

① 在这里，我将"the good"翻译成"善"，但是这与道德意义上的"善恶"无关，而是从实用的角度出发，特指"有益""有用"等。

勒的技艺和制作其他马具的技艺都属于骑术，骑术与所有的军事活动又同属于战术，同样地，其他技艺又属于另一种技艺。在所有这些场合下，主导技艺的目的就比从属技艺的目的更让人有欲求，因为后者是因前者之故才被人欲求的。选择的目的是活动本身还是活动以外的什么东西这两者并没有太大的差异，这和刚刚提到的那些科学①是一样的。”（Aristotle 和 Ross，1959）

亚里士多德告诫自己的儿子需要分清手段和目的。这个忠告似乎也适用于当今社会。它为那些错误地将利润工具作为目的的企业管理者、或那些只为追求金钱（很多很多钱!）的年轻人敲响了警钟。

因此，询问目的或目标是一种治愈性干预的方法（正如我在前言中指出的，我的意图是治愈性和启迪性，而并非是规范或说教）。这是教练在帮助专业的从事者时所采取的方法，也是治疗师、教士和牧师在他们的治疗和服务中所运用的方法。当我为某些文化机构做咨询时，我们总是要先弄明白该机构的使命是什么，它们的从业人员追求的又是什么。答案需要慢慢地探究。

以手段为目的的事情其实很常见。美国一家艺术博物馆的馆长在一次艺术经纪人研讨大会上宣布，他有三个目的：①募款，②募款，③募款。我是从一位荷兰银行家那里听说此事的，这位银行家当时在纽约大学主修艺术管理专业。他对该博物馆馆长的做法表示赞同（你可以想象出我当时吃惊的表情）。这听起来目的性很强硬，他似乎是想让他的听众望而生畏。即便如此，有人可能还是会本着亚里士多德的精神质问他，募款的目的又是什么。为了赚钱而设立博物馆听上去是多么奇怪的一件事，即使对于那些提供经济支持的人来说，这样的目的也并非是一个好主意。而这位馆长正是以这个手段作为他的目的的。

金钱不是目的。金钱是为了达到某种目的的一种手段，即使有时很难阐明这种目的。（如果你不同意我的观点，那么请你告诉我一个追求金钱本身就是目的的例子。）

问问别人和你自己，到底什么样的美好事物才值得为之奋斗。同时，这也是亚里士多德提出的疑问。

---

① “科学”，是指理智地把握事物的真或者确定性的一种活动方式，这种活动其目的或在于活动，或在于活动的某种结果即知识，这种知识从严格的意义上来讲，是针对事物的不变的性质或本质的。“技艺”，则以可制作的事物为前提且目的在于活动的结果。（《尼各马可伦理学》，亚里士多德著，廖申白 译注，2003）

4 实践是可以让价值成为现实的“美德”

在为善而奋斗的过程中，我们需要考虑对我们来说一切重要的事物。这就意味着我们不仅需要清楚地了解我们自己的价值观，还需要了解他人的价值观。我们不仅需要全方位地评估当前形势，还需要充分认识如何有效地实现价值。用亚里士多德的话来说，为了获得所追求的某种“善”，我们需要尽可能地将全部知识转化为行为，即付诸“实践”（Phronesis）。实践（Phronesis），即实践智慧（practical wisdom）。贡萨洛·布斯塔曼特（Gonzalo Bustamente）在他所写的有关实践的文章中解释道，实践（Phronesis）需要深思熟虑，它不仅需要我们对所希望争取的财富和相关价值有一个清醒的认识，也需要对他人想要和需要的事物，以及基于验证的实践和战略都有一个清晰的了解（Bustamente，2012）。

亚里士多德认为进行实践是一种最基本的美德，也就是说，它对所有的评估和所有的行为都是至关重要的。美德是我们赋予行为的一种价值。作为一个有道德的人，亚里士多德已经把重要的美德内在化了。只要你我还在有意识地追求实践智慧，那么就说明我们可能还没有把这种美德内在化。我们实际上并不聪明，但是我们都希望自己可以变得更加明智一些。对于那些别人认为很聪明的人来说，当他听到别人夸赞他时，他是无法理解的，因为他会认为“难道这些事情不是明摆着的吗”。

实践智慧是明智者的做法，比如去剧院看那些“有深度的、有质感的、有温度的话剧”，而不是在家懒洋洋地坐在电视机前，或者玩一些低级的、不需要动脑筋的游戏。实践，是指导演为了打破一种僵局的状态而和演员发生冲突时所做的事情，是指学生为了准备考试而取消约会的一种行为。只有通过实践，我们才能明白到底什么才是做正确的事情。实践可以有助于我们判断一个行为或活动是否正确。

但是可以肯定的是，人们并不总是明智的。我会浪费晚上宝贵的时间去看无聊的泡沫剧，尽管这是不明智的。对于一家严肃的艺术博物馆来说，招揽一些声誉欠佳的赞助商是不明智的。贪婪是不明智的。执着于得到世人的关注是不明智的。我也常常会做出一些让我事后后悔的事情。我在不应该吃冰激凌的时候吃了冰激凌，在应该集中精力写作或者陪伴家人或朋友的时候安排了工作行程。我经常需要别人给我指出来这些不明智的做法。亚当·斯密（Smith，1759）在他的《道德情操论》中提到，公正的旁观者是检验我们行为的一种工具，该书可以被解读为是一篇有关实践的伦理学著作。公正的旁观者是你我心中的声音，它告诉我们，我们的行为是否正确。它要求我们，摸着良心说话，凭着良心做事。

当一个银行家意识到，他对获得高额奖金的执着并没有让他成为一个更好的银行家，他就会希望弄清楚自己真正想要什么，以及自己的价值观是什么，这时，实践就会发挥作用。当人们开始考虑饮食的质量，或是当一家公司的首席执行官决定为该组织机构的文化投资时，实践都会发挥作用。

实践只是古希腊人以及亚里士多德所阐述的四大美德之一。另外三种美德分别为，节制（temperance，做事情要恰如其分，既不能过，也不能不及，需要在两者之间找到平衡）、勇气（courage，在做正确的事情时需要克服恐惧）和正义（justice，考虑到他人的利益和情绪）。再后来，托马斯·阿奎那和其他的基督教思想家又添加了三种神学美德——信念、希望和爱（faith，hope and love）——从而被后人称之为七种经典美德。信念代表着自信；希望代表着对未来的展望；爱是一种能力，它可以让你感受内心深处的真实想法和渴望，这也正是我和我的妻子在处理我们和家有关的问题时所追求的美德。

直到19世纪，这些美德一直都是人们生活中的基本常识，孩子们可以在学校里学到。但是当进入20世纪以后，这些美德却大多被遗忘在了“角落”。它们逐渐被工具性的知识以及可量化的事物所取代（比如利润、经济增长、访客统计、引用次数、出版数量等）。幸运的是，近代的阿拉斯代尔·麦金泰尔（Alasdair MacIntyre）、玛莎·娜斯鲍姆（Martha Nussbaum）以及菲利普·福特（Philip Foot，1920—2010）等哲学家，又让这些美德重新流行起来。有关这些美德，我是从戴尔德丽·麦克洛斯基（Deirdre McCloskey）那里得知的，她曾写过有关美德的三部曲。在下一章节中，我将试图阐明对这七种美德的认识，并讨论当我们在处理自己的价值观时，应该如何体现这七种美德。本章节的重点是：实践智慧。

4.1 实践智慧与理性行为和理性选择的概念有何不同

实践智慧的概念和标准经济学中理性行为或者理性选择的概念是完全不同的。经济学家认为，理性的概念可以帮助我们提前制定最佳或最优的行动方案。也就是说，理性的核心思想是，在一定的约束条件下（比如收入、价格等），我们可以通过使目标函数最大化（比如效用、利润等），从而得到最佳选择。由于理性的概念可以让经济学家以数学方程的形式对决策进行建模，因此它得到了经济学家们的普遍接受。建模似乎给这种理性的想法带上了“科学”的光环。然而，实践智慧的理念让我们意识到，当我们在做正确的事情时，会涉及太多的东西，所以所谓完全用科学的计算去解决问题几乎是不可能的，同时建模也几乎无法完全实现目标。在进行实践智慧的过程中，人们很难追踪或者捕捉到具有规则性和可预测性的模式。理性意味着一个有序的过程；实践则让人联想到一团乱麻。

就工具主义的科学解释来说，理性的概念显得尤为重要且有意义。当经济学家在设定与政策相关的目标时，他们会像 20 世纪 30 年代所做的那样，假设消费者、工人和企业都是充满理智的，不会轻易盲从，也不会凭直觉做事，而是善于理性思维和计算。这一假设促进了人们对经济进程的建模，进而模型的生成结果可能又会帮助决策者有效实施合理的政策。至少，理性的概念是这样被推定的。

理性的概念进一步暗示了一种普遍的观点，即知识是关于外部世界的明确命题。这个概念容易导致以下的误解：科学家们可以设计出某种模型，然后经过一些计算，最后可以获得一系列的提案或者以命题形式而存在的成果。比如，最好的政策需要在特定的条件下实行（“当经济具备这样或那样的特性时，政府的支出增加 2.8%，失业率就会降低 0.5%”）。这个命题被认为是经济学家所创造出来的知识，也反映出人们对自然科学知识的看法：他们认为结果会以命题的形式出现，可以申请专利，并被工程师们用来设计新的技术。

然而，在现实生活中，这种形式的知识其实只能起到次要的作用。政策的制定者们并不期待经济学模型下所得到的结果可以被直接应用。由于“假定”和“但是”这两个词出现的频次过高，因此他们最终所认为的“实践”

是在一个看似混乱的秩序下实施的，尽管他们试图理解复杂的过程，考虑不同的利益，并且学者们还会时不时提出一些意见。以下的这则轶事就强调了这一观点。

那是2000年，故事发生在鹿特丹市政厅美丽的人民宴会厅内，这是二战时期1940年5月14日鹿特丹遭受德军轰炸幸存下来的为数不多的历史建筑之一。来自世界各地的文化经济学家齐聚一堂，参加两年一度的国际会议。他们都渴望可以听到瑞克（Rick van der Ploeg）的演讲。瑞克是一位著名的英国裔荷兰经济学家，当时就任荷兰内阁的教育、科学以及文化部部长。他是个高大而又古怪的人。在非正式场合下，他喜欢开玩笑，并敢于提出一些具有挑衅性的言论；而在正式场合下，他又非常严肃认真。这个故事就发生在一个正式的场合。

瑞克讲述了他当荷兰教育、科学以及文化部部长时所面临的挑战，并解释了荷兰人是如何执行他们的文化政策的。他详细地谈了荷兰政府向文化组织机构拨款的过程，以及越来越多的荷兰人认识到文化和艺术在经济上的重要性。

我当时担任这个会议的主持人，当瑞克的发言结束后，我问他，作为部长，他是如何从文化经济学家的研究工作中获益的。比如，他是否使用过条件评估法去进行相关的研究？（这个评估法在当时非常流行）他的回答很简短："完全没有。"我又重复了同样的问题，他的答案依然是否定的："我必须承认，我从未使用过文化经济学的任何研究结果。"

我不确定他的这个回答对其他人到底有多大的影响。但是，我认为这应该会让在场的人大吃一惊。毕竟，他们中大多数人毕生致力于帮助从政者们改善他们的文化政策。然而，如果连一个精通于经济学的从政者都认为经济学对他的政治工作毫无用处的话，那么那些经济学家们为什么而工作呢？如果所有的文化经济学的研究都是徒劳的话，我们又该如何做才好呢？

也许瑞克回答得太过于直率。毕竟，当时的政治家对艺术和创新产业所产生的经济影响有着浓厚的兴趣，而这些影响也正是经济学家可以计算衡量的。然而，作为一名经济学家，他非常清楚这种衡量方法具有严重的局限性，因此，这或许也是他作为一名政治家会有意识地回避此类研究的一个重要原因。或许他在政治会议上所强烈反对的意见，却正是经济学家所倡导的意见。不过，他并不是第一个发现经济学家的思维模式在政界中并不能发挥作用的经济学家。在我的另一本书中，即《与经济学家的对话》第1章和第7章，我也提到过一些经济学家类似的观点表达（Klamer，2007）。

从这些经验案例中可以看出，我得到的结论是，政策制定并不一定是个理性的过程，尤其不是经济学家所希望的标准的合理的过程。委婉地说，当前科学实践知识其实并不是那么“有用”。如果你同意我的看法，你可能就会和我一同去了解我之前所提到的“看似无秩序的实践”，即“实践智慧”。

理性的概念在日常生活中更难适用。让我们做个测试来证明这是为什么吧！想想你最近做出的一个重要决定，它是什么呢？选择在一所特定的大学学习？决定继续学业而不是去创业？结不结婚？生不生孩子？继续雇佣某位员工，还是解雇他？好了，你做好决定了吗？现在请回想一下是什么让你做出这个决定的？其中是什么因素在这个过程中影响了你的决定？你现在不用着急回答我，可以用点时间慢慢好好想一想。

基于之前在课堂上和讲习班上有过类似测试的经验，我猜想你会得到以下几个因素：

直观、直觉、包括朋友和家人的社会环境、价值观、他人经历、各种各样的信息、权衡利弊、预算以及来自咨询团队的研究报告。

其中，来自咨询团队的研究报告是最接近于科学的。但是其科学的投入却很少被人们所提及，即使这个咨询团队是由各个部门经理所组成的。在大多数情况下，科学对决策并没有任何影响，至少人们不会有意识地利用科学成果去做出决策。在这个测试中，参与者会认识到这个决策的过程其实是一个复杂而又混乱的过程。通常人们会提到情感、直观和直觉。一位女士曾经告诉我，当她决定攻读商业学硕士学位后，她发现她自己哭了，因为她意识到她选错了专业。人们往往也会提到他们的社交伙伴对人们的影响。学生也经常谈论起他们的父母对他们的影响。

但是，人们很少会提到他们自己的价值观。如果想要了解这个因素，我们还需要进一步慢慢探寻。同时，这也表明，人们通常不是有意识地和自己的价值观打交道，而是在潜意识中被其影响着。当我们讨论特定的案例时，我们才会发现和自己有关的价值。这正如社会学家马克斯·韦伯（Max Weber）所指出的，如果我们是理性的，那么我们就会去遵循一种本质性的理性，即我们试图在决策中实现对自己来说重要的价值。程序合理性（即遵循严格而明确的计算步骤）其实是不适用的。在现实生活中，本质合理性似乎比程序合理性更为重要。本质合理性依赖于实践，它需要人们在价值的实现过程中权衡各种复杂的因素。

经济学家为什么不断执着于研究程序合理性，学者们为什么还是会不断地努力发表与日常生活无关的研究性论文，我们在这里先不讨论这些。但是，我想在这里说一句：学术界的规范是需要我们远离日常生活和实际实践的，并要求我们以旁观者的立场去“客观”看待事物，即德语中的“Anschauer”(观察者)。教授会教学生们一种在日常生活中不常用到或者生僻的语言，比如数学等方面的专业术语。这就是为什么我决定违反这一准则，转而寻找一种在研究领域和日常生活领域之间可以共享的知识语言。我追求的“科学”应该是一门既具备治疗作用又具备启迪作用的科学，并且我的目的是让它可以影响我们的行为。

4.2 在实践中创造秩序

实践的美德在于它可以激励我们认识到，我们为了做正确的事情需要了解什么，以及哪些知识是相关的。其实用不了太多时间，我们就可以认识并掌握所需要的各种知识。而这些知识大多都不是你我在普通学校或者专业大学里学到的。

让我们先举个例子吧。有一位女士是一个剧团的业务总监，而另一位高层领导是该剧团的一名艺术指导。一天，这位业务总监来征求我的意见。她认为那位艺术指导正在试图削弱她的权威，因为他在一个新的节目中表现得过于激进，并且不愿意听她的反对意见。她担心，如果这个艺术指导依旧一意孤行，他会使整个剧团陷入困境。她该怎么办？她需要注意什么才能避免这个剧团的利益受损？

从这一点上来看，理性的概念对她来说毫无意义，且没有任何帮助。她可以运用哪些科学算法呢？或者，她又应该了解哪些可以帮助她的知识？

企业经济学可能会提供较好的方法让她去应对这种情况。通过阅读商业书籍，她会明白她需要的是一个视角（该组织集团是如何看待外面的世界和未来的？）、一个任务（该组织集团想要什么，以及它的目标对象是谁？）和一个策略（执行任务时的方法是什么？）。

为了避免与企业经济学有直接的联系，同时又能让我们更加深入地探讨相同的观念，在此我提出了另外一种不同的做事程序和不同的概念，即使它们与通常的概念相重叠。首先，如果我作为业务总监，我会建议那位一意孤行的艺术指导应该明确为之奋斗的理想（既包括个人的，也包括集体的），以及所追求的世界观，然后思考应该如何设计其行为并将这些行为加以实施，最后反思在这些相关的问题上自己都做了些什么，看看他自己的行为在多大程度上会促使他的理想实现。

这些概念的顺序如下：

（1）理想（ideals）：这是指个人、群体或者组织所追求的东西，包括他们想要实现的价值和美德。理想也可以被称为“任务”。

（2）世界观（worldview）：这代表了个人、群体和组织在为实现理想而奋斗时所形成的知识。他们的世界观就是他们对相关世界的看法与见解，也包括他们对未来的展望和期盼。一种世界观可能会由科学知识构成，但总的来说，主要是由轶事、零碎的知识、选择性的信息、经历和经验，以及各种故事组成。世界观也可以被称为“视角”。

（3）设计（design）：这是以所有的理想以及所有掌握的知识为基础，个人、群体和组织开始思考并策划行为的方案，最终各种方案将构成设计。在这个阶段，个人、群体和组织会为了正确的选择而做出有意识的计划。当人们决定去度假时，就需要考虑如何去做，他们所想出的主意就是他们的设计。（设计也可以被称为“战略”。）

（4）实践（practice）：不论理想是什么，在现实生活中，实践与理想相比通常是另一回事，它与人的知识的积累程度和细心周到的计划无关。干扰信息、意外事件、情感因素、不确定因素，甚至是一些愚蠢之举，都会让我们的现实生活变得令人感到惊喜、有趣、挫败和失望。

（5）评价或反思（evaluation or reflection）：人们通过比较理想、世界观、设计与实践之间的差异，从现实生活中吸取经验。这种比较被称为评价或者反思。在这个阶段，我们需要找到有关“这个设计到底对理想的实现能起到什么样的效果”的答案。因为如果没有反思，人们并不会清楚自己之前都做了些什么。

个体和组织通常不会按照顺序去完成每一个步骤，但是所有的步骤都是为了做正确的事情而设置的，有些步骤比其他的步骤还要更为细致。专业教练、治疗师和咨询师的工作会要求个体和组织认真考虑并做好每一步。那些能意识到这些步骤并对它们进行反省的人，就是唐纳德·舍恩（Donald Schön）所说的“反思的实践者”（reflective practitioners）（Schön，1984）。

现在让我们更详细地了解一下这些步骤吧。

4.3 理想——如何认识它们

理想是个体和组织想要实现的财富和价值目标，即使他们知道自己可能永远无法完美地实现它。科学家以真理为理想，艺术家以美为理想，僧侣以至善和救赎为理想。理想表达的是个体或者群体的渴望（乐土、山巅之城、天堂）和组织的抱负（创造终极产品、完美技术、理想的工作场所）。我们的理想是我们的奋斗的目标。有些人会谈论目的，而另一些人只会考虑对他们来说很重要的东西，思考对他们来说很好的东西。理想是我们向往的东西，即使我们知道它可能永远都无法实现。理想可以一种实践形态而存在，是一种理想化的“实践”，比如研究、做企业、艺术创作以及工艺技能锻炼等。

我之前遇到的那位业务总监的理想也许是做一个杰出且有影响力的业务总监。当一个倔强的艺术指导和自己不合时，作为优秀的业务总监她应该知道如何去做才能实现理想目标。只有经历过，她才会意识到她已经变成了她自己心目中的样子。如果她认同该剧团的“理想”，那么她就应该在不损害剧团理想的情况下，尽可能地去帮助那位艺术指导。

理想包括个体和组织想要实现的价值和美德。如今，许多公司都在努力地明确属于自己的价值观。波士顿咨询公司（BCG）的价值观是“诚信、尊重个人、多元化、客户至上以及战略性眼光”。这个集团的一位合伙人告诉我，他们的确在切切实实地遵守着这些价值观，并且公司成员每天都在不断地强调着相同的价值观。我发现曾经和我一起合作过的一个剧团，他们共同的价值观是：“惊喜、创新、工艺、冒险”。如果在该剧团中，人们彼此之间出现分歧或者是猜忌，那么他们将会重申那些价值观。所以，无论他们做什么，都必须要让人感到惊喜（“我们要避免重复”）、让人感到耳目一新（“不，那不是新的，毫无创意”）、让人感到震撼（“我们不应该换一下我们的场地吗?”）以及让人感到惊叹（“对不起，那个演员不符合我们的表演标准”）。对于他们是否已经有意识地在使用这一套价值观，我还不是很清楚。但是，很明显，有些剧团成员似乎比其他的成员更能意识到这些价值的存在。

工具不能构成理想。木匠的锤子是他用来实现自己理想的工具（也许他的手艺极为精湛）。同样，声誉也是科学家们和艺术家们用来实现理想的工具。一个人享有很高的声誉，可是并不能意味着他已经实现了自己的理想。你我都渴望一定的声誉，但我们都扪心自问一下：“声誉对你我的好处究竟是什么呢?”独裁者或许渴望拥有绝对的权力，但是对他而言，这种权力又有何作用?当一家公司宣称利润最大化是其公司的目标时，同样的问题依旧会出现：“利润对公司有什么用?”

因此，理想是无数重复问题的答案：“这个或是那个对我们的好处是什么呢?”在本书第 7 章中，我将会针对理想进行详细梳理并给予明确的解释。

4.4 世界观——需要哪些知识

在这一生中，我们要做正确的事情时，往往知识是必要条件。当我们还是孩子时会询问“如何才能交到好朋友?”“最好的学校是哪个?”；当我们建立家庭时会询问“在哪里居住比较好?”“应该找什么样的工作?”“如何修理水龙头?”；当我们是教授时会询问“如何才能做一名合格的经济学老师?”；当我们是经理时会询问“什么方案是可行的?”；当我们是从政者时，会询问“世界在以什么样的方式改变着?而我又能为此做些什么?”等。

我们不仅需要了解知识，也需要知道如何利用知识去实现我们的理想。“知道”（Knowing that）是指以特定的方式去了解这个世界或者了解构成这个世界的各种元素，比如：用心倾听是愉快谈话的前提；掉在地上的盘子有可能会碎；价格过高会导致需求降低；博弈论的情境应该有多种的解决方案；有钱的中国人对中国的古董工艺品尤为感兴趣；越不平等，越会使人不快乐；等等。“知道如何”（Knowing how）是指知道如何做事。比如：知道如何安装 DVD 录像机；知道如何做鞋；知道如何表演；知道如何教学；等等。

当你遭遇到某种具有威胁性的冲突时，你需要考虑会涉及该冲突的其他人员以及他们所关心的问题（比如他们的利益、反应、情绪），需要知道自己的动机和情感，需要知道法律后果，也需要评估自己胜负的可能性。

当你对发明一个新产品、创建一个博物馆、创作一段乐曲有了一个很好的想法时，你就应该去了解可以实现这些想法所需要的各种知识。你可能需要了解技术知识、组织知识、法律知识以及和经济相关的一系列知识。你还需要了解有关成本与收入的各种数据、有关潜在买家或访客的相关数据以及利率数据等。或许还需要委托专业人士帮忙处理账户和进行市场化运作。

当我们和其他人一起工作时，我们不仅需要了解他们的出发点和关注点，同时还需要了解彼此之间共同的文化和共同的兴趣。当我们有了孩子时，我们需要了解有关教育学的方方面面的知识，还需要知道如何做一个合格的父母。当然，还有那些不需要我提你就会想到的那些有关如何维持友谊和婚姻所需要的知识。

当你经营一家公司、一个部门或者一个国家时，你需要知道更多的知识。你需要制订报告、统计数据、展示情景、估算风险、聘请专家等。但是，最终你还是需要凭借自己的直觉来做出决定。对于单一的知识点（比如科学、事实）而言，并不需要我们做出决定或者选择。而当我们需要做出综合的决定或者选择时，往往会涉及很多复杂的因素。

你的世界观覆盖着你对这个世界的所有信念和观点。它无疑会受你成长经历以及教育背景的影响。经济学专业的学生所学的经济学知识会帮助他们形成看待世界的独有方式。而研究心理学的人又会用不同的方式对待这个世界（我的妻子是心理学家，因此我每天都能感受到我与其世界观的差异）。对于技术人员来说，他们更容易感知发生在他们身边的技术细节；对于艺术家来说，他们对事物的理解时常与他人有所不同。

我不知道——或许也没有人真正知道——科学知识的作用。科学发现以及如何科学地看待事物必然会影响世界观的形成。但是，对于从政者和管理者来说，在他们的世界观中最重要的一部分是否是科学知识？人们如何利用自己在大学时期所学到的知识？他们会把学到的知识应用在实践中吗？律师和医生无疑是这样的，而且他们在后来的工作中依然需要继续学习更多的相关知识。但是经济学家和历史学家呢？他们又是如何做的呢？

和知识同等重要的还有远见（vision）。一个剧团的艺术指导必须知道这个领域的未来发展方向。如果他参与有关政治事务，他最好具备可以提出并能够实现政治愿景的能力。在教学中，我和我的学生们经常讨论有关他们对未来的展望。每次我都会发现，这对他们来说是多么的困难。远见需要想象力和创作力。推断当前的局势相对容易，但是想象一个令人惊讶且处处充满意外的未来则完全是另一回事。如果我们远离了数字技术会如何？如果让古老的传统卷土重来会如何？如果正如卡尔·马克思（Karl Marx）在《共产党宣言》中预言的那样，“一切坚固的事物都会烟消云散”，我们又会如何？（Marx，Engels，Moore 和 McLellan，1998）。

我们不断地强调世界观的意义在于，当我们试图去做正确的事情时，它提醒我们需要了解掌握所有不同种类的知识。需要知道的事情实在是太多了！到底我们如何才能做出正确的事情呢？

4.5 设计——计划方案

一旦我们确定了自己的理想，并且知道了我们需要掌握的知识是什么，那么我们的下一步就必须决定我们要做些什么才能实现我们的理想。这是一个有关设计的问题，它是我们有意识的且经过深思熟虑的行为。

让我们再回到之前的例子。如果那位业务总监和艺术指导的关系依然处于僵持阶段，那么业务总监有可能会和咨询顾问一起坐下来，并商讨确定她应该以什么样的策略和计划应对这种情况。首先，是否应该和那位艺术指导见个面？她又应该以何种方式去对待这次会议？她会准备好数据或者图表，以理性的态度说服艺术指导，还是会用情绪化的语言去影响对方呢？见面为了避免遇到更大的麻烦，她也许还会提前和公司董事会进行沟通。

当人们决定创业时，银行往往会要求他们提供一份详细的商业计划书。因此，欲创业者必须弄清楚他们到底应该如何去做，他们需要什么样的组织支持，需要多少预算，需要多少雇员以及哪种类型的雇员，如何做营销，希望寻求什么样的合作等。所有的这些计划就构成了设计。设计同时也是年轻人在选择大学、专业，或是为了参与有关商务方面的工作，又或是为了申请涉及文化领域的相关职位时，所需要做的事情。所有类似的决定都是对未来的一种规划，其初衷都是为了可以促进理想的实现。

4.6 实践——去展示我们的价值，去发现现实中的事物与我们的想象有哪些不同之处

当一个人想成为演员时，她必须投身于表演。音乐家需要创作乐曲，领

导者需要激励员工，管理者需要做统筹规划，外科医生需要操作手术，母亲需要养育自己的孩子，我们大家各就其位、各司其职。换句话说，当人们想要改变这个世界的时候，他们就必须以某种方式参与到实践中。个人需要做事，群体需要做事，组织也需要做事。实践是人们自觉行为的总和。

我们通过做事情来实现我们的理想。我们会充分利用自己所掌握的知识，并将构想好的设计方案付诸行动。在此实践过程中，我们可以证实自己所设想的计划、价值以及知识。因此，我们需要实践，实践可以决定我们价值观的产生、发展和实现。

在实践中，我们会发现现实情况往往与我们的原计划不太一样。因此，在实践阶段，我们时常会忽视原来规划好的理想和设计。事实证明，现实情况总是比我们想象中的要复杂很多，我们或许会发现自己的无知，或许会发现自己所具备的知识不足。

但是，即使我们知道什么是正确的事情时，我们也未必会去做。我的医生会告诫我如何避免背疼，可是他自己却从不遵循他给予我的建议。许多经济学家在处理金钱方面的问题上是相当糟糕的，比如我自己，尽管我知道我应该去理财，但是我还是不会去做。人们往往都是那个“知其不可为而为之”的人。我们总会做一些愚蠢的事情，即便我们已经知道如何做才能变得更好。

然而，当人们在做事情时，往往可以表现出他们是什么样的人，以及他们代表了什么。当组织机构和相关的利益当事者在谈判桌上进行沟通时，该组织机构的价值观也会被显现出来。总而言之，我们总是通过实践来体现价值。

4.7　评价或反思——我们做得如何

由于在实践过程中我们往往会有愚蠢的、无知的、糟糕的和不理想的表现，因此我们需要时常审视自己和自己所做的事情，这点至关重要。通过评估自己的行为，我们可以更好地意识到，什么对于我们来说才是真正重要的，从而进一步判断我们的世界观是否与完成当前的任务吻合，以及我们的设计是否有效。

对于公司和其他组织机构来说，评估是一种月度或者年度的例行事务，此项工作通常是由会计师和相关研究者来完成的。股东们希望通过评估不仅可以了解他们企业组织的运作情况，同时还希望知道获得的利润究竟有多少。员工们希望得到公司或企业对自己贡献的反馈和认可。投资者希望知道之前的设计计划是否奏效，是否取得了预期的成果。

因此，评估的目的各有不同。评估对股东们来说，是一种检查或者控制组织的一种方式。一个组织的领导者需要通过评估才能知道他们处理事情是否得当。这也正是个人为了该目的而进行评估的原因。换句话说，在评估的过程中，最重要的问题就是，我们是否做了正确的事情。

政府也同样需要评估。从政者们希望通过评估工作来向选民证明他们的政策是有效可行的。政府机构为了这样的目的，从而编制了各种数据，以便顺利完成评估工作。其中最著名的要数政府统计的有关经济增长的各种数据。通过这些数据，人们可以判断经济状况以及政府的工作是否到位。不过，这项统计工作是否真的可以对经济的发展做出具有客观公正性的评估结论，我们还有待商榷。但是它已经成为人们的一种习惯，后来证明这种习惯很难改掉。

然而，对于那些文化、科学、社会以及宗教等和理想（ideas）相关联的组织机构来说，用通常的评估方式是完全不够的。尽管定量计算方式可以统计出盈利情况、访客数量或者书籍出版数量等，但是对于判断质量方面是否实现几乎没有任何帮助。这些数字不能说明交响乐团的音乐是否精彩，也并不能说明某所大学的学者们的见解是否重要。那么，如何才能辨别组织机构对社会发展以及社会结构的影响力呢？当一个公司试图为创造一个良好的社会做出巨大贡献时，在定量计算的范畴内，我们依然无法确定他们是否真的实现了他们的目标。

在本书第 11 章中，我将会着重讨论“定性观察分析法”（a quality impact monitor），这个方法可以帮助各个组织机构更好地评估关于社会、文化以及其他方面的实现情况。它也是我在本书中所提到的有关基本概念的具体成果之一。

4.8 隐藏在我们日常生活中的实践智慧

只有当你在日常生活中经历过这个词，即实践智慧（phronesis）时，你才能真正地理解它存在的原因和它的作用。在此，我分享一个在我生活中发生的小故事。它来源于我的私人生活，因为对我来说，这才是最有意义的。希望大家也能够在自己的生活中找到类似的例子。

圣诞节对我和我的妻子来说，总是一段很难熬的日子。我的妻子对圣诞节的期望极高，而我却希望自己可以在圣诞节放假期间多休息放松一下。凑巧的是，我们在圣诞节的安排上都兴致勃勃（荷兰有两个圣诞节）。在圣诞节前夕，我们和朋友会一起聚餐，听圣诞颂歌等。在第一个圣诞节的当天，我们会和家人（包括四个孩子）以及朋友一起共进晚餐。在第二个圣诞节的时候，我们会去我妈妈家吃晚饭，并且第二天是我大女儿（继女）的生日，我们会把所有的亲朋好友再次邀请过来，为她过生日。这一系列的聚会对我来说，简直就是一种考验。它需要我不得不参与到那些枯燥乏味的对话中，反复的寒暄让我无聊至极。这里的聊天也不需要我们具备过多的知识。于是，每次在最后的活动中，我时常声称我自己已经生病了所以无法继续参加聚会，虽然我并没有离席（有几次我确实是真的发烧了）。我妻子常会为此和我吵架，因为她对我的努力和承诺表示怀疑，也抱怨我平时的社交活动过多，而花在家里的时间太少。总之，圣诞期间的日子的确很苦。

于是，有一年，在圣诞来临的前几周，我们商量决定理智一些处理这些问题。正如我从亚里士多德那里学到的，我们首先需要清楚我们想要实现的“善”到底是什么。因此，我和我的妻子选择心平气和地坐下来好好谈谈（我们的确是这么做的）。我们最后得到的结论是，我们共同的追求都是为了拥有一个和睦的家庭，一个温暖、开放并且相互扶持的家庭。其实我还可以想象出更高尚的目标，但是这个目标对于我们来说已经足够了。我们将它称之为我们的理想。考虑到这一点，我们希望可以为我们的孩子和朋友创造出温馨而又美好的体验。

接着，我们决定了自己的“价值观”。我的妻子提出了“在一起”（together）的价值观，这也暗示着，作为夫妻，我和她一起做事情对她来说是非常重要的。也许“在一起”不能当作是一种真正的价值，但是它可以意味着其他价值，比如共同的责任。我的正义一面告诉我，这对我来说是正确的（但是我的邪恶的一面却又警告我，这也许不符合我的个人私利）。

之后，我们确定了以为他人服务为目标的价值（英语中没有荷兰语“dienstbaar”这个词），因为我们认为我们做这些事情其实是为了我们的孩子、我们的家人和我们的朋友，而并非为了我们自己的快乐。我同意为他人服务是作为一个成年人应该做的事情，即使我对自己的这个承诺依然感到有些不适。(我对充满知性对话的渴望以及对可以享受悠闲时刻的期盼又该如何实现呢?)

最终，我们达成一致，我们要感谢我们有能力可以给予他人提供帮助，也要感谢他人愿意加入我们。感恩是一种价值观，它作为西方文化的传统理念伴随着我成长，因此我们很自然地做出了这个决定。

圣诞节到了，我们像往常一样开始了例行的活动。平安夜进行得很顺利。在圣诞节那天，我决定趁我的妻子为迎接客人在厨房做准备的时间去书房看会儿书。过了一会儿，她出现在了书房门口，打开门并只说了一句话：“一起来?”她的疑问口气很明显。在那一刻，我慌忙用我正在为晚宴的演讲做准备的借口推脱了。但是，我知道这样的借口并不能持续一整天，所以半小时后我主动来到了厨房，和她一起准备晚餐。我们都在努力地做事情，我尽我的最大努力邀请每个人都可以参与到话题当中，并确保他们可以得到需要的食物或者饮品。当有的人看起来很无聊时，我也会想办法让他或者她回到我们的谈话中。我拿着一瓶酒到处乱转，还时不时地在别人的对话中插一两句恭维的话，同时也会帮客人们端端咖啡（通常我的妻子在这个时候并不太警觉，因为她总是喜欢喝上几杯好酒，而我却不喜欢)。晚宴的谈话一如既往地漫无边际（至少对我来说是这样的)，然而我发现这次的经历和以往完全不同。

当客人们都离开后，我和我的妻子躺在沙发上开始总结这次的圣诞聚餐是否成功。我们得出的结论是，我们的孩子、其他家人和朋友似乎都很满意，晚餐的味道也很可口。并且我在晚餐时为家人朋友的需求考虑时所做出的努力也得到了妻子的认可。我们都很感恩，感恩我们所做的这一切。

我当时的感觉好极了。我非常高兴我可以和我的妻子一同完成这件事情，也很高兴我也能照顾好我的孩子、我的母亲，以及我的朋友们。坦率地说，我很惊讶地发现亚里士多德对我们的帮助原来是如此之大。至少对我来说，这是一个很好的现实例子。

用我所提到的术语来解释，我的这个经历涉及有关实践智慧是如何运作的问题。首先我们需要意识价值的重要性，其次需要进一步认识和评估。实践智慧可以让我感到满足，它和以往我只知道追求自己自私的欲望时相比，更能让我感到满足。

【附录 1】

以价值为基础的研究方法与标准经济学形成鲜明对比

用几句话来解释标准经济学的复杂性理论几乎是不可能的。尽管如此，由于为了强调以价值为基础的研究方法具有创新之处，我依然决定用此标准经济学作为对比，所以我觉得非常有必要冒着危险简要描述一下，到底什么是标准经济学。我非常熟悉标准经济学以及研究它的学者和实践者们，因此我知道他们将会对我在这里写下的每一件事提出异议。

首先，我来介绍一下标准经济学的特征，随后把它和以价值为基础的研究方法进行对比。我们用一张图就可以说明很多问题。如果你马上可以明白这幅图说的是什么，那么说明你在学校里已经学到了有关标准经济学的一些知识。如果你不能理解这幅图的含义，那么说明你在标准经济学方面还是个新手。

标准经济学是从远处描绘世界的。这幅图代表了市场，它表明市场是标准经济学的主要焦点和主题。在标准经济学里，世界应该分为两个部分：需求（demand）和供给（supply），它们分别用 D 曲线和 S 曲线表示（见图 4-1）。图中，横轴上的 Q 表示需要交易的产品数量（quantities），纵轴上的 P 则是指其价格（prices）。此图说明价格是供求的相互作用趋于平衡的结果。在需求和供给曲线的背后，标准经济学描绘的是有关理性个人和企业如何实现效用最大化或利润最大化的目标。

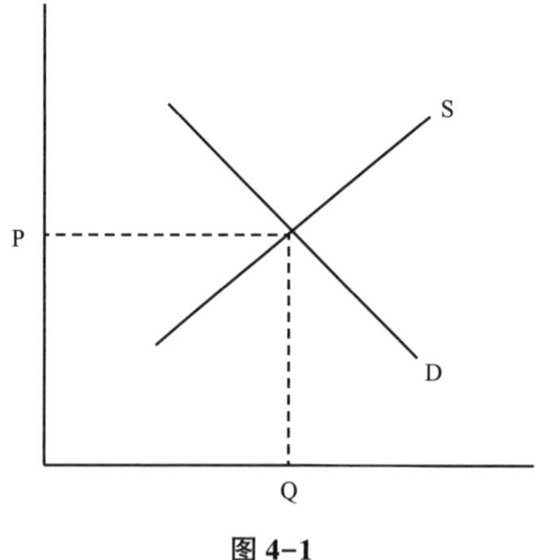

图 4-1

标准经济学是以会计核算制度为基础的。作为一个理性的决策者，他也许会把世界分为两个部分，就像是会计一样：成本与收益、收入与支出、资产与负债等。

标准经济学具备的另外几种特征是：“市场是相互依存的”“价格机制至关重要”以及“理性的个体对价格变化所做出的反应”（是一种激励因素）。

这里的重点是市场。在市场失灵的情况下，政府必须采取行动，比如提供公共物质、直接或间接管制、制定条例、调整税收、控制支出、建立和保护产权机制等。

在过去的十几年里，标准经济学已经发展到可以通过描述博弈的互动性，通过认识风险的存在，通过了解信息问题，以及通过解决那些理性决策者必须处理的认知问题，从而表现出市场和决策的复杂性。

以价值为基础的研究方法在很多方面都和其他的研究方法有所不同的。以下是一个初步的归纳表格（见表4-1）。在本书最后一章节中，我们会进一步将其完善。

表4-1 标准经济学与以价值为基础的研究方法对比

标准经济学	以价值为基础的研究方法
核心问题：稀缺资源的配置	价值的实现
市场经济体系	人们实现价值的立场
工具推理：关注手段	基于价值/本质推理
分析与政策导向	解释性、启发性和治愈性
定量分析	定性分析
基本假设/启发	基本假设/启发
理性的决策制定者	做正确的事情
生产、分配和消费之间存在明显区别	消费也是生产，共同创造
消费者效用最大化	人们通过一系列的财富实现各种各样的价值
只分为私人财产和集体财产	财产可以共享
目标是效用、利润、经济增长以及福利的最大化	人们会确定想要争取的特定财富
经济具有自主性	经济植根于一种文化当中

【附录2】

人们所谓的自私是怎样的

当你听多了标准经济学家口中所讲述的他们眼里的世界后，你会慢慢开始相信，人类的内心充满了贪婪、自私以及对金钱的欲望。显然，当这些经济学家试图想象他们研究的“猛兽”内部的世界时，他们观察到的则是贪婪与自私是如何驱使人们去追逐利润的。而这却并非是我所观察到的。你是否会觉得我的观点过于天真而不切实际？

请让我澄清一下，我是如何得到这样一个不同的视角的：

（1）首先，我想问的是，这种观点是否也适用于那些假设自己很自私的人：内心充满了贪婪、自私以及对金钱的欲望？通常他们会回应，他们自己是在努力做正确的事情，只是其他人是贪婪的，等等。我们基本同意这种说法。但是，问题是为什么其他人会有不同的表现呢？

（2）当人们承认自己贪婪时，我会继续追问他们，贪婪对他们到底有什么用？当我一次又一次地重复这个问题时，到最后我总是会得到一些合适的答案。人们常常会因为自己的目光短浅、无知和愚蠢所表现出的贪婪和自私的行为而感到后悔。此时，我会指出矛盾之处：当其他人贪婪时，也许我们并不贪婪，或者我们希望自己不贪婪。但是当所谓的其他人和我们想法一样呢？

（3）那么为什么所谓的其他人看上去是贪婪的呢？这就是我的想法。当我们在做正确的事情时，我们的确需要考虑其他人的行为。其他人会从不同的利益出发，这样可能会导致他们在做正确的事情时会有相互冲突的想法。比如，看话剧时，我想为我的家人买到最好的座位，而你也想给你的家人同样买到最好的座位。我认为，意识到自己的价值观是至关重要的，而其他人却认为别人应该顺其自然。因为我们都是不同的个体，所以都会有愚昧、无知且愚蠢的想法和行为存在，你会在我的身上发现它们，我相信我也会在你和其他人的身上同样发现它们。我只单单努力地提高自己还远远不够，我还希望你以及其他人也可以像我一样看待事物。因此，我们必须考虑到其他人也在做着不同的事情，同时愚蠢和无知一直都是我们在与世界进行互动的因素之一。然而，这并不是可以作为假设所有人都是贪婪或者自私的好借口。

（4）我将在本书第6章中详细阐述我们努力与他人分享的最重要的东西

究竟是什么。这会让你觉得，合作或社会行为应该才是正确的行为规范，而自私则是偏离正确轨道的行为。

（5）当在追求理想的过程中充满了各种挫折和挑战时（许多组织皆是如此，当然也包括文化、学术等机构），我们最好不要假设所有的参与者都是为了追求利润、权力和地位。即使金钱、利益、地位、关注度、自负以及权力会起到作用，我们也许依然可以放心地认为，这些只不过是使人分心的事情。如果我们敢于直面这些问题，那么它们就会得到充分暴露，与此同时，我们应该做的正确的事情也会浮出水面。

因此，我的结论是，当我们试图进入“大象”的内部时，提出人们是贪婪且自私的假设对我们而言是毫无帮助的。对于做正确的事情，贪婪和利己主义并不具有好的指导作用。但即便如此，当我们自己在做正确的事情时，我们依然需要考虑到其他人可能会有的贪婪和自私。

第二部分
概念框架

第一部分的内容具有治愈性，第二部分的内容具有启迪性。为了理解以价值为基础的经济，我们需要针对经济的概念及指令进行思考。我将价值观的概念放在了第一位。很明显，以价值为基础的研究方法帮我们回答了这个问题：什么才是最重要的。价格并不是价值。但是我担心，对于经济学家们来说，这种说法可能是很难被理解的。

下面的工作对于我们来说并不容易，因为我们需要将价值意识转化成价值实现再到价值增殖。为了实现这个目标，我们需要实现财富（the realization of goods），特别是共享财产（shared goods）。据我所知，有关共享财产的概念是最新提出的。它强调的是奉献的意愿（the willingness to contribute），当然，这也是新的概念。

有些财富比其他财富更为重要。正如你将会在本书第 7 章学到的，有些东西是值得我们为之去奋斗的。我建议用四维（超越/文化的、公共的、个人的以及社会的）方式去定义价值、财产以及要争取的财富。

在本书中，会讲到资本的来源具有多样性。在第 8 章中，我将详细阐述这些来源，同时介绍一种有关不平等的新的分类方式，并重新定义富裕和贫穷的概念。

在第 9 章中，我将进一步提出五种不同领域。每种领域均代表一个特定的逻辑方式，个体和组织机构可以通过这个逻辑去实现他们的财富。该章节所涉及的内容很重要，它拓展了标准经济学两大领域（市场领域和政府领域）。

5 关于价值

我们无时无刻不在评估着发生在身边的人或事。比如，我们在博物馆看见凡·高（Vincent van Gogh）的画时，会欣赏地说，“凡·高真是一个伟大的画家”；当我们看到身边的工具箱时，会很有经验地说，“用这个锤子敲钉子真的很好用”；当我们在校园里时，会敬畏地说，“我不喜欢这个老师，但是他在教书育人方面的确很在行”；当我们观看歌剧时，会激动地说，“这个音乐实在是令人震撼”；当我们走进展馆看见罗斯科（Mark Rothko）的画时，会感叹地说，“罗斯科的作品实在是太有感染力了，感动得我想哭”；当我们遇到一个落魄的艺术家时，会体谅地说，“让我们一起帮帮她吧”；等等。与此同时，我们也许还会去羞辱、去嘲笑、去蔑视、去无视，甚至是去诋毁别人。在生活中，我们会无法避免地对各种人、事、环境和实践活动进行认识和评价。行为的实施需要意识的参与。

以价值为基础的研究方法是关于价值实现的研究方法。它鼓励我们以意识到我们自己和他人所遵循的价值观为出发点，并提醒我们去思考个体和组织机构是如何将自己的价值观转化为现实的。总而言之，意识是第一位。为了做正确的事情，我们有必要知道什么才是价值，以及我们真正关心的到底是什么。

5.1 挑战——如何取代仅仅只涉及经济或者金融、文化和道德的价值讨论

我试图用以价值为基础的研究方法取代当前流行的三种独特的处理价值的研究方法，并设想将这三种方法统一归纳在同一种研究方式下。这三种研究方法分别为：①标准经济学；②文化主义学者的观点（比如，艺术批判）；③道德哲学。

（1）在标准经济学中，价值等同于价格。因此，当价值的概念出现时，标准经济学家们会让你考虑事物的价值，或是对其价格进行估算和衡量。价

格是交换价值，换句话说，商品可以在市场交换中实现其价值。交换价值就是价格，它可以回答有关“多少钱”之类的问题。在这个讨论里，对于如何确定物品的价格以及人们为了获得这些物品是否愿意支付这个价格的意愿的问题成为重点研究话题。

对于给物品定价，经济学家们非常在行，即使对象是非卖品。他们甚至可以为人的生命进行定价（比如，从法院宣判的结果中，我们可以看出，有些人的“价格”高于其他人）。如果我们用标准经济学的视角去观察这个世界，那么一切事物都应该可以定价，价格是评估价值的唯一标准。

在古典经济学中，除了交换价值以外，商品还含有使用价值。因为商品对于买方而言具有使用价值，因此商品才会有交换价值。使用价值暗指商品的有用性，即满足人们一定需要的属性。标准经济学试图忽视价值的概念，而更重视有关偏好与效用的理论研究。此类观点强调消费者对商品的喜好程度，并利用效用理论将消费者的消费行为进行比较。标准经济学家的座右铭是，“品味是无可争议的事实”，他们通常假定“偏好”是已经确定好的，而无须进行过多的讨论和探究。

针对价格以及（货币或金融）定量的分析讨论，有利于标准经济学所代表的工具主义研究方法的发展和完善。

（2）在文化主义学者的讨论中，“价值”通常涉及艺术作品、科学贡献、组织机构、城市、国家以及文化等与质量相关的内容。正如我在本书第 1 章里提到的，文化主义学者包括艺术史学家、人类学家、文学家、历史学家、哲学家、考古学家和文化社会学家。这些学者主要专注于有关“质”方面的研究，其中事物、人类行为以及社会关系等因素也包括在其研究范围之内。在“价值/质量—价格/数量”的图谱里，文化主义学者的观点与标准经济学家的观点恰恰相反：价格的概念在他们的论述中几乎不存在。艺术史方面的书籍几乎不会提及艺术作品的价格，科学家们也从不会提及科学论文的制作成本。如同我们在前面已经讨论过的，文化主义学者关注家庭（home），而经济学家关注房子（house）。

> 正如奥斯卡·王尔德（Oscar Wilde，1893）所说，经济学家就像愤世嫉俗者一样，知道一切事物的价格，却不知道一切事物的价值；而文化主义者就像是浪漫主义者一样，知道一切事物的价值，却又不知道一切事物的价格。

（3）在道德哲学中，价值观具有“尊敬”“仁慈”“团结”“诚实”等道德内涵。在美德伦理中，价值以美德的形式出现，并关注于人类的行为，比如“勇敢”“谨慎”“正直”“有节制”“忠诚”“希望”和“爱”。在古典经济学里，美德扮演着重要的角色。亚当·斯密（Smith，1759）为此还写过一本书，专门讨论道德情操。然而，标准经济学家们却从不参与这类涉及价值的非科学性的讨论。

以价值为基础的研究方法包含了上述三种范畴中所涉及的价值概念。该研究方法不仅可以帮助我们认识到价格具备工具的作用，同时也可以指导我们进行针对价值的道德探索。当我们在做正确的事情时，我们必须考虑各种各样的价值，并且需要培养对难以捉摸的价值观的敏感度以及对价格变动的敏感度。

5.2 发生在身边的例子

这是一段小插曲：

“我想要 UGG 的靴子！”

“我真的很需要它们。”

“我要 UGG 的靴子。”

听完我 15 岁女儿的诉求后，我皱了皱眉头，她已经开始想要迫切地表达自己的愿望：“我真的很想要这双靴子！”

“用 180 欧元买一双靴子？只因为你想要它们？我或许也很想要很多很多东西，但是这并不意味着我就必须买下这些东西。我绝对不可能给你买这双靴子的，更何况我觉得它们看上去真的很丑。”而我最后的这句话貌似惹怒了我女儿，显然我当时并未察觉。我承认我的那句话说得并不恰当，但是我依然没有选择妥协。她怎么会有这样的想法，难不成只要她想要的东西，就必须得到它吗？“我就是要它们，我现在就要你给我买！”我女儿哭喊着，沮丧地跑开了，看上去失落而又不安。

听见我们的争吵，我的妻子走了过来，向我解释道，我们的女儿并不只是单纯地想要一双 UGG 的靴子。她需要这双靴子其实是为了获得一种社会地位，可以在自己的朋友圈里显得更加自信。我深吸了口气，我发现我妻子刚刚说的话多多少少改变了我之前的观点。我意识到我女儿的请求其实是在提醒我应该为她的幸福负责，并提醒我作为一个父亲应尽的责任和义务。

后来，我要离开我生活和工作的地方——荷兰，并前往芝加哥，碰巧的是，那里 UGG 的价格要低很多。我费了很大劲才在一家大型百货商场里找到 UGG 的店面。回到家后，我女儿对我无比感激，可是后来我才发现，我买错了，买成了短靴，而我女儿想要的是一双长靴。所以，最后我还是以全额的价格又买下了另一双靴子。

也许你会认为，这是一个有关被宠坏的女儿和没有原则的父亲之间的故事。我不想去反驳你的看法，尽管我有不同的观点。我之所以讲这个故事是想告诉大家，在我们的日常生活中，价值观每时每刻都在影响着我们的行为和决定。因此，对我们来说，价格并不一定是最重要的价值。

5.3 日常生活中的价值观

如果我们遵循标准经济学原则，我们应该会去关注 UGG 雪地靴的价格，以及我的支付意愿。然而，从这一点看，除了我需要支付高额的账单以外，好像也没有什么可说的了。我们或许会想，为了能买到这双雪地靴，我还愿意放弃些什么（实际上我也不确定）。对于标准经济学家而言，他可能会指出，我对 UGG 雪地靴的偏爱是源于我女儿的偏好。当然，也许是这样的。但是，这样的逻辑是否可以充分地解释我前后行为的改变呢？

UGG 雪地靴的使用价值究竟如何？这个问题的答案显然已经超出了其作为一双舒适鞋子的价值，尽管舒适无疑也是雪地靴的价值之一。“舒适”指的是靴子的质量，其中还包括“暖和度”和“设计款式”（但是我不看好这一部分，所以我之前才会告诉我的女儿，这种靴子穿起来并不好看）以及“材质”（由羊毛和羊皮制成）。

然而，当我决定去买这双雪地靴时，考虑的不仅仅是因为它的价格和舒适度。如果我们坚持用使用价值这一概念，那么这个例子说明，它还包括其他价值。换句话说，这双靴子可以很好地实现我女儿的社会价值（尤其是地位）以及提高她的个人价值（变得更有自信）。

昂贵的价格代表着该商品消费者的身份和社会地位。对我女儿的朋友来说，这也表明她的父亲愿意为她付出很多。高额的价格是UGG生产商的营销策略之一。实际上，这位美国老板在从澳大利亚发明家的手中买下这家公司后，他说服电影明星们都穿上他生产的鞋子，从而暗示着UGG鞋子的价值可以体现出一定的社会地位。所以，当像我女儿这样的女孩明白了这种价值后，她们就会开始说服自己的父母为其付款。

我们也许可以从这段小插曲中得出这样的结论：购买UGG的雪地靴实际上是为了实现特定的社会价值和个人价值。但是，这并不是我主要想表达的内容，我对这段插曲有着不同的看法。从我个人的观点来看，购买雪地靴以及有关特定社会和个人价值的实现，其实是从属于其他更重要的价值的。换句话说，它更多的是关于强调作为一名家长的责任，以及完成对我拥有父亲这个身份的肯定。UGG高额的价格让我忽视了真正问题的存在，而这个问题正是我作为一名父亲应该尽的责任与义务。

这个故事还没有结束。我们可能还需要在特定的文化背景下来理解我如何解析作为父亲对子女的爱与责任。但是，在中国、在乌干达或者在西班牙的父亲们也许对这些价值观却有着完全不同的理解。对“父亲责任”的诠释，应该基于不同的文化背景，因此它也会受制于其他的价值因素，比如荣誉、公平、权威和自主权等。此外，荷兰的其他父亲可能只会简单地拒绝这样的要求；但是对于中国、乌干达或者西班牙的父亲而言，他们可能会争辩地说，父亲应该有责任向孩子传达一种信息：那就是加强对孩子的约束和管理，教会他们如何做选择，而在这个例子里，他们会认为购买昂贵的靴子明显不是一个正确的选择。他们可能会认为我错过了教育孩子如何学会谨慎行事的机会。

然而，在这个故事中，存在着多元的价值。我做的是否正确？我并不确定。正如实践智慧的原则所表明的那样，我的确是权衡了各种的价值，并思量了多个方面的利害关系，才最终决定买下了那双靴子。我并没有和其他相关的参与者（妻子、女儿）一起评估这件事情，所以我也只能猜测自己是否做了正确的事情。由此来看，以价值为基础的研究方法并不是为了制定出可以预测结果且具有保障性的实施方案的研究方法。换句话说，在实践智慧中，充满了很多的不确定因素。

这个普通的例子是否只会发生在我们的日常生活中呢？我不这么认为。其实，类似的故事在其他情况下都有发生。它们会发生在私人场合里（比如今天晚上应该怎么安排：看书，回复邮件，看电影，和我的妻子出去吃晚饭，或者以上的事情都做?)；它们会发生在组织机构或团体环境中（比如：博物馆馆长在得知主要的赞助商打算撤资时，应该如何去做?不考虑艺术水平和财务的风险，依然去完成一个也许会轰动一时的项目?与信誉不佳的银行接洽，希望银行对博物馆的声誉感兴趣，或者准备裁员?)；它们也会发生在政治领域（比如：从政者们为了提高税金或者消减失业救济或者降低对艺术的资助和补贴，而制定一系列相应政策)。

5.4 价格或价值

我目前面临的挑战是如何使概念性的框架具体化，让做正确的事情成为对话（conversation）中切切实实的一部分，并且试图将商品交易占主导地位的讨论放在一边，让大家把目光从定量计算转移到定性研究，从而让价值取代价格在人们心中的地位。

为此，我们需要超越标准经济学所界定的研究范畴，因为在（西方?）社会里标准经济学家们所主张的工具主义一直占据主导地位。从标准经济学的角度出发，我们所做的一切选择都应该是基于我们自己的偏好（preferences)。同时，在这个领域里，重要的价值就是价格。不论我们是付出还是得到，金钱成为价值追求的首要目标。同时，它的价值对我们的行为起着约束的作用：它限制了我们想要实现的东西。

按照标准经济学的理论分析，我需要考虑的是买还是不买 UGG 雪地靴，而影响我选择的偏好则是我爱的我女儿以及 UGG 昂贵的价格。当我最终买下这双靴子时，就表示我愿意支付这 180 欧元。我认为这个选择是合理的，因为它实现了所有可能性中最好的结果。

相比之下，实践（phronesis）即实践智慧（practical wisdom）的概念所表达的是另一种不同的研究框架。该框架提出，因为我们的知识是有限的(在标准经济学里，这并不重要)，所以我们应该摸索出属于自己的方法，应该对各种选择进行权衡，从而根据个人所需要的各种价值做出反应。至于有关金钱方面，比如需要支付多少费用，或者获得多少利润，只是实践智慧中需要考虑的一个因素。

而在实践智慧的语境下，我的故事便显得更有意义，因为它可以更加准确地描述出我所经历的困惑。关于我女儿所考虑的个人和社会价值，我妻子所考虑的家庭和睦，以及我所考虑的父亲责任，让我清楚地了解了什么对我来说才是最重要的。当我愿意支付 180 欧元时，我意识到我的行为更多是出于为人父的角色和责任感，而不是看好那双雪地靴。甚至对我女儿来说，我觉得还有其他的价值也在发挥着作用，特别是社会价值、归属感以及自信。

但是，对于标准经济学家而言，以上的价值都被称为外部经济（external economy）的一部分。当我指出作为父亲的价值和家庭的贡献其实在发挥作用时，他们会说，这些都是我在购买靴子时所附带的外部性因素。标准经济学家善于运用有关外部性的概念来平息我与他们之间的争论。然而，与此同时，我和他们之间的对话就变得毫无意义，我的处境与这些价值之间也变得毫不相干，因为标准经济学家认为外部效应可以解释有关相互作用所出现的问题。因此，在本书中，我所强调的以价值为基础的研究方法，正是标准经济学对话中所无视的话题。

5.5 关于价值的概念

对于价值概念的定义，是一件很难办到的事情。如果你愿意接受有关价值的概念，那么你之前肯定已经被告知过。价值的概念不是固定的，你不能切切实实地抓住它，也不能把价值刻在自己的脑门上到处展示。需要注意的是，经济学家所喜欢的效用函数，其实这和价值一样抽象、一样不准确。即便我们能够感知某种价值的存在，但是如果我们想要用具体化的语言把它描述出来，却是一件很困难的事情。当有些人在表达一种价值观时，比如一个年轻人冲着我们大喊大叫，嚷嚷着有关“尊重”的话题时，你我可能会想，他想表达的意思究竟是什么？（我知道什么是尊重，而这个没礼貌的年轻人他又是否真的知道什么是尊重呢？）

让我们尝试着把价值解释得更详细一些，看看我们是否可以更深入地去探讨它。

价值涉及有关相互关系的概念，它的作用可以发生在人与人之间的互动中，可以发生在人与事物之间的互动中，也可以发生在状态与状态之间的互动中。我们可以通过相互的比较或者根据人和事物的特性，从而评估不同的价值。比如，我非常享受此时咖啡飘香的时刻，因为对于正在写作的我来说，浓郁的咖啡与安静的气氛，让我的内心感到无比的充实和宁静。然而，我又非常期待今晚将要参加的热闹非凡的聚会。

换句话说，当我们去评估重视一件事、一个人、一个行为、一段关系、一种状态时，就说明这件事、这个人、这个行为、这个关系以及这个状态对我们来说很重要。让一件事或者一个人变得重要，则是关乎“善”的品质，也是对这件事或者这个人的一种认可。

当我想了解你的价值观时，我会先问你，对你来说什么重要。因为我们在对事物、关系、行为以及状态进行评估时，都会以我们自己的价值观以及我们最看重的方面为基础来判断。

“对你来说什么重要?”和“你需要什么?”这两个问题之间存在差异。我女儿在回答后者时，会说“我需要 UGG 的靴子”或者她应该说“我想要 UGG 的靴子”。其实我们都会想要各种各样的东西，但是我们真的需要它们吗?我现在就想吃冰激凌，而你或许是想要喝杯酒。可是我们需要它们吗?我们需要事物，是因为它们可以满足我们对食物、安全、住所、归属感以及最终自我实现的需求，这与马斯洛的金字塔理论是相一致的（Maslow，1943）。从这个意义上来说，“你需要什么”这个问题可以让人们联想到罗列在马斯洛金字塔中的各种要素。

“对你来说什么重要?”这个问题可以帮助我们将注意力转移到真正需要的清单上来，但同时要求我们更有针对性。它要求我们去关注特定的价值。也许我们的关注点可能依然还在需求的范畴内——毕竟我们需要实现的是自己的价值——但是它要求我们所关注的事物要更加准确、更加具体。在 UGG 雪地靴这个例子中，我会回答“做一个好父亲”，或是“为了一个幸福的家庭”，或是“为了我女儿的幸福”，又或是“这是荷兰的文化”等。但是，如果有人问我“在那种情况下，你需要什么?”我也许就想不到这些答案了。很有可能我还会孩子气地回答：“安静！别烦我了！我需要工作!”

因此，偏好不一定就是我们所看重的价值。比如，你现在想喝一杯酒，说明你对酒很是偏爱，但是当我现在问你“到底什么对于你来说最重要”时，你也许会承认酒对你来说并不重要，甚至你可能会意识到它对你身体有害。你的答案也许会和学习、脑力活动或是类似的事物有关。还有相当多的学生并不喜欢读一些比较高深的书籍，但是我希望他们最好能有所改变，将阅读养成一种习惯或一种偏好，因为这种偏好可以转换成一种价值。

在艺术和科学领域，偏好和价值之间的差异至关重要。比如，当你第一次观看现代舞表演时，你可能不喜欢它，但是当你多看几次以后，你也许会对现代舞产生好感，并且开始重视这种表演。你自己甚至也会开始学跳现代舞。改变偏好，并将其特定的偏好升华为价值——这就是教育的意义。

有关“什么对你、对组织、对社会是最重要的?”问题的答案，其意义则远远超越了“你、这个组织或这个社会需要什么?”问题的答案；有关“你、这个组织或这个社会需要什么?”问题的答案，其意义又远远超越了“你想要什么”之类问题的答案，或是又超越了经济学家可能会提出的“你的偏好是什么?”的问题。工具性的问题强调“多少?”，其答案也往往和数字有关、和价格有关。相比之下，事物的重要性应该（或一直?）与质量和价值有关。

对于你来说什么重要

我曾被邀请去参观位于我们城市的一个类似车间的地方，在那里，无家可归的人们可以修理自行车，并通过此项工作获得每天 10 欧元的酬劳。到了休息的时间，我和那些无家可归的人们一同围坐在一起，捧着廉价的塑料杯喝咖啡。他们一共有 12 个人，我试图和他们聊天。坐在我身边的一个人看上去非常沮丧，一直低着头沉默不语。另一个人告诉我，他失去了一切，是因为他殴打了他分居的妻子，违反了限制令，而受到了法律的制裁。又一个年轻的女子告诉我，她和男朋友分手又遭到了她母亲的抛弃。还有一个人告诉我，他是因为躲避债主而藏了起来……听了这些故事后，他们糟糕的命运、极坏的运气以及十足的愚蠢都让我感到无比难过。

我开始询问他们：“你们觉得什么才是重要的?”因为我知道，如果我的问题是“你们需要什么”的话，他们也许会回答我，他们需要更多的钱，因为用这些钱可以去买啤酒、买更多的东西。然而，现在我得到了完全不同的答案。尽管我身边那个沮丧的家伙还是始终一言不发，但是另一个人毫不犹豫地告诉我，他想有一个安定的属于自己的归宿。其余人的回答也是如此。我又进一步问了一些相关的问题，他们也总是提到对他人有意义的重要性，以及希望可以贡献出自己的力量，从而实现个人的价值。

由此可以得知，他们没有家（home and oikos），如果我们只是简单地给他们钱或者提供其他东西，并不能真正解决他们的问题。因此，在给予他们正确的帮助之前，我们必须弄清楚，他们自己究竟可以做些什么。

我们不仅会重视事物，也会对事态、情况、实践方式以及行为进行评估。当我看重人们的行为、实践方式或行动时，我会从诚实、忠诚、真诚、谨慎、节制、勇气、正义、忠诚、希望或爱的方面出发，来评估它们的存在。如果我在你的行动中意识到其中一个价值得到了实现，同时这个价值对我来说也很重要时，我会表示认同并赞赏你的行动；但是，如果你违反了其中某个价值时，我会表示不认可，也许还会对你进行警告。此外，当我在观察一个家庭、一群学生或者一个群体的行为时，我也会这样做。它不仅适用于个人，同时也适用于一个公司、一个组织或是一个国家。比如，我会欣赏阿拉伯人的好客、美国人的热情以及荷兰人的务实。但是，与此同时，我也会不赞成这些人的一些行为举止。我想在此强调的是，与行为、实践方式或行动相关的价值，我们会将其称为美德（virtues）。

当我去珍视一个物品、一段关系、一个社区、一个组织或其他任何事物和情况时，我也会根据美观性、有用性、友好性、温暖性、多样性等价值来评估它们的特征。对我来说，它们是否有价值，取决于它们是否拥有我所珍视的价值。当一个物品让我意识到它拥有这些价值时，我会喜爱它、珍惜它，甚至会崇拜它；但是如果这个物品不具备这些价值，我会拒绝购买它、会丢弃它，或者会忽视它。我将这些价值称为内容值（content values）或者目标值（goal values）。内容值，是用来描述一个事物、一种情况或者一个实体内在的某种品质。目标值，是用来描述一个事物、一种情况或者一个实体所想要达到的某种目标。

5.6 价值与文化

每个人都会持有属于自己的价值观，我也一样。比如，新的见解、诚实、忠诚、同情、一幅好画、冰激凌和漂亮的鞋子对我来说都很重要。为了实现这些价值，尽管我需要其他人也参与其中，但是我本人也必须亲自去体验。

与此同时，我会将我的价值和许多人一同共享。比如，我会把我所掌握的学术知识与一些人一同分享——当然不是和所有的人共享——仅限于学术界；我会把我了解的与艺术价值相关的知识与各行各业的人一同分享；我会把我所熟知的与荷兰文化相关的知识与荷兰人一同分享。当然，分享我们所体验的价值其实也是文化的一部分。

“有文化”，则意味着你和我都有着可以反映自己所在文化圈的价值观。作为一个荷兰人，我会偏爱速度滑冰（尤其是10公里滑）、荷兰足球、荷兰历史和舒适的氛围；而作为一个美国人（我的第二国籍），我还喜欢大学篮球、创业精神、吸引人的大学校园、驾车穿越乡村、农牧市场以及DQ冰激凌。其中，我对速度滑冰的热爱，可以将其看作是我的个人的文化“价值”。但是显然事实并不能如此认为，因为如果我在乌干达或者印度出生和长大，我是不可能喜欢上它的。

文化价值就是共享价值。换句话说，不同价值的相互分享则可以构成一种文化。

5.7 价值的区分

人们往往倾向于以抽象的方式去讨论价值。然而，一旦当我们认可该价值在我们所做的事情中发挥的作用后，那么我们接下来的挑战就是需要阐明哪些价值在发挥作用，以及它们的影响力究竟有多大。为了更好地理解我们的行为动机，我们需要意识到什么才是重要的价值观。比如，当我们发现某件事情不对劲时，我们会想知道到底是哪些价值被低估或者被完全忽略。以价值为基础的研究方法就是对所涉及的价值进行具体性分析。

消失在经济学家对话中的价值

古典经济学家将价值这一主题引入经济学对话中。事实上，在公元前350年左右，区分交换价值和使用价值的人是亚里士多德。古典经济学家注意到了这一点，并集中发展研究有关交换价值的理论和相关知识。然而，与此同时，使用价值的概念逐渐被排除在讨论之外。

在 20 世纪，经济学家开始尽其所能地将价值的相关概念从他们的谈话中清除掉。他们认为，卡尔·马克思试图制定的可以从投入一件商品的劳动成本中得到该商品（交换）价值的客观衡量方法是失败的。并且，他们还意识到，边际主义者作为替代方案而提出的主观价值也不足以解释交换价值。

所以，当约翰·希克斯（John Hicks）将他的著作《价值与资本》（1939）和罗拉尔·德布鲁（Gerard Debreu）将他的著作《价值理论：经济均衡的分析原则》（1959）完成时，我们可以看出，他们这样做的目的在于消除价值的概念，并展示了价格是如何在供需的相互作用中确定下来的。甚至，德布鲁在他的书中完全回避使用“价值”这个词语。这就是他们所说的价值理论！

对于经济学教材，从保罗·萨缪尔森（Paul Samuelson）著名的教科书（我学生时代的必读物）开始，均避开了价值的概念，而扭头转向研究价格和效用。

只有少数的经济学家，比如奥地利学派，一直坚持着有关价值的概念。

在 20 世纪，哲学家们也开始在他们的谈话中隐瞒和忽视价值概念的存在。在他们的分析方法中，没有办法将这种模糊的概念具体化，因此价值被排挤在外。而后现代主义哲学家也不喜欢价值的概念，因为它体现的是一些不真实的东西。价值需要语言来表达，只有这样价值才能变得真实，而这也正是他们对价值持有怀疑态度的原因所在。

我感谢经济学家和哲学家们做出的批判性的贡献。与此同时，我也深信，他们对价值概念已经达到了极端漠视的程度。希望此书可以成功“拯救”价值并将其带回正轨。

其中，难题之一是给价值命名。当我拒绝为那双昂贵的靴子买单时，是哪些价值在其中发挥着作用？是什么原因如此的重要，我宁可让我的女儿感到失望？如果是因为我担心她被我宠坏了，那么我重视的就是一种作为父亲的责任感，这便是一种美德。而又或许是因为我质疑 UGG 雪地靴的审美品位，那么就表明我在乎的是美学问题，即一种内容价值。

难题之二就是，我们往往不知道是什么样的价值在发挥着作用（What）。就 UGG 雪地靴的事情而言，实际上，我认为，我比较反对消费主义追求穿着舒适的这类行为，而欣赏那种可以让人们从阅读一本好书或是观看一场精彩的戏剧中获得幸福感和满足感的体验。这就是为什么，如果我女儿想要买的是一本书或是和朋友一起去看演出，我便会立刻掏出钱包。这两者之间的区别，也正如提勃尔·西托夫斯基（Tibor Scitovsky，1976）在他的著作《无快乐的经济——人类获得满足的心理学》（*The Joyless Economy*）中所描述的那样。关于这一点，我也是经过了一番探索才意识到的。为了弄清楚到底什么样的价值在起作用，我们通常需要去探究的不仅是我们的行为动机，还包括在此期间所产生的各种情感。

区分不同的类型有助于我们更好地对价值进行探究，同时也可以更好地帮助我们了解价值是如何约束他人行为的。对于第一种区别，我在本章的开始已经提到了：那就是有关行为或实践的价值与情境价值和事物价值之间的区别。

5.8 美德是与行为有关的价值

当人们被询问有关他们自己的价值时，他们会提到诸如“诚实”“好奇”“谦虚”“勇敢”“谨慎”等价值。而在组织机构工作的人们会将价值命名为“忠诚”“以客户为导向”“激情”“正直”“真实”等。所有的这些价值都是和他们所做的、他们的行为以及他们参与的实践活动的品质有关。显然，他们欣赏诚实、勇敢、谦虚、谨慎和求知的行为。这些价值或品质被称为美德。

美德是古希腊和古罗马人谈论的共同话题。直到 19 世纪末，孩子们依然还在学校里接受着有关美德的教育。美德出现在简·奥斯汀的小说《傲慢与偏见》里，也出现在美国的电视剧《安迪格里菲斯秀》和《草原小屋》里。那么，美德曾经被遗忘了，还是被压抑？现在它们再一次引起哲学家甚至一些经济学家的关注。特别是，戴尔德丽·麦克洛斯基在她的代表作《布尔乔亚的美德》（*The Bourgeois Virtues*）中也重点提到了她认为的所谓的资产阶级美德（McCloskey，2007）。

在有关 UGG 雪地靴的插曲中，我如何才能算一位称职的父亲？这需要我既可以做到谨慎、有爱心，又能够做出明智的选择。

正如亚里士多德和其他希腊哲学家教导我们的，美德是内在的行为价值。一个诚实的人之所以诚实，是因为他本身就是诚实的，而不是因为他害怕受到惩罚或者期待得到赞赏。又比如，好朋友之所以忠诚，不是因为她想成为好朋友，而是因为她本身就是忠诚的。

有德行的人才能够做出正确的事情。在做事情时，也许你需要意识到自己的价值观，需要评估自己的处境，但是说到诚实和忠诚，却需要你无意识地本能地去做到这一点。如果你不得不告诉自己“这次我一定要诚实，要忠诚”，那么必然欲益反弊。

至少古希腊和古罗马哲学家们提醒我们，如果想要做到言行端正，则需要我们不断地接受教育和训练，也许他们给予我们的建议是对的。我们在家里、在公共场所、在学校以及在工作中一直都接受着类似的训练。当我们做错事情的时候，（希望）别人会帮我们指正出来（比如别人会说“你不诚实”或者“你背叛了我”等）。我们所处的文化会构筑我们的意识、培养我们的习惯、塑造我们的美德。比如，在崇尚友谊至上的文化中，我们可能比在个人主义文化中更快、更有效地了解有关忠诚的概念。

亚里士多德在他的《尼各马可伦理学》一书中教导我们，一个理想的或者完美的人应该具备四种重要的美德。这四种美德至关重要，它们为实现价值所需要的实践智慧提供了目标。这四种美德分别为：

- 谨慎（prudence）：做事情需要深思熟虑、慎重、有远见，并考虑相关方面的情况。
- 节制（temperance）：不要做得太多，也不要做得太少，需要在两点之间找到平衡点。
- 勇气（courage）：为了做正确的事情，需要克服恐惧。
- 公正（justice）：尊重他人的感受和利益。

后来，托马斯·阿奎纳这样的学者又进一步添加了另外三种美德，从而完善为七种美德：

- 信仰（faith）：相信自己所相信的。
- 希望（hope）：相信梦想成真。
- 爱（love）：与他人有着很深的情感联系，愿意接受他人的不完美。

我承认，美德所代表的事物都很简单。有大量的文献不仅对每一种美德都进行过充分的阐述，而且也提出过一些质疑，其中也包括戴尔德丽·麦克洛斯基的资产阶级美德（McCloskey，2007）。但是，在本章中，我会将讨论仅限制于区分美德方面。为了便于说明，以下方框的内容则是有关这七种美德是如何指导人们做正确的事情的。

善行遵循七种经典美德

以诚实为例，不仅仅是相当多的荷兰人，大多数人都会选择以诚实作为他们最重要的美德。在荷兰文化中，诚实是一种美德。那么如何才能做到诚实？就像亚里士多德说的那样，什么时候你才能做到真正的诚实？

当你已经把以下这七种美德内在化，或者你诚实地表现出每一种美德时，说明你真的很诚实。一个真正诚实的人，是不需要别人提醒他什么是美德的。他或她在付出行动时不会特意地去强调这些美德，但对于大多数人来说，却需要时不时地被提醒。简单地声称“诚实是一种美德”是一件很容易的事情，但是将诚实培养成自身的内在特质则是一件相当大的挑战：

- 诚实与谨慎：为了在某种情况下诚实，你需要知道这种情况是什么，相关的因素是什么，以及是什么导致了这种情况。你有可能会认为，你应该坦诚地指出你的老师做得不好，或者指责学生作弊，但是这种做法是否慎重呢？你是否了解了全部情况？你是否知道其他相关因素？你是否考虑到可能发生的后果？谨慎地诚实，意味着深思熟虑并具备一定的洞察力。

- 诚实与节制：你不说实话是不诚实的，但是你太过诚实也未必是一件好事。在这种情况下，你的谈吐则会变得粗鲁、令人讨厌或者过于天真。节制需要在太诚实和不诚实之间找到正确的平衡点。尽管我告诉我的孩子们需要诚实，但是如果他们告诉一个来我们家做客的客人她有一个丑陋的鼻子，那么我就必须纠正他们的言行，并教育他们诚实并不意味着口无遮拦，无话不说。正如亚里士多德所教导我们的，想要获得美德就必须走中间的道路，任何极端都是不可取的。

● 诚实与勇气：有时候你需要克服恐惧才能说出真相。当你在工作中欺骗了你的同事或领导或者在生活中欺骗了你的伴侣后，在谨慎和节制的基础上你决定必须承认自己的错误时，也许你会因为害怕承担责任而选择逃避。毕竟当你坦白错误时，你可能会面临被公司解雇或者被伴侣提出分手的后果。此时，就是需要勇气的时候。换句话说，诚实需要勇气。

● 诚实与公正：当你对对方以诚相待时，你不仅需要考虑他/她本人的感受，还需要考虑其他人的利益和感受，因为其他人也有可能会受到影响。公正是一种美德，即在与他人交往时需要采取恰当的方式。比如，当我诚实地批评一个学生的表现时，我必须考虑到我是否对其他学生也一视同仁。也许我应该对其他同学也一样的严厉，又或许我应该对这个学生破例？亚里士多德指出，公正是一种复杂的美德。

● 诚实与信仰：诚实的时候，重要的是要有信念，相信自己的判断。为了诚实，有些人或许会以安拉之名说话行事，有些人或许会向上帝祷告，有些人又或许会冥想。总而言之，信念是我们做任何事情的后盾。

● 诚实与希望：以正确的方式表达出来的诚实，其前景是进步的、光明的，它不仅可以带来积极的改变，同时也可以最终实现自我价值。反之，如果是为了报复或为了蓄意的毁灭，那么其诚实的行为就是不道德的。

● 诚实与爱：在所有的美德中，最重要的就是“爱”。爱代表着彼此之间的同情，代表着深切的联系，以及代表了同理心的存在。出于爱的诚实是真诚的，真诚的目的则是为了那些相关的人们变得更好。或者说，其他所有的美德都需要在“爱”的监管下完成。

因此，对于诚实，说起来容易，但做起来很难。诚实，需要人们将这所有的七种美德内化，从而把它发展成一种习惯，以便人们可以在几乎无意识的状态下去实施它。一个贤德的人应该是谨慎的、有节制的、有勇气的、公正的、有信仰的、有希望的以及充满爱的。如果有人不具备其中任何一种美德，那么他的行为就有可能会涉及犯罪。比如，一个罪犯可以是谨慎的、有节制的和勇敢的，但是他却是不公正的、非正义的。在这种情况下，他也很有可能在处理有关爱的美德方面是失败的。

由此来看，我们就不难理解为什么我们人类在做事情时，常常笨手笨脚、力不从心，甚至有些行为是愚蠢的。所以，我希望你可以对我在处理UGG雪地靴的事情上表示同情。在这种情况下，如何才能做到谨慎、明智而又有爱？

在这种情况下，会出现一个有趣的问题，那就是我们是否可以通过学习，从而逐渐成为一个善良的人，我们又是否可以随着年龄的增长和经验的丰富而变得更好？在菲利帕·福特和罗伯特·亚当斯（Foot & Adams, 2006）的研究中表明，关于这个问题，他与美德伦理学家们的观点存在分歧。

5.9 与环境、事物、实践和人相关的价值

在UGG雪地靴的例子中，除了美德以外，还存在着其他的价值。值得我们注意的是，其他价值也会随着我女儿的要求以及随后的讨论逐渐浮出水面。UGG雪地靴具备了审美上的一些价值，与此同时，也代表了一定的社会价值（比如凸显社会地位）。在这个例子中，我女儿对UGG的渴望也让我明白了父亲和家庭价值的重要性。

如上所述，价值观回答了“什么是重要的”这个问题。就如同针对世界观进行调查一样，对于价值观的调研，同样也收集到世界各地人们的答案，比如有关家庭、宗教、性别、多样性、权威、民主、环境、自然、个性、自由、原则和正义的看法。罗纳德·英格尔哈特（Ronald Inglehart）和克里斯蒂·韦尔策尔（Christian Welzel）构建了有趣的世界价值地图，并展示了价值是如何集聚在一起的（Inglehart 和 Welzel, 2005）。比如：中国人坚持儒家的价值观，如和谐；而美国人却高度重视个性的发展。对于荷兰人来说，他们看重的价值与其南部邻国比利时人所看重的价值之间也存在着差异，这有可能就是荷兰人和比利时人在合作上会遇到阻碍的原因。

文化经济学家大卫·索斯比（David Throsby）所追寻的也是一种基于价值的研究方法。在对绘画、戏剧表演等一系列的文化商品（cultural good）的讨论中，他列举了人们时常会提到的与这些商品有关的六种价值：审美价值（aesthetic value）、精神价值（spiritual value）、象征价值（symbolic value）、

社会价值（social value）、历史价值（historical value）和真实性价值（authenticity value）。这六种价值经常被提及，每一种价值都表现了艺术作品所特有的定性特征（Throsby，2001）。索斯比的这个总结性列表无疑展示出艺术作品的多方面特点。但是，当我们关心“价值是如何实现的”时，我们就需要考虑更广范围可能会出现的价值。

对于UGG雪地靴事例，我不仅帮我女儿实现了审美价值和社会价值，我还为自己实现了其他相关的价值，比如，家庭和父亲的价值。就像购买UGG雪地靴一样，艺术品的购买和享受可以带来各种各样的价值，其中包括友谊、良好的交谈以及索斯比没有列出的安慰、灵感和工艺等价值。

这就是为什么我提议我们应该考虑更广泛的可能性价值，并将这些可能性价值聚集在四大维度中。我曾经尝试在各种环境下进行价值划分，比如在专业组织和文化组织的环境下，对价值进行分析。到目前为止，我对该结果感到非常满意。这种针对价值的分类集聚的主要目的是做一些粗略的区分，以便我们更好地思考和处理各种价值。

我将价值划分为：①个人价值（personal values）；②社会价值（social values）；③公共价值（societal values）；④超越或文化价值（transcendental or cultural values）。其中超越意味其价值已经超越了个人的、社会的和公共的价值，因为我们将它称为C2或C3（属于艺术、宗教和文明等范畴）。而C1被理解为人类学意义上的文化，代表了社会、公共以及超越个体的价值，比如中国文化与荷兰文化之间的区别。

5.9.1 个人价值领域

所有的价值都是因人而异的，有一些价值与个人有关。比如，莎士比亚对我有着特殊的价值，因为他的戏剧作品使我备受启发，并影响着我的智力、理解力以及情感方面的技能。从某种意义上来说，《李尔王》这部剧对我具有重要的个人价值。因为，该作品可以帮助我了解情况（关于爱和背叛）。我也许还会珍惜我的技能、我的健康、我的记忆，并希望珍惜我的智慧。这所有的一切都属于个人价值，它们关乎于我个人的品质和个性。

在组织的环境中，个人价值很容易被忽视。然而，组织的存在显然能帮助实现个人价值，比如个人的技能或匠人精神或自我意识。感谢大学，它让我明白了什么对我来说是重要的。

在 UGG 雪地靴的例子中，父亲的身份让我视它为我的一种个人价值，因为它属于我自己。同样地，人们也可以从个人的角度出发，去评价自己的地位、自己的功能、自己所得到的认可或是自己所受到的尊重。

其他经常被提及的个人价值还有：健康、自主、独立、真实、意识、正直（对一个学者来说，这是一个很好的价值）、坚韧、毅力、乐趣、欢乐、个人成长、繁荣等。

但是，我必须指出，相当一部分价值的定义模糊不清，其含义并不明朗。比如“真实”听起来不错，但问题是，你在什么情况下是真实的呢？当你按照自己的价值观行事时，你就是真实的。所以如果你不清楚自己的价值观究竟是什么，那么你就没办法说出你什么时候是真实的。希特勒也是真实的人。那么你所渴望的又是什么样的真实性呢？同样的道理也适用于“正直”，当你表现出自己的价值观时，你就是正直的。除此之外，什么是个人成长或发展“繁荣”？希特勒本人也许曾经实现过个人“繁荣”。当人们表现出对某种“价值”的诉求时，他们仍然需要进一步明确该价值所代表的具体方面。

5.9.2 社会价值领域

当价值涉及人与人之间的关系时，该价值就具备一定的社会性。友谊就是一个很好的例子。当然，我自己也会持有这样的价值观，所以你也可以把它看作是一种个人价值。但是友谊的价值显然需要至少涉及除自己以外的另一个人，因此它是超越自我的。如果我们认识到某种价值是一种共同的价值，那么就会明白，朋友之间为什么需要分享友谊的价值。同样的道理也适用于家庭、同事、社区、邻里之间以及其他相关的人际舒适圈。

对于我的女儿来说，UGG 雪地靴代表了某种社会价值，同时这个事件整体上也可以体现出一种社会价值，那就是家庭对我、我的妻子和我的孩子们的价值。对我来说，莎士比亚的戏剧具备社会价值，因为它可以让我为我的朋友付出：和朋友一起花时间去看戏剧；和周围的朋友一起分享观看后的心得体会。通过告诉别人那天晚上我去看了《李尔王》，我也有可能会意识到一种以地位和威望的形式存在的社会价值。

友谊、地位、亲密感、尊重、尊严、承诺、社区和家庭都属于社会价值的范畴。同时，在一个俱乐部、一个社区或者一个团队里，其成员之间是否可以建立一种互信的人际关系，对我们而言也是非常重要的。这些价值均代表了一种社会价值。

5.9.3 公共价值领域

当价值涉及我们与一个大型社会实体的关系时，该价值就具备公共性。所以，我不认为在 UGG 雪地靴的例子里面我们可以看到一种公共价值的存在，除非我们认为健康的家庭对整个社会的发展有着积极的作用。相比之下，莎士比亚的戏剧其实更有可能产生公共价值，因为它是人类文明发展史上一颗璀璨夺目的“明珠”。在“我的社会”里，我认为表演戏剧不仅有助于提高人们的生活质量，同时也体现出莎士比亚戏剧对年轻人和老年人的教育价值，因为它所探讨的傲慢与忠诚的两大主题对社会发展有着重要的影响意义。

公共价值（societal values）包括政治价值，如正义、团结、持续性、自由、解放、安全、和平、爱国主义和法制。除了在政治活动中，我们可以实现公共价值以外，当我呼吁社会应该对艺术等给予更多的关注时，我所强调的也是艺术所具有的公共价值。

公共价值包括文化价值，在 C1 的文化范围内，公共价值即一个民族共有的价值。当我们从一群人的共同之处以及他们与其他团体的不同之处来评估他们的特点时，我们会把他们所共有的价值观定义为其文化价值。比如，谨慎是荷兰文化的价值观，开拓性是典型美国人的价值观。正如吉尔特·霍夫斯塔德（Geert Hofstede）所证明的那样，文化价值也具备组织的特征。剧团演出的戏剧可能也含有自己的文化，因为它是按照一种独特的价值观运作的。

提到“民族”，你也会联想到与其相关的文化价值，比如好客、节俭、风趣、严肃、谨慎、生机、专制、纪律以及尊重长辈等。

5.9.4 超越或文化价值领域

在这个领域里，我们珍视的所有价值都不属于我们自己、不属于我们认识的人，甚至也不属于整个社会。这些价值属于那些抽象的、理想的，或涉及某种实践、思想、科学或者艺术的对话。因为它们超越了个人、团体和社会，所以我们称之为“超越价值”。

超越价值包括历史价值、艺术价值和科学价值。这些价值（values）与特定的历史、艺术以及科学的品质（qualities）有着直接的联系。莎士比亚具有历史价值，因为他在 17 世纪时扮演着一个重要的角色，并且在此后几个世纪里为英国传统文化的发展做出了积极的贡献。他的艺术价值，比如其书稿的文学价值以及戏剧价值，均激发了众多文学评论家进行探讨和研究。其作品的科学价值也是来自于他的戏剧所产生的学术讨论，尤其是在人文科学方面。

历史和科学的价值涉及的是真实性的价值；艺术的价值与美、崇高、尝试和震撼有关。其他文化价值则指的是道德价值。当我们讨论善良、正义或与美德相关的（人类）行为时，我们就需要考虑我们的道德价值。《李尔王》主要揭示的就是有关社会伦理道德的问题，比如忠诚、谦逊（通过把李尔王描绘成一个一开始就很自信的人）以及爱（考狄利娅在父亲的谴责下，依然爱着自己的父王）。在戏剧的某个片段中，李尔王试图让考狄利娅用言辞表达爱时，考狄利娅不得不进行权衡：她是屈服于姐妹们的欺骗行为，还是继续坚守自己的价值观？而这却引来父亲的盛怒，并取消了她的继承权，这让观众不得不开始怀疑考狄利娅是否做了正确的事情。

道德价值包括荣誉、尊重、忠诚、公正、同情、关心、忠诚和勇敢。然后，就是其他如宗教或精神价值。在超越性的价值中，特别是在关于形而上学的问题上，我们需要实现的价值大约和圣洁、神圣、启蒙有关。观看《李尔王》可能会给我带来一种精神上的享受，一种情感上的升华，一种登峰造极的体验。一些年轻人认为他们在参加舞会时或者在听音乐时也会获得这样的体验。除此之外，宗教仪式也是为了实现超越性的价值；而对于科学家而言，探索生命的奥秘才是他们的最终目的。

图 5-1 对这四种价值进行了分类总结。

5.10　内在和外在价值

超越价值是内在的吗？艺术价值是内在的吗？在讨论艺术价值的同时，我们的脑海中会经常突然冒出类似的问题。有人对艺术内在价值的存在深信不疑，也有人矢口否认其存在。我个人认为，艺术是具有内在价值的。为了说明这一点，我在第 6 章中将进一步详细说明并提出与此相关的一些概念。

5.11　使用价值？金融价值？(use values? financial values?)

在日常生活中，我们也会对那些具有功能性价值的各种物品心存感激。

超越/文化的	公共的
艺术、历史、宗教、同情、世界和平、美、真理、科学、崇高、优雅、救赎、启蒙、因缘、虚无、道、神圣、圣洁、道德	正义、文明、教育、公平、自由、平等、友情、事业、安全、和平、民族主义、爱国、世界主义、自治、合法、创造性、创新性、解放、团结、宗教、知识、体验
个人的	**社会的**
实践智慧、勇气、有节制、正义、信仰、希望、爱、善、做一个好的父亲/母亲、做一个好的知己/同事、幽默、享受自我、创业、激情、本真、手工艺、自负、自主、健康、自主、创新性、繁荣、个人成长	社会地位、责任感、家庭、友情、归属感、社区、会员身份、威望、名声、名誉、权力、安逸（荷兰语：gezelligheid）、谦逊、忠心、同志情谊、身份、创新、做一名艺术家/律师/母亲、尊严、尊重、承诺、英雄气概

图 5-1　四种价值区域

比如，食物为我们提供了营养价值；我们可以用锤子钉钉子；UGG 雪地靴可以在寒冷的冬季为我们保暖；《李尔王》戏剧具有观赏性；锯子可以锯木头；刀子可以切割东西；等等。

当古典主义经济学家谈论使用价值时，他们通常会想到功能性价值（functional values）；但是如今，大多数的经济学家都会意识到，其中还会涉及其他的相关价值，但是很少的学者会像我一样把这些价值具体化。

使用价值具有实用性。我珍视我的电脑，因为它对我来说很有用。我可以用它来打字以完成我的书稿。但是电脑的这种功能却有别于被完成的书稿所具有的科学价值或可以鼓舞人心的价值。换句话说，我打字不是为了使用电脑，而是为了写作、为了学术研究、为了文明的广泛传播。

使用价值具有工具性。我们总是依赖于各种各样不同种类的商品，因为它们对我们来说是有用的，比如锤子、电脑、蔬菜、汽车、道路等。标准经济学家往往关注这些东西的有用性并热衷于思考如何定价。而以价值为基础的研究方法则超越了仅仅对有用性的追求，并试图让我们进一步审视和领悟什么对我们来说才是最重要的事情。

那么，经济价值呢？通常人们认为，商品之所以具有经济价值，是因为它们能够以货币作为媒介进行交换。比如，UGG 雪地靴的售价是 180 欧元；《李尔王》的演出所获得的门票收入和补贴为演员以及其他专业人士提供了经济来源。在经济学中，大部分的讨论都围绕着金融价值展开，因为它是经济价值的一种存在形式——它代表了货币流通的数量。由此来看，我是不是不应该把它们作为一个独立的范畴呢？

在以价值为基础的研究方法中，金融价值就是工具价值，具有功能性。其原因在于，货币数量本身并不具备个人价值、社会价值、公共价值或超越价值。我们需要将钱“转换”成某种商品，从而满足我们对真正重要价值的需求。当演员们用他们的收入去买食物、付房租、买门票时，他们就会意识到他们想要的、需要的或者觉得重要的东西。对于剧院来说，剧院利用门票销售所得的收入和补贴，完成《李尔王》伟大的演出，进而打造出一支由演员和导演组成的优秀的艺术团队，并为实现丰富传统戏剧的目标而做出贡献。然而，价格（Price），或说它们所代表的货币的数量，均只起媒介的作用。

“一大笔钱”本身的意义依然是一大笔钱。它之所以有价值，是因为我们可以用这些钱获取一些好处。而这些好处又可以帮我们实现我们想要的价值。人们愿意为一张门票去支付一笔钱，是因为他们认为这样做可以帮助他们获得他们所认为的重要的价值。但是，这张门票依然只是一张门票而已。

价格也可以具有一定的社会价值，就像 UGG 雪地靴的价格一样。在女孩子的眼里，高额的物价代表了父母愿意为自己女儿付出。这种炫耀性的消费将商品转化为“位置”商品（positional good），换句话说，这可以向他人炫耀并展示出自己所拥有的某种社会地位。

因此，交换价值，或者价格，在原则上不能被看作是真正意义上的价值。它只不过是复杂过程中的产物。交换价值或价格所具备的一个重要功能是，它会告诉消费者他们必须放弃一些财产（或价值），与此同时，它也会告诉商家他们可获得一些财产（或价值）。价格影响着他们的行为。当价格过高时，消费者就会做出少买或者不买的决定；当价格过低时，商家也会暂停销售。除此之外，该价值几乎不能说明其他的相关问题。

对于消费者和商家来说，交换价值或价格，都仅仅只能作为实现其他价值的一种手段。价格本身毫无意义，也没有任何价值。作为一个数字，它只有在商品被出售或者购买时，才会发挥作用。

传达信息是交换价值或者价格所具备的另一个重要功能。比如：当一件艺术品的价格上涨时，就表明，越来越多的消费者有支付的意愿；当价格下跌时，就意味着市场的相关参与者对该产品的关注度开始下降。就如同水一样，作为最有用的财富，如果是免费的，则说明水源供应充足；如果价格昂贵，则说明水源稀缺，比如在沙漠中或是在高山上的小屋里。高额的音乐会门票可能会让许多人望而止步，但是也可能有些人依然会选择购买，因为对于这些人来说，这场音乐会也许具有特殊的意义，值得让他们为其付出代价。但是当人们都不愿意购买这场演出的门票的话，该演出的策划导演可能就会推断有以下原因：①演出效果可能不尽如人意；②票价过高；③前两者的原因均存在。由此来看，市场参与者的行为往往基于他们对价格的理解。

针对交换价值的思考会促使生产者考虑他人的需求和他人所具备的价值。交换价值意味着我们可以有机会接触并探索不同的世界。比如，对于非艺术工作者来说，他们可以通过交换获得对某种艺术的需求，在这个群体中，有的人也许是作家，有的人也许刚刚结束了一段漫长而艰难的婚姻，有的人也许满怀着朝气和活力，并对未来充满着向往。

但是，必须强调的是，这并不能说明，在交换过程中，价格本身就是有价值的。代表价格的数字也不能完美地体现出可以实现的价值。这些数字“遗漏”了太多的东西，因为在它们的背后隐藏着许多真正重要的价值。

那么，又是什么原因使得交换价值在我们的日常生活和政治对话中备受关注呢？

原因之一是，交换价值是可以让我们获取自己想要的或者需要的东西的一种手段。比如，我们之前提到的那个剧院公司，如果该公司的市场交换行为无法得到实现，那么演员们就无法获得足够的薪水，整个公司都有可能会陷入困境，甚至面临倒闭的危险。

另一个原因是，在工具主义时代，人们习惯于用数字来量化事物。交换价值的最大优势在于，它们可以将价值以数字化的方式进行衡量并交易。

还有一个原因是，交换价值可以涉及任何一种不需要具体化的价值。在商品交换过程中，交换价值具有共通性，而使用价值并非如此。这就是为什么当我们听到沃伦·巴菲特或比尔·盖茨这种人拥有数十亿美元的资产时，我们会想象他们可以用这笔钱购买游艇、豪宅、奢侈的旅行以及各种有名的公司企业。但是，我们却无法知道，他们究竟已经实现了什么样的价值。比如，他们是否有着和睦美满的家庭，是否有着可以共患难的知己，是否已经获得内心深处的快乐，这一切我们都无法通过银行账户里面的一长串数字来判定。

如果当一家剧院的经理得意地告诉大家《李尔王》戏剧演出的门票已全部售罄时，我们又该如何回应呢？对于我个人而言，我会先夸奖经理的业绩，假如还有机会的话，我还想问问，这位经理到底是如何判断这场演出是很成功的呢？也许她会用奇怪的眼神看我，那么我会解释，为了确定是否成功，她还需要了解参与者已经意识到或者已经实现的相关价值：这场戏剧对观众有什么样的影响？对演员意味着什么？以及是否达到了政府或者基金会提供的补贴所需要满足的相应标准？如果她可以坦率地回答，那么她就会承认，观众的数量和门票的收入几乎和以上的问题毫无关系。或许观众的数量越少，就越容易让他们在戏剧品质方面收入更多，从而这场戏剧表演也就越成功？这种可能性也不是没有。总之，数字无法给我们提供我们真正所需要的答案。

在与同事共进晚餐时，我也会提出以下的观点：食物可以为我们提供营养，但是这并不是让我们聚在一起吃饭的主要目的。可以让我们相聚在一起吃晚餐、聊天交流的重要原因是我们真正所关心的价值，即我们可以分享对话的价值，我们可以建立联系的价值，以及我们对未来顺利合作的展望。对于我们来说，这些重要的价值都是可以从餐桌上获得的。

然而，在统计数据中，显示的却是我们付了多少饭钱和饮料费。这些费用被视为消费，体现了经济模型的实际作用。有了这个数字，会计人员就可以确定出我们的这顿晚餐为餐厅的员工带来了多少收入。有趣的是，该数字几乎不能说明我们相聚在一起共进晚餐的意义，也就是我们谈话的意义。由此来看，如果运用标准经济学分析法，那么我们所获得的真正重要的价值就无法被统计在内。

价值观、(社会的)规范和美德

- 价值观：是人们认为好的、有益的、重要的、有用的、美好的、可取的、具有建设性的行为、财富、实践、人以及社会实体的质量和品质。价值观具有个体性，因为每个人的人生经历不同；价值观又具有社会性，因为每个人都不可能脱离所处的社会环境。比如，作为价值观，诚实对我来说很重要。因此，当我和正直的人交往共事时，我们的谈话可以充分地体现出该价值观。
- (社会的)规范：是引导、指导和约束社会行为的规则。它们往往是某一种价值的体现。当我向你问好时，通常你也需要向我问好。这种规范表达的就是一种价值，比如礼貌，又或者是尊重。在艺术界，通常人们对一件艺术品发表评论时，可能不会直接用“美丽”这个词去形容该艺术品，而是惊叹地发出“哇哦”声或者轻轻地赞叹“太有趣了”。我认为，这是因为艺术品所具备的价值是无法用语言描述的。
- 美德：是指追求“善”的行为的(内在)特征。品德高尚的人会按照自己的价值观行事，即谨慎、自律、勇敢并且公正。其中，谨慎是一种美德；节制、勇气和公正也是一种美德。这些都是我们在亚里士多德的《尼各马可伦理学》中发现的所谓基本美德。除此之外，加上信仰、希望和爱总共构成了七种经典美德。

5.12 实践智慧——与价值一起

可以意识到自己所追求的价值和他人的价值是一回事，对该价值采取切实的行动又是另一回事。我们不仅需要对这些价值展开评估，还需要找出可以让它们转化为现实的方法。

价值的问题在于我们无法紧紧地抓住它们。比如，艺术或社会价值都不是具体的实物，因此我们也不能将它们数字化。此外，当我们按照自己的价值观行事时，通常情况下，我们并不能认识到它们的存在。无论是在家还是在剧院看莎士比亚的戏剧，我们都不会仔细琢磨我们自己的价值观是否在起作用，而是因为我们想看，所以就看了。相比之下，我们却会试着从别人所做的和不愿意做以及所说的和不能说的事情中，获知他们所看重的价值。当然，这也是一件不容易办到的事情，正如我在各种研讨会上已经发现的一样。

我想强调的是，不论是在学术研讨会上，还是在日常生活中，人们都需要认识自己的价值观，并意识到现实中该价值是多么的重要。特别当我们在做正确的事情时，这一点显得尤为突出。

当然，你也可以在不了解什么对自己来说是重要的事情的情况下，继续付诸行动。但是，当你想要知道人们是出于什么原因对别人做的事情感兴趣，想要知道人们想要付出什么或者想要贡献什么时，如果此时的你依然选择忽视对方的价值观，那么你就很有可能陷入困境。说真的，这也正是营销实践的关键所在。当你参加一个领导力培训项目时，你就会发现，这一切都是关乎意识、专注与灵魂的接触，以及对自己的热情有一个大致的了解，或者简单而言，这个项目就是为了让你更好地认识自己的价值观。

有关实践智慧的问题就是将实际行动和自己的价值观结合在一起。其实我们在儿时都有过类似的经验，比如，我们会思考该邀请谁来参加自己的生日聚会，会向老师辩解自己所犯下的错误是他人导致的。随着年龄的增长或者经验的积累，我们的这种能力也会随之提高。这就是我们在日常生活中一直做的事情（但是，很少情况下，我们会经过计算做出选择）。

就拿看莎士比亚的戏剧为例子。首先，我需要权衡看莎士比亚戏剧时所实现的价值和其他有可能需要放弃的价值哪个对我来说更重要（比如写这本书的价值）。对我来说，这是一个有关直觉和情感的问题。当我想如果不去看戏剧，我就会感到相当沮丧；而当我想如果可以去看戏剧，我又会感到无比激动。但是，我的情绪并不总是这么清晰，有时我也需要克制住一些情感，在这里我们可以用谨慎来解释这种行为。很明显，在决定是否去看莎士比亚戏剧时，我是绝对不会拿着计算器去估算我的得失的。如果恰好此时我收到一封朋友的电子邮件提醒我一起去看该戏剧的话，我会立刻答应并预订剧院门票。

真正重要的是坐在观众席上以及看完戏剧之后发生的事，至少对我来说是这样的。在社会交际的环境下，我需要考虑我同伴们（我的妻子和与我们相识的夫妇）的感受，这时我会有一种责任感，会尽可能地去营造出一种温馨的氛围，让一起同行的人感到舒适愉快。在戏剧演出期间，我一边需要和自己工作一天下来所产生的疲乏感做着斗争，一边需要努力地思考这部戏剧到底想传达着什么样的信息，为什么作为父亲的李尔王会对考狄利娅拒绝取悦自己这件事情如此生气。我发现我已经逐渐投入到戏剧人物的世界之中。所以我很惊讶为什么我的妻子在中场休息时会用怀疑的口吻问我是否看懂了。我该如何回答她呢？我不断地思索着试图用恰当的词语来描述我的观看体会，让我欣慰的是，我可以从我之前阅读莎士比亚的书中所获取的灵感来做回应——这可以当作是一种投资的回报！我的妻子并不容易被说服（或者说从不会被说服），所以我必须认真地去对待她提出的每一个质疑。这也正是有关实践智慧的问题，为了共度一个美好的夜晚，我知道我需要做出一个正确的回应。

演出结束后，我们开车送那对夫妇回家。在路上，我尽可能地将话题集中在刚刚看过的戏剧上（因为有关其他话题，比如他人、政治或者护理，都过于简单）。一起和朋友们分享共同的经历（比如看话剧），不仅是实现艺术价值的一种方式，同时也是实现社会价值的一种方式。我试图求助他们来解除我心中的困惑，为什么考狄利娅不愿意表达自己对李尔王的爱。我的妻子和与我们相识的夫妇的回答让我惊讶。他们一致表示这和考狄利娅的过去有着直接的关系。他们都注意到考狄利娅的母亲（也就是李尔王的妻子）在话剧中从未被提及，然而他们认为由于她的缺席才会导致李尔王的专横暴戾以及姐妹之间的矛盾斗争。因为在李尔王的想象中，最小的女儿考狄利娅已经完全取代了自己妻子在自己心目中的地位，这也使得考狄利娅的两个姐姐由此产生了嫉妒和仇恨。我的妻子和朋友们的一席话让我茅塞顿开。之后，我又提到了肯特伯爵对李尔王的忠诚，不过我们并没有再深入地探讨下去。

也许是因为之后的讨论，这场戏剧让我记忆犹新。甚至在写这本书的时候，我也会提到它。戏剧演员们应该会很欣慰。然而，最近我的妻子却告诉我，她再也不想看这场演出了。所以，在剧场的观众席上，你以后或许可以看到我的身影，但是不会再看到我妻子的身影了。

总而言之，作为读者的你，同样也可以通过类似的经历来探索自身的行为。这样做有助于你意识到可能会涉及的价值，意识到将会或已经实现的价值，意识到如何思考和评估一件事，从而进一步意识到实践智慧的真正含义。

以下就是实践智慧（phronesis）的意义：

（1）识别并阐明价值观（identifying and articulating values）：对你来说什么才是重要的？你最在乎哪些价值？在之前 UGG 雪地靴的例子中，我意识到了不仅作为一个父亲的个人价值很重要，和谐家庭的社会价值同样不可忽视。

（2）做贤德的事（being virtuous）：有志于做正确的事情，努力成为一个有德的人，按照相关的美德标准行事。因此，在必要的时候，我们需要谨慎、节制、勇气、公正，还需要充满信仰、希望和爱。这些行为和真实的本能有关（见本章第8节）。

（3）价值评估（valuing）：我们需要评估我们所渴望拥有的东西的价值，评估拥有一段关系的价值，评估参与一场对话的价值等。为了婚姻，我们会放弃什么？为了可以在剧院里感受戏剧的魅力，我们需要花多少门票钱？以及我们又愿意为社会公共事业做出什么样的贡献？

（4）价值增殖（valorization）：比如，我想通过观看戏剧，从而实现社会价值和文化价值。再比如，对于我来说，这本书的出版将意味着金钱价值、文化价值以及社会价值的实现。“价值增殖”就是指价值的实现。

（5）价值评价（evaluation）：价值与价值相比较，哪一种价值对我们来说才是最重要的。如果你为了去看场戏剧而取消了和朋友的约会，那么这意味着你已经在看戏剧的价值和友谊的价值之间做了比较。

（6）价值转换或价值改变（transforming or changing values）：我们会在做事的过程中改变我们自己的价值观。比如，对我来说，在观看完莎士比亚的戏剧后，我对莎士比亚戏剧有了更高一层的评价。另外，演出结束后，一些观众会发现莎士比亚戏剧是他们的最爱，但也有一些观众会对莎士比亚戏剧感到失望，认为它完全辜负了自己的期待，从而决定再也不会去花时间和精力观看。除此之外，宗教和大学亦是如此，作为文化机构，它们都有一个明确的目标——即改变人们的价值观。

由此来看，在实践智慧的过程中所涉及的范畴远远超出了在经济模型下所假设出的理性决策。基于理性选择，通常人们会利用公式和数字来进行分析计算，因此所得到的结果清晰而又明确。相比之下，实践智慧则更倾向于解释性，而非分析性。由于其过程含蓄且隐晦，所以也很难让人琢磨。实践智慧并不容易被掌握。然而，我们不会随时随地按照经济模型中的假设对任何事物进行理性选择，但是，我们会反复地练习实践智慧，不论它有多复杂。因为这就是生活，这就是我想通过UGG雪地靴事例给大家讲述的道理和观点。

5.13 价值的发现和选择

有的人会对以价值为基础的研究方法产生排斥的心理，其中一个原因源于他们对固定价值的恐惧，以及对遵守价值观行为的恐惧，并热衷于将自己的想法和意识强加于他人。比如，那些打着为了维护家族名誉旗号而损害他人利益的人，那些号称为了坚持某些宗教信仰而危害他人的人，那些囚禁不同主义价值观的人。

我们需要“实践智慧”这一概念的理由是：阐明价值，解释价值，从而进一步根据该价值观采取行动，并非是一件容易的事情。在现实生活中，价值观是一个需要不断思考的主题。当然，也有些人会声称他们很了解自己所追求的或者所拥有的价值观，声称他们的价值观是向善的、圣洁的、真实的。但是，我却想问这些人，他们是怎么知道这些的，他们又凭借什么认为自己比他人更加了解这些价值？

然而，还有另外一种极端观点，有些人会否认价值观的有用性，他们认为我们是无法真正了解价值的。由于在不同的情况下，价值观会有不同的含义，因此，我们没办法针对价值观给出合理的解释。如果真的是这样的话，那么我想知道，我们该如何去做呢？我们如何才能做正确的事情，或者我们如何判断我们做的事情是正确的？很显然，我们有能力知道我们的价值观是什么。此时，以价值为基础的研究方法也正是我们所需要的。

有时候，我的学生会问，我们究竟是自己决定自身的价值观，还是我们发现了自身价值观的存在。我认为，通常他们在提出这样的问题时，首先是想要相信他们是一个独立自主的个体，从而他们有能力自己决定什么对他们来说才是重要的事情。

在以上类似的讨论中，我更倾向于强调后者：我们发现了自身价值观的存在。这个观点符合大多数的信仰，比如基督教、伊斯兰教、儒学、道学以及佛教。当然，格式塔学派、荣格以及弗洛伊德派心理学家们也都提出过相似的建议。也就是说，我们都在不断摸索着前进，一直寻找着对我们重要的东西。

最后，我决定坚持一种务实的立场，就如同约翰·杜威（John Dewey，1915）所坚持的立场一样。不论我们是自己决定还是发现自身的价值观，我们都必须选择一种方式去处理我们的价值观。只要在选择价值观还是发现价值观二选一中做决定时，不会对我们自身的价值有损害，那么我就会把这个难题连同自由意志、上帝的存在以及人类的终结等话题一同放在周末的晚餐上一起讨论。

【思维拓展 1】

如何确定自己的价值观

当我想让大家了解自己的价值观时，我会使用奥勒留方法。

奥勒留方法（The Aurelius Exercise）是以一位仁慈的罗马皇帝的名字命名的。他在一本写给自己的沉思录中，一一列出了那些对他来说很重要的人，并指出每个人对他而言最重要的品质。首先，他从他的祖父维勒斯开始："……我学习到了弘德和制怒……（从我的母亲身上）我濡染了虔诚和仁爱……我懂得了节制……"（Aurelius & Gill，2013）

我们也可以同样这么做。为了提高效率，最后找出三四个对你来说最重要的人，并列出每个人不超过两项的重要品质。当然，你只能选择和你自己有联系的人（所以不要选择纳尔逊·曼德拉、甘地等类似的名人，除非你和他们有着私人的关系）。

把你列出的品质作为你的价值观，按照重要性排序。

【思维拓展 2】

如何运用自己的价值观

意识到自己的价值观是一回事，将这些价值观作用于现实又是另一回事。在我刚刚提到的方法里，其实我们是很容易忽略自己的价值观的。但是，我们又必须每天和这些价值观打交道，必须让这些价值观作用于现实。现在也有许多组织机构开始试图努力制定属于自己的核心价值观。然而，情况经常是，当我询问这些组织机构的领导人他们机构的价值观到底是什么时，他们却需要翻看资料才能回答我提出的问题。这其实也就意味着，他们所提出的核心价值观只不过是纸上谈兵罢了。

练习：组织一个访谈活动，询问参与者，他们之前会在哪种环境下感到不适？在当时的情形下，他们是如何应对的？然后再问问他们，如果按照他们所认为的最重要的价值观行事（刚刚用奥勒留方法所确定下来的价值观），他们又会如何去做？

6 拥有与分享

当人们在做正确的事情时，他们会以实现各自所看重的价值为首要目标。在前一章中，我们主要针对各种可能实现的价值进行了讨论，即有关意识形态层面上的价值构建。在本章中，我们将认识相关“财富”并着重进一步探讨如何让这些财富的价值成为现实。因此，本章讲的是有关超越意识形态层面上的价值实现。

假设当一个人处于极度的孤独感之中时，他便会渴望获得友谊，这也就意味着他开始从意识上懂得珍惜友谊。此时他可以只把建立友谊当作是一种单纯的想法，当然，他也可以切实地付诸行动，将该友情的价值转换为现实，即稳定友谊价值。那么问题来了，他该如何去做呢？答案很明显：为了将友情的价值实现，他需要接触身边的人，需要以某种方式去培养自己与他人之间的关系，需要建立彼此间的信任。只有这样，他才可以把“友情”从概念真正转变成真实存在的友谊。此外，“爱情”同样也是需要人们付诸实际行动的。如果只停留在幻想中，而不去尝试着和对方建立关系，那么他永远也没有机会获得爱情。当然，实现爱情的价值，必须建立在情爱基础之上。

关键是：无论友情还是爱情，人们都有可能得到它，也有可能会失去它。当和他人建立相关的人际关系时，我们会通过这段关系来实现各种价值，比如友爱、陪伴、关注以及哺育下一代。因此，为了让“友情”或者“爱情”的价值成为现实，我们需要不断地去维系与他人之间特定的关系。换句话说，“友情”或者“爱情”都是无法用金钱购买的，与此同时，政府的作用在此时也是失效的。

我们只有在付诸实际行动后，价值才有可能成为现实。然而，实现价值的一个重要途径就是获得财富或者创造财富。财富可以帮助我们实现价值。财富可以是一杯咖啡或者一台电脑，当然，它也有可能是某种无形的东西，比如人际关系、社区、想法或者一种艺术表达。

顾名思义，“财富”（goods），指的是对我们有益的物品（good）。我们可以拥有财富，尽管通常我指的不是法律意义上的占有。收获一段友谊就等同于我们“拥有”了友谊。人们会有自己的房子，也会有自己的孩子、自己的家。在这里，财富被解释为：能够帮助我们实现价值的任何事物。

6.1 果真如此吗

也许我刚刚介绍的财富所具有的特性乍一听有些奇怪。那是因为我们已经习惯性地将财富看作某种有形物品，比如一杯咖啡、一台电脑，又或许你会认为财富应该是可以买卖的东西。

在这里，我想做两件事来说服大家应该从对财富概念狭隘的视角中摆脱出来，我们需要一个更广泛的定义来理解什么是财富。当然，在与经济学家的对话中，你会发现类似于服务类的无形产品（比如教学或者理疗），以及那些很难让个人掌控的集体或公共物品（比如安全设施或文化遗产）也会被人称之为财富。但是，我认为我们还需要超越以上所提类别的财富，进一步将友谊、家庭、社会、信仰、艺术以及科学知识等财富包括在内。由于这个全新的定义必定会影响你对这个世界的认知，同时你也会对艺术、贫困、富裕和利他主义等现象产生完全不同的理解，所以我建议你现在最好仔细地想清楚，是否还愿意继续阅读完这本书。

6.1.1 第一件事——重新解读《鲁滨孙漂流记》

读过《鲁滨孙漂流记》后，感受陪伴与交谈的重要性。请想一想，我们为什么不把这些因素也叫作“财富”呢?!

丹尼尔·笛福（Daniel Defoe）笔下的鲁滨孙是一位海难的幸存者，他被困在了一个偏僻荒凉的热带小岛上，与世隔绝。鲁滨孙的故事是经济学入门课程里时常被提到的例子。比如，我们需要在当前消费和未来消费之间做出权衡、思考投资与消费的比例以及了解劳动分工的问题等。在《鲁滨孙漂流记》中，主人公鲁滨孙是一个典型的“经济人”。对于任何一个想了解“经济人”的动机和行为的人来说，这都是一个完美的参考案例。

然而，如果我们从人文角度去阅读该著作，鲁滨孙的故事又会变成一个人文主义的作品。我们可以通过作者对鲁滨孙经历的描述，视它为一部有关道德教化的小说：在荒岛上生活了长达 28 年之久的鲁滨孙，是一个不安于现状、敢于冒险且追求信仰的人。

不过，经济学家们在阅读这部小说时，善于运用他们自己的观点去解读整个故事情节，这其实并不奇怪。在小说的开头，鲁滨孙就利用成本效益分析对他搁浅在一个孤岛上的利弊做出了权衡（见图6-1）。但是，我们仔细阅读后就会发现，鲁滨孙的计算方式其实和标准经济学所惯用的计算方式截然不同。

乐观的方面	悲观的方面
• 依然活着	• 被抛弃
• 船只遇难，唯一的幸存者	• 不幸的遭遇
• 还没有感到饥饿	• 与社会脱离
• 没有野兽	• 没有武器
• 气候温暖	• 没有衣服

图 6-1

鲁滨孙也许还会进一步补充说，他在沉船过程中得到了足够的补给，包括几本《圣经》（这对他寻找信仰非常重要）。在船只上，他还发现了一些硬币，但是这些硬币对于他的经济毫无意义（请注意，我们发现经济学家似乎讨论的是一个没有交换价值的故事！很奇怪，对吗?）。

通过鲁滨孙的描述，我们得知他的社会状况，或者说得知他远离社会，孤身一人，没有任何社交活动。这也就是为什么当他遇到同样长期独自生活的“星期五”对他来说是如此的重要。“星期五”不仅可以和鲁滨孙一起承担家务，同时也成了他的精神同伴。鲁滨孙还教给“星期五”一些英语，以方便彼此的交流。对鲁滨孙而言，这些谈话具有很多的价值，从上一章的内容我们可以明白，这些应该都在社会价值的范畴内。因为陪伴和交流，鲁滨孙感觉好多了，甚至在努力实现其社会价值的同时，感到更加富有和充实。换句话说，我们人类是需要陪伴和交流的，这些属于基本需求。

我们会发现，当我们带上经济学的“眼镜”时，我们看到的只会是有关供需关系、交换与价格，以及成本与收益等现象；但是，当我们带上以价值为核心的眼镜时，我们看到的周围的世界就会变得迥然不同，比如，公司的价值和谈话的价值都会进入我们的视角。

在以价值为基础的经济学方法里，友情是一种财富，沟通交流也是一种财富。如果我们想拥有这些财富，那么就必须为之付出一些努力甚至一些牺牲，就像鲁滨孙一样，他努力地把“星期五”从食人族那里解救出来，并教会“星期五”说英语。因为友情的陪伴和相互的倾诉所带来的慰藉，对鲁滨孙而言至关重要。

6.1.2 第二件事——请回答一个问题

每次在课堂或者研讨会上，我总会习惯地问学生或者听众一个同样的问题，那就是：对他们来说，什么才是最宝贵的财富？有时我也会先问他们最想得到什么。有一次，在一堂课上，几乎所有学生的回答都围绕着“金钱”，其中只有一个女学生提出质疑，并表示她最想要的东西不是“金钱”，而是“快乐”。但是，这时一个男生向她指出，她所谓的快乐最终还是需要金钱才能实现的，这个女孩想了想最后也表示赞同。由此看来，他们的确是被金钱所左右着。

随后，我继续问他们，你们最宝贵的财富是什么？你们最不想失去什么？之前那个说想要很多很多钱的男生反问我，是否答案必须是实物。我告诉他，都可以。于是，他马上回答，他的最宝贵的财富是他的“家人和朋友”。其他的学生也一起附和着。其中还有的学生说，她的财富是“自由”，另一个说是“大脑”。当然，“健康”也出现在了他们的讨论中。而此时却没有人再提到金钱、汽车，或者其他有形的实物。还有一次，有个女生开玩笑地说，她最宝贵的财富是她的“手机”，随后引来了哄堂大笑。当然，有时他们的答案也会让我吃惊，比如一个来自博茨瓦纳的学生告诉我，“恐惧”是他最大的财富。我不确定“恐惧”是否是一种美好的情感（毕竟，谁想拥有“恐惧”呢?），但是，当他解释道，他的“恐惧”可以督促他完成某些事情时，我明白了他这么说的原因。

所以，我的读者，我现在想问你们同样的问题：你们最宝贵的财富又是什么呢？

你会想到你已经用钱买到的东西？或者政府提供的？你最宝贵的财富，会是你在法律意义上拥有的物品吗？

就像我在课堂上问学生时一样，你不需要马上回答我，你可以好好想一想你的答案。

很奇怪是吧？“金钱”可能几乎是每个人都想拥有的，但是金钱却买不到对他们来说最重要的东西。你的朋友以及家人是无法让你用金钱购买到的。

没错，金钱是可以保障你的健康，但是话又说回来，金钱却并不能合法性地让你拥有你的健康。

在标准经济学中，学者们是不会把家庭、朋友、自由视为一种财富的。然而，以价值为基础的研究方法却会把以上这些当作是一种财富来对待。由此看来，以价值为基础的观念会大大改变我们的世界观。

6.2 什么是“财富”（goods）

亚里士多德在他的著作《政治学》（*Politics*）中定义“财富”为“维持人类生活和福祉的途径”（Aristotle 和 Ross，1955）。因此，我们也可以把财富看成是一种实现价值的手段。这时，我们又回到了本书一开始所提出的定义。

在 19 世纪晚期，奥地利经济学家卡尔·门格尔（Carl Menger）通过对财富属性的研究得出以下的结论：任何可以满足需求的物品都可以被称之为财富。这样的定义为经济学家理解“财富”开辟了广阔的道路，比如家庭和友谊也被包括其中。然而，门格尔却选择回避这一结果，他最终决定经济学家依然必须将“财富”的定义限制在那些仅仅可以在市场上进行交换的商品类别上。但是此后，经济学家也逐渐开始打破这一限制，并提出了集体财产（collective goods）的相关概念（Menger，1871）。

以价值为基础的研究方法强调财富应该具有能够让人实现价值的特性，并且，该研究方法也让财富范畴的广泛含义得到了恢复，它将集体财产和所有其他不能定价以及不能在市场上买卖的财富也归纳在其中。

对于“财富”，我们可以获取或者得到它，但是在这之前，我们也必须为之付出某种努力或者做出某种牺牲。当人们说“占有”或者“拥有”了某种财富时，同时这也意味着，他为得到该财产的所有权或者已经做出了努力和牺牲。比如，如果我们碰巧看到日落，并且说日落是属于我们的，这会听起来很奇怪；但是，如果是我们努力地爬上一座陡峭的山峰，站在山顶上，眺望着远处美丽的落日余晖，此时此刻的感觉就会和之前大不相同，这时的我们就可以感叹：这是仅属于我们自己的日落，美好而又珍贵。换句话而言，只有我们努力付出了，我们才会有可能“获得”财富；只有我们放弃一些其他的东西，才会有机会“拥有”财富，或者享受该财富所带给我们的好处。

即便对于日落，也是如此。

所以，我对“财富”的定义如下：

财富是指一个人、一个团体、一组群体所拥有的有形或者无形的东西，这种东西对各种事物都会有益，但是当我们想拥有它时，我们必须做出某种努力或者牺牲。

财富之所以重要，是因为它可以使我们实现价值。

对于“财富”概念化的一般性认识，其实我们已经做足了功课。体验品（experience good）和虚幻品（imaginary goods）时常会出现在我们的话题当中。比如，彩票就是一种特殊的商品，彩票本身出售的就是一种虚幻的、想象中的美好。又或者，一个弥漫着浓烈圣诞气息的集市，对于人们来说也是一种体验。但是，只有这些吗？试着回想一下当你在购买博物馆门票时，买到的又是什么？一种体验？或许稍后，你会发现其实答案并不仅仅只有这些，因为我们的价值观在其中也发挥着不可小觑的作用。

6.3 对我们来说最重要的财富

在本章早期的写作中，我最先依次罗列出多种类型的财富，例如私人财产、可以购买的商品以及集体财产。后来我才介绍共享财产。然而，我忽然意识到，这样的思维模式其实遵循的还是一种标准化的科学研究方式，即“系统性”和“外部观测性”，这种科学的研究方式让我们只能从一个旁观者的角度去思考问题。而我想要的方法是，站在一个努力创造生活并努力实现价值的主人公的角度思考这个世界。因此我最终删除了我已经写下的那些内容，决定开始走进你我的生活，去了解属于我们自己的世界。来吧！就让我们现在开始试一试。

新的一天，从起床开始，和我一起想象一下自己都在做些什么。对于我而言，我想到的并不像标准经济学家所建议的那样去买东西或者去卖东西。作为一个父亲、一个丈夫、一个学者、一个从政者来说，买卖东西并不是我日常生活中的主要内容。相反，我更专注于和我的家人、我的学生、我的同事在一起。我大部分的时间都在和他们不断地进行交流与沟通。在学校里，我与我的博士生讨论论文，与我的同事讨论学术问题，与我的教学助理讨论授课方案，当然，我也会亲自参与教学；在市政厅里，我与公务员、市民和其他从政者一起组织筹备并召开各种会议；在其余的时间里，我会写作、回复邮件，有时也会不得不应付一些枯燥而又乏味的例会；到了晚上，如果我没有其他应酬的话（比如演讲、会议、朋友聚会等），我会期待着和我的家人一起共进晚餐。在这一天结束之时，如果你非要让我总结这一天的收获或者得失的话，我绝对不会和你谈论（甚至不会想）我今天总共赚了多少钱，或者花了多少钱。但是，我会和你分享我和我的家人是否一起共度了美好的时光，我的课堂和讲座是否达到了预期的效果，我和其他人的互动交流是否有效，我和朋友的友谊是否真挚长久，又或者有关我是否还活着……

如果按照鲁滨孙的方式，我将会试图评估我的行为是否对我所关心的财富做出了贡献，比如对“家庭”“合作”“知识”“对话”“学术界”“民主”“公平”或者“友谊”等。这些所有的财富对我来说都很重要，它们对我所追求的价值的实现均起着至关重要的作用，然而，这也意味着我也需要为它们做出相应的努力和牺牲。所以，对我来说，这些就是财富。

我偶尔也会买东西。但是，我买的所有物品都是具有工具性（实用性）的，通常都是为了实现对我来说真正重要的价值。比如，我买汽油是为了可以开车去我需要去的地方；我买食物是为了充饥补充能量，或者为了在餐桌上可以和我的同事、朋友一起聊天畅谈；我买蔬菜是为了家人的健康；我支付抵押贷款的利息，是为了和我的家人可以一起住在舒适而又温馨的房子里；我买书是为了帮助我的教学或者学术研究。只是在我的生活中，就像自我买房子的那一天开始，消费活动的时间仅仅占据的是少部分，而我的大部分时间都是由交谈、教学和各种会议等所构成的。换句话说，那些在我消费的日子里，我购买到的物品都是让交谈、教学、会议等可以正常进行的辅助工具。

同时，我也会从各种集体财产中受益，比如公路、下水道、供水系统、治安、干净的空气、大学体制等。我非常欣喜这些集体财产的存在，但是，我时常也会忽视它们的价值。对我来说，这些“财产”对我真正关心的财富只是起着辅助性的作用。比如，我在大学里并不是为了维持生计和努力工作，而是为了参与教学、为了创造良好的互动氛围，以及为了学术界的发展和繁荣。

“你说的没错！但这是因为你享受着特殊的待遇，你大可不必担心如何才能养家糊口。”很多人听到我上述的观点都会给出这样的反应。而这些观点也往往来自和我一样可以享受特殊待遇的人，因为我们都不需要担心第二天是否会饥肠辘辘、是否会流落街头。当然，对于那些陷于战争之中，面临饥饿和贫穷，并试图逃离自己家园的人们来说，也许维持生计和努力工作都是最重要的事情。但是，同时他们也会在为了生存之余，试图去追求和享受生活。而这里的“生活”则意味着可以拥有沟通和交际，拥有友谊，拥有属于自己的社区，拥有知识和技能，以及拥有一切有意义的事物。

因此，“做正确的事”就是指去获得各种各样的“财富”，尤其是去获得那些我们不能用金钱购买到的，以及不能拥有法定所有权的财产。然而，在标准经济学中，财产的范围却仅涉及财产权，比如私人财产和集体财产。所以，标准经济学的财产定义被本书所提出的财产定义所覆盖。那么，现在，我们还需要继续去了解其他财产，认识它们的特性，评估它们的价值，并思考我们应该如何才能获得它们。

6.4 “共享财产”——最重要的财富

首先，让我们来看看“良好的对话”（a good conversation）。作为财富，它对我来说是非常重要的：无论何时何地，无论在家里还是在工作岗位上，无论和朋友还是和同事，我都一直在为如何才能建立有效和正确的对话而努力。这也正是鲁滨孙所期待的。鲁滨孙一人在孤岛上顽强地生存，却找不到一个人可以和他说话。人们都知道，那些独自被困在孤岛上的人，或者被孤立起来的人，在没有交谈情况下的生活都是很艰难的。比如，亚历山大·塞尔科克（Alexander Selkirk）是一名苏格兰水手，同时也是笛福笔下鲁滨孙的历史原型。塞尔科克曾漂流到一处荒无人烟的岛屿，并独自生活了四年之久。然而，当被获救后，他几乎已经不会说话，不会社交，并且习惯住在院子的洞穴中。然而，相比之下，塞尔科克只在孤岛上生活了不到 5 年，而鲁滨孙在孤岛上生活了 28 年。不过，鲁滨孙的幸运之处在于，他可以和一个名叫“星期五”的野人交流。尽管他们不会说同一种语言，但是在鲁滨孙的努力下，他教会了“星期五”说英语，于是他们能够彼此进行对话。随着时间的推移，鲁滨孙和“星期五”可以相互分享快乐和忧伤，可以一起讨论生活上遇到的种种难题等。对于鲁滨孙来说，他非常开心自己不再是孤身一人，也非常开心有个人可以陪他说话。对于“星期五”来说，也许同样如此。

陪伴意味着什么？即使“星期五”并不能帮助鲁滨孙增加消耗品——或许会帮助鲁滨孙做一些工作，不过他自己也同样需要食物和住所——但是鲁滨孙依然希望“星期五”可以一直陪伴着他，因为这样他就可以有交流。甚至鲁滨孙知道，“星期五”的存在会导致他的消耗品数量变少。但是，他依然会为了能获得与他人交流的机会，而心甘情愿地减少一些面包和肉。

这些面包和肉是鲁滨孙的私人财产，包括他自己养的羊，种植、收割和碾磨的谷物。尽管它们是属于鲁滨孙个人的，但他还是决定和“星期五”一起分享。如果“星期五”在未经鲁滨孙允许的情况下，动了他的面包和肉，也许鲁滨孙会勃然大怒并将“星期五”赶出岛屿。

但是，交谈是不同于饮食的另一回事。鲁滨孙和“星期五”彼此分享着对话的内容。这样的对话是需要他们两个人一同完成的。他们都为其付出了努力。单方面的语言模式和互动式的对话模式是不一样的。互动式的对话模式需要参与者用心倾听对方所说的话并做出反应。可以看出鲁滨孙和“星期五”都在努力地和对方进行交谈，鲁滨孙感觉这样互动式的对话可以让他心情愉悦，或许“星期五”也有同样的感受（鲁滨孙意识到当他在海边散步时，他会再次吹起口哨，因为晚饭时间快要到了，他正在期待可以和“星期五”一起共进晚餐并聊聊这一天都发生了什么。）当然，对鲁滨孙来说，他也很希望“星期五”可以和他一样享受这样的对话。鲁滨孙和“星期五”不仅需要一起“创造”对话，同样也需要一起“消费”对话。对话的乐趣是相互的，因为对话需要彼此分享。换句话说，对话其实就是共享财产（shared good）。

也许把对话称之为“财产”听上去会很奇怪。但是，从经济学的角度出发，它其实和面包这样的财产相比并没有太大的区别。对话同样需要人们投入时间和精力、人力和社会资本。如果没有付出，对话就不可能实现。与此同时，对话不是免费的。即便直接成本是零，但机会成本依然存在（被舍弃的其他活动所能实现的潜在收益）；作为共享财产，对话的价值就如同私人财产，即它和面包一样都可以给人带来满足感。但是，对话又始终不是私人财产，因为没有人声称他可以拥有对话的唯一所有权。鲁滨孙不能说这个对话是只属于他一个人的对话，他同样也不能将其他人包括“星期五”从这个对话里排除出去，不让他们享受此对话；对话是不可划分的，我们不能说“这部分的对话是我的，那部分的对话是你的”；同时，我们也不能说“我拿这部分对话换你那部分对话”，因为对话是不能交换的，它不能进行买卖，它只能共享。

对话也不是集体财产。真正的集体财产是不可分割的——当你我在同一个集体时，如果没有你的消费，我的消费也是无法完成的——同时集体财产也具有非竞争性——我不能以你不能消费为代价来换取我自己可以消费的利益。即使对话不能被分割，鲁滨孙也不能将“星期五”从对话中排除出去，但是鲁滨孙和“星期五”却很容易将其他人（比如“星期五”的部落的其他成员）排除到两人对话之外。他们之间的对话，是属于他们两个人的。另外，在某种情况下，鲁滨孙和“星期五”二者中的任何一个人都有可能会放弃该对话，并开始重新建立对话。比如，鲁滨孙在那次被获救后，他可能开始拒绝接纳“星期五”，因为鲁滨孙之后的言语充斥着敌对和排斥的情绪。所以，对话是一种特殊的财富，该财富既不属于私人财产，也不属于集体财产。对话是可以共享的，鲁滨孙和“星期五”都很喜欢拥有它。

当然，和其他对话相比较，好的对话会有不一样的品质。比如，和爱人之间的对话就要比和陌生人之间的对话更为亲密；与同事之间的对话就要比和非专业人士之间的对话更为深入和激烈。同时，参与者也可能从同样的对话中获得不同等的利益。如果鲁滨孙对野人心存好奇，那么他与“星期五”之间的对话就可以帮助他进一步了解野人。但如果鲁滨孙是被动地参与到两人的对话中，那么他有可能会觉得“星期五”的谈吐奇怪而且难以理解。因此，参与者们从对话中取得的不同收获可能取决于他们在对话中付出的不同努力。尽管如此，对话仍然是一种共享财产，因为在对话中没有任何一方可以完全占有对话或者排除另外一方。

在这里，我所定义的共享财产（shared goods）和以往标准经济学中讨论的共有财产（common goods）的概念有所不同。共有财产对于所有的人来说，都是触手可及的，它们不具备排他性，但是具有竞争性。因为“搭便车”问题（free rider problem）① 存在，所以经济学家认为此问题会导致共有财产供应不足。以大海为例来说明，大海不是某个人或某个国家的私有财产，而是人类所共有的。在海洋中的鲸鱼也是如此。但是由于利欲熏心，有些人开始不断大量捕杀鲸鱼。尽管人们已经意识到，捕杀鲸鱼的行为会导致鲸鱼将面临灭绝的威胁，并开始限制捕杀数量，但是少数的捕鲸者依然铤而走险大肆

① 搭便车问题（free rider problem）是一种发生在共有财产上的问题，该理论最先是由美国经济学家曼柯·奥尔逊于1965年发表的《集体行为的逻辑：公共利益和团体理论》一书中提出的。其基本含义是不付成本而坐享他人之利。搭便车的问题往往会导致市场失灵。

捕杀。这些捕鲸者就是我们说的搭便车（就如同人们不需要买票就可以乘坐公共交通工具一样）。搭便车问题在经济学中非常重要，因为它会导致共有财产在古典经济学分析中失效。

然而，关于搭便车问题的讨论并不适用于共享财产。比如，在对话过程中，如果一方并没有投入其中，而是假装倾听，实则心不在焉地想着其他的事情，那么该对话的效果就会大打折扣，其价值的实现也肯定低于双方都投入的对话。换句话说，当共享财产涉及两方以上时，如果一方想要不劳而获享受成果，那么他们均有失去该共享财产的可能。假设一下，鲁滨孙和“星期五”在谈话，站在一旁的你也想参与其中（搭便车）。当他们同意你加入后，你却逐渐变得越来越消极被动，常常以各种理由搪塞拒绝沟通。那么，抛开他们对你这种消极态度的不满看法，就算你也会从该谈话中受益，你所得到的好处也会远远低于他们所得到的。当然，你也有可能会获得到一些信息和一些见解，但是由于你并没有实质性地参与到对话中，所以我们也可以认为这个对话并不是你的对话。换句话说，只有你真正参与到对话当中，你才会拥有属于自己的对话。你也可以通过旁听别人正在进行的对话，从而获取对自己有益的信息，但是你却无法回家告诉你的妻子/丈夫，你刚刚拥有了一场相当精彩的谈话。

一旦你将共享财产视为一种财富，你就会发现它们无处不在。友谊就是一个明显的例子，就像“家（房子）”“家庭”“同僚关系”一样。“信任”是一种共享财产，“知识”“音乐”“艺术”也是（稍后进一步详细讨论）。“社区”也明显是共享财产，“团队”或者“团队精神”也是共享财产。还有，当人们列出对自己最重要的财富时，这些财富也往往是共享的，如图6-2所示。

每次在课堂上讲课时，我都喜欢用“知识”作为案例。因为“知识”似乎是一个涵盖各种信息、想法、模型的数据包，它看上去可以被接管、被买卖，甚至被他人占为己有。但是，事实上以上这些行为都不能将“知识”真正激活。我想要强调的是，我一直在试图用一种有趣、生动、鼓舞人心的方式去传播“知识”。也许你好奇我为什么要这么做。当然，我不是为了钱，因为钱的数量是有限的。我真正的目的是为了可以和他人一起分享我的知识。但是，如果只有我一个人一厢情愿，那么“知识”作为“共享财产”就不可能实现其价值。只有当坐在我前面的学生们也同样积极主动地参与我的整个教学过程，将我发出的“噪音”转化成对他们有意义的事物，才能最终完成知识作为共享财产从传授到启迪再到实现的全过程。与此同时，我也会努力地寻找对方所熟悉的语言和话题，尽管我说的大部分言语有可能会被遗忘，但是我依然希望我们中的一些人还是可以不断地去和他人分享我所传播的知识。

也正是因为彼此的分享，才能让“我的”知识变得更有意义和更有价值。

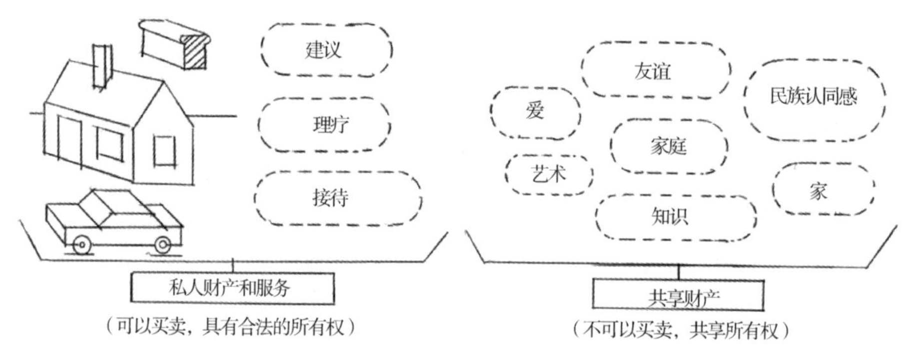

图 6-2　私人财产、服务以及共享财产

6.5　共享财产通常是一种实践

不仅我之前所提到的知识是共享财产，本书所包含的知识同样也属于共享财产，其价值的实现不仅需要被分享，同时也需要不断地被实践检验。比如，当你阅读本章内容时，也许你会表示同意地点点头说：“没错，友谊的确是一种共享财产。”但是如果仅此而已的话，这些知识很快就会被你所遗忘。因为知识是一种积极主动的财富，是一种实践，是一种体验，所以人们必须借助共享财产的概念去思考知识的定义，时刻把它运用在自己的工作中、生活中，以及不同的人际交往中去。除此之外，对于有些人而言，他们还需要对特定的知识进行更进一步的探索，挖掘其共享财产的价值以及区分其共享财产的不同类别等。

友谊也是一种实践，从某种意义上来说，友谊需要被呵护、被照料。当人们想要建立并维持一段长久的友谊时，双方都必须努力地去为对方付出，做朋友之间该做的事情。比如，彼此交流、分享心得、互相配合、相互理解以及相互支持等。打个电话聊聊天，一起出去郊游踏青也都可以起到增进友谊的作用。这些实践活动都可以使友谊变得更有价值、更有意义。

因此，共享财产的实践是由各种类型的行为活动以及行为之间的相互作用构成的，该实践主要是为了共享财产的产生、延续、维持以及其价值的实现而进行的。换句话说，共享财产本身就是实践。

试想一下钢琴家、舞蹈家、工匠们，他们每天都必须为了维持和提高自己的技艺而不断反复练习。同样，如果我们想要说，知识、友谊、家庭和艺术是我们所“拥有”的，那么我们也必须为其付诸实践行动。

6.6 公共资源（共享）

共享财产的概念（the notion of the shared good）指的是，我们在日常生活中所做的一切活动，比如开会、聊天、阅读、互相问候等。这些活动都是为了共享财产可以得以产生、发展、持续以及变得有价值。在这里，价值增殖（valorization）指的是各种价值的实现。

当我们在追求实现自身价值目标的同时，也会从正在进行的实践中不断受益。还有一些人在实践过程中会创造出某些特定的音乐题材、科学学科、艺术氛围、网络社会空间等，他们会开拓、发展一些对我们同样有益的事物。类似这样的实践被称作公共资源（commons）。你可以通过参与和做出某种贡献而从中获益。

公共资源就在那里放着，任何一个愿意付出努力的人都可以得到它。环绕着村庄的牧场就是传统意义上的公共资源。所有的村民都可以免费使用它。同样，公共休息室是公共资源，鱼群游动的海洋是公共资源，维基百科以及互联网上的一切开放性资源也是公共资源。公共资源具有可选择性，你可以选择使用它，也可以选择不使用它。还有其他相关的术语，如公共池塘资源（common pool resource）和知识共享（creative commons），后者常常被用在艺术领域（Ostrom，1990）。

我们会经常使用公共资源。比如，一幅画之所以有价值，一部分原因在于它为其他绘画作品的创作分享着艺术的公共性。艺术的公共性，即构成艺术世界的制度、对话和活动，它不但滋养着绘画作品，促进其价值的生成，同时也有助于其价值的宣传与推广。无论我是听平克·弗洛伊德（Pink Floyd）摇滚乐队的音乐，还是观看着莎士比亚的戏剧或是法国电影，我都会从同样喜欢此类音乐、戏剧和电影的人中获益。与此同时，企业家们也在不断地利用各种公共资源，比如熟练的技艺、有效的企业文化（勤劳和忠诚）、至关重要的经济体系以及知识实践等。艺术的价值几乎不能在缺乏公共资源的艺术环境下实现，同样，企业的发展也不可能在缺乏资源共享的环境下活跃起来。

公共资源是一种实践。由于这种实践活动不是为了出售而进行的，因此公共资源不是私人财产。同时，公共资源很有可能也不属于集体财产，因为它不是由政府提供的，而是需要很多人参与其中，当然，并不是指所有的人都必须参与进去。人们也可以不用付出任何代价而使用公共资源。比如，我们每个人都可以查阅维基百科或是任何一种免费的开源程序。这就是为什么英国加勒特·哈丁教授（Garrett Hardin）在他著名的文章《公地悲剧》（Tragedy of the commons）中得出“公共资源具有不可持续性”的结论（Hardin，1968）。哈丁教授认为，防止公共资源被过度使用的唯一保障措施则是将财产私有化或集体化。私有化涉及创造私有财产权等相关问题（请查看有关知识产权方面的讨论），该财产权可以将财产转化为一种可以进行买卖的商品；集体化就是指政府可以分配公共资源的使用权，并对该资源的生产进行监督和融资，从而将其转化为一种集体财产。

然而，公共资源也可以是一种社会实践，像维基百科、开源程序以及城市之间的知识共享一样。尽管大部分的人都只会享用该公共资源，只有少部分人才会愿意为该资源的维持和发展做出贡献。但是，很明显，后者在付出的同时，也会从中获得满足感。

由于公共资源具有开放性，所以它和我们所提的共享财产不同。对于那些不愿意参与和做出贡献的人来说，他们会被共享财产排除在外。相比之下，公共资源不仅可以被参与维护和做出贡献的人共享，同时也不会排斥其他不作为的人使用它。

公共资源具有社会性。它覆盖了希腊术语 Koinonia 的含义。Koinonia 包括五种特征：“①参与必须是在自由且非强迫的情况下进行的；②参与者必须有共同的目标，不论该目标是大还是小，是长期的还是短期的；③参与者必须持有共同的资源，比如珍贵的藏品或统一的行为模式；④参与时会涉及 philia（一种互动的情感，类似友谊）；⑤参与者之间的社会关系必须以 dikaon（公平）为特征”（Lohman，1992）。

以上所有的这些特征看上去似乎很适用于与艺术有关的公共资源。比如：①艺术家们可以自由地参加与艺术有关的各项活动；②他们都有着共同的艺术发展目标；③他们经常会建立某种艺术协会或通过某种媒介以及平台进行资源共享，又或者将个人的艺术创作扎根于传统，其艺术形式具有审美共享性和文化传承性；④艺术家们会以不同的方式进行交流和互动；⑤在艺术领域，人们会设立公平公正的艺术标准机制；等等。另外，我认为，这些特性同样也适用于科学家们：对于那些从事开源软件设计的工作者来说，他们其实也可以通过这五种特征来重新认识自己。

6.7 想要获得共享财产的所有权，就需要付出

如何才能获得共享财产？在之前我所提到的有关知识的案例以及针对公共资源的讨论中，你也许已经得到了一些线索。为了让大家更容易地理解该问题，在这里，我继续以共享财产“友谊”为例展开进一步的阐述。

拥有一段美好的友谊就好比拥有一次愉快的谈话一样，它需要参与者为其付出（比如精力、金钱等），同时也必须确保各种价值都可以得到实现。但是，到底如何才能获得“友谊”？友谊不仅是非卖品（“嗨，我太忙了，没时间交朋友”“那你要不要接管我的朋友？”这样的对话听上去是不是很可笑），同时也不是由政府所建立的某种公共项目。

我曾经有一个来自印度的博士生，他来荷兰之前一直和他的家人生活在一起。初次见面时，作为他的博士导师，我建议他应该多交些朋友，因为荷兰对他来说很陌生，一个人生活总会感到孤独。随后，他问我：“先生，您是如何交朋友的？可以教一下我吗？”我对他所提出的这个疑问有些惊讶，不过我还是试图让我的其他博士生也一同参与到这个话题里面来，让这位新来的博士生听听大家都是如何交到朋友的，也许他会从中得到他想要的答案。最后，我们一致同意，直接去要求别人做自己的朋友是行不通的。当然，付钱去购买友谊同样也行不通。

真正的友谊需要彼此分担痛苦、分享快乐，需要互帮互助，需要一起经营。对于这一点，我们大家都很清楚。古希腊人常说“朋友之间有着许多共同之处”。但是，这并不意味着人们可以被动地维持一段友谊。恰恰相反，朋友之间应该彼此为对方付出，应该彼此理解与宽容，并彼此欣赏和珍爱对

方。总而言之，友谊是需要人们花心思去维系和培养的，这正是我们所说的实践。亚里士多德也曾经指出，某种程度上的互惠（reciprocity）是必要的。当一个人为另一个人提供帮助后，后者也会向前者伸出援手。换句话说，朋友之间需要相互帮忙，相互鼓励，耐心倾听彼此的诉说，共同进步，遇到困难一起解决，一起做饭，一起逛街，一起慵懒地靠在沙发上聊天畅谈等。因此，我将这些所有为获得友谊而付出的行为和姿态称作是针对友谊的某种贡献：为了获得共享财产而付出的贡献，其实就是为了维持、享受和增加该共享财产的价值。贡献是构成共享财产中最重要的一项实践活动。如果你想声称某种共享财产是你的话，那你就必须有为它做出贡献的意识。

在此，“贡献”将在我所构建的有关共享财产的框架中发挥至关重要的作用。在商品交换的过程中，人们会为换取私有财产而支付一大笔钱。经济学家所强调的支付意愿（willingness to pay），指的就是人们愿意支付一定金额的钱。然而，乐于奉献（willingness to contribute）则是指愿意为共享财产做出贡献。在第二种情况下，人们不会像在第一种情况下一样立即收获等值的东西。一个人会为一段友谊付出努力，比如去探望一个生病的朋友，此刻，被探望的那个朋友除了会心存感激之外，无法马上给予对方回报。但是，后者会明白，为了继续维持这段友谊，他也必须在以后的某个时刻同样做出类似的贡献。

也就是说，乐于奉献与支付意愿是不同的。对于支付意愿而言，人们所期望的是可以得到同等价值的交换；对于乐于奉献而言，人们所期望的则是共享财产可以通过自己做出贡献而增加其价值。

基于不同的消费与生产的概念，私人财产和共享财产之间存有巨大的差异性。对于私人财产来说，消费就意味着其价值的消耗：无论当你吃冰激凌的时候，还是当你用电脑的时候，你所消费的物品（冰激凌或者电脑）的价格都在不断下跌。然而，当你在“消费”一段友谊时，它的价值却有可能会提升。因为在你消费着你的友谊的同时，其实也在维系并加深着这段友谊。比如，鲁滨孙和“星期五”交流的时间越多，他们就越享受着其中所带来的乐趣。频繁而又轻松的交流会让你找到“同伴”；再多一些交流，你就会和对方建立起某种联系；再多一些交流，你就会拥有一段友谊；再多一些交流，你就会感受到爱。如若不然，你将什么都不会得到。

由于共享财产的价值取决于所有参与者的投入情况，因此我们也可以将它称之为共同创造（co-creation）或共同生产（co-production）的财富。换句话说，共享财产的产生和维持需要参与者以某种形式的合作来完成。

正如我之前提到的，标准经济学家将参与者合作实践所带来的影响都归纳在外部效应范畴之内。也就是说，他们认为这些实践活动与市场交换以及市场定价无关。对此，我却有着不同的看法，我认为市场交换才应该是一种附带现象（an epiphenomenon）：社会实践的结果构成了共享财富或公共资源，而市场交换只是该社会实践的外在表现。遗憾的是，标准经济学家完全忽略了这一点，因此他们无法正确理解我们每天都在努力实现的财富到底有多重要。

6.8 评估共享财产

由于共享财产不能被买卖也不能被标价，所以它们的价值也无法被量化。但是，尽管如此，人们依然会对共享财产的价值及其质量做出权衡。人们会认为友谊比其他事物更重要。与此同时，人们也往往会对自己认为最珍贵的共享财产付出更多。当然，至少在做正确的事情时，他们会这样去做。

衡量共享财产的价值并随之采取行动属于实践智慧。如果你想要完成对价值的认知，就需要掌握各个方面的相关知识。对于人们来说，其中一个挑战就是评估有关共享财产所实现的价值。比如，一次良好的沟通，可以让你体会陪伴的温暖，感受友谊的关怀，这些对社会价值的实现都是有好处的。良好的沟通还可以让你获得新的见解与想法，认知价值也从而得到实现。总而言之，建立正确的对话模式，不仅需要参与者全面掌握相关知识，同时也需要参与者可以恰当地理解产生该对话的背景信息。

共享财产的价值绝不是固定不变的。就沟通而言，随着时间的不同、情况的不同、参与者付出的不同等，沟通的价值也会随之发生改变，即使是存有一些细微的差异，也会导致价值的不同。就好比，我们今天所拥有的对话就会和昨天所拥有的对话不同，因为每天都在发生着大大小小的事情，这些都会使对话的价值发生改变。

但是，我意识到，并不是所有的人都能够正确地评估价值。比如，当人们没有意识到友谊或者家庭的价值时，他们就很有可能错过做正确事情的机会。辛苦劳作的商人也许今后会后悔，他没日没夜地工作会以牺牲家庭生活为代价。尽管他会告诉每一个人他所做的一切其实都是为了养家糊口，但是他却可能会因为繁忙的工作而承担失去家人的风险。同样地，人们也有可能会因为忽视对友谊的培养、忽视对学术的钻研以及忽视对精神文化的建设等而后悔。

这就是为什么以价值为基础的研究方法的一个重要组成部分是意识：为了做正确的事情，我们需要认识我们的价值，需要认识那些可以让我们实现这些价值的财富。

相关定义

财富（goods）是指对人们有价值的有形和无形的财产。为了拥有和享受这些财富，人们需要愿意为其付出某种努力或者做出某种牺牲。财富也有失去的可能性。财富有利于各种价值的实现。

共享财产（shared goods）是指由少数人或者一群人共享的财富，其中并没有相关的法律针对其所有权进行明确规定。因此，任何个人或法人都不能声称自己持有共享财产的所有权。参与者们可以享受该共享财产所带来的好处。参与者之间不会相互排斥，但是他们通常会排斥局外人。局内人和局外人之间都存有竞争。共享财产是通过利益相关者的贡献来实现的。

私人财产（private goods）是指私人所拥有的物品。所有权赋予所有者拥有可以排斥他人享受其财富的权力。当该财富以商品的形式出现在市场时，也同时意味着其所有权可以转让给他人所有。当几个人同时合法要求享有所有权时，私人财产的所有权可以共享。关于私人财产的所有权很好界定，因为它受法律保护，法律上会明确规定所有权的归属问题。

商品（commodities）是指在交换条件下的私人财产。在这种情况下，商品是用来买卖的，因此商品需要通过货币表现价值。

集体财产（collective or public goods）是指所有权归集体组织、国家或者某政体的财产。在消费方面来看，集体财产具有非竞争性和非排他性。就国家、人类以及世世代代而言，集体成员都享有获得利益的权力。全球性的集体财产可以使全人类获益。

共有财产（common goods）是指所有权没有做出明确规定的财产。它们是由一些不能确定具体身份的人群、国家或组织机构所共同持有的财产。任何人都可以从中获益，但是潜在的受益者之间存有竞争，比如当一个人捕到一条鲸鱼时，另一个人就不能捕到同一条鲸鱼。

俱乐部财产（club goods）是指某些团体成员可以共享的财产。我们将这一种类的划分归功于詹姆斯·布坎南（Buchanan, 1965）。俱乐部财产的特点是具有排他性（非该团体的成员被排除在外）和竞争性（也许会有一个候补名单）。

公共资源（共享）是指一种资源，就像是一场正在进行的对话。人们可以参与其中并从中获益，但是如何参与并在多大程度上参与均取决于参与者（或成员）的个人情况。

6.9 有关财产的分类

财产以各种各样的形式存在。有时候我们需要用金钱购买它，有时候我们需要做出某种贡献来获得它，有时候我们不需要付出任何努力就可以享用它（比如干净的空气）。因此，我们似乎很有必要对这些种类繁多的财产进行分类，以便加以区分。

首先，我们根据所有权的不同来区分财产。比如，有些财产可以归为个人所有，有些财产可以归为集体所有，有些财产我们会和其他人共同所有。还有一些财产可以给我们带来简单的享受乐趣，比如服务或漂亮的建筑。这部分的财产分类和以上的相关定义密不可分。因此，为了更好地探究我们所拥有的财产的归属问题，我们必须先了解以下的分类情况：

（1）私人财产。私人财产包括一切可以被买卖并可以拥有所有权的所有商品。此时，我会想到衣服、电脑、汽车、房子、购买生活用电、花钱剪头发、参观博物馆、出差住的宾馆房间以及我最近收到的关于房子按揭的（付费）咨询等。在标准经济学中，私人财产包括有形的物品以及无形的服务。

（2）集体财产或公共财产。集体财产包括一切集体组织所拥有的财产，如果我是该集体组织的成员，我就可以从中受益。此时，我想到了荷兰干净的空气、荷兰良好的治安、荷兰社会的和平与安全、荷兰的民主制度、荷兰的教育体系、荷兰的文化遗产、荷兰的基础设施以及荷兰高额的交通补贴机制等。

（3）公共资源（共享）。公共资源指的是一切人们可以接近并可以付出努力的所有实践。此时，我想到的是我所接近并为之付出努力的各种实践生活，比如科学实践、漫步在阿姆斯特丹街头的经历以及各种各样当地的生活体验（比如每周六逛农贸集市）。

（4）俱乐部财产。俱乐部财产指的是某个团体中共享的物品或实践。此时，我想到了我的足球俱乐部、我所担任主席的哲学学会文化经济学学会以及我妻子所参加的唱诗班。

（5）共享财产。共享财产指的是人们可以和他人一起分享的物品和实践。对我来说，共享财产就是我的家庭、我的友谊、我的同事、我在市政厅工作时的团队、我所拥有的知识、我欣赏的艺术、我钟爱的音乐、我喜欢的电影、我所参与的有关基督教的实践活动、我踢过的足球球赛以及我所有的回忆。

另外一种分类法则是针对财产所能实现的价值进行区分。这时，我们需要考虑的问题是："它对我们有什么样的好处？"在前面内容里，我们从四个维度出发对价值进行分类（个人价值、社会价值、公共价值以及超越或文化价值），在这一章里，我们同样从四个维度出发对财产进行分类（个人财产、社会财产、公共财产以及超越或文化财产）。

问题的关键在于，财产具有各种各样的价值。比如，一个茄子对我个人而言具有营养价值，同时它是家庭聚餐的食材，因此它也具有社会价值。而我的哲学实践似乎包括了价值的四个方面，因为它可以满足我个人的好奇心，可以有益于社区的发展，可以对社会产生积极的影响（觉醒），并且它还具备显著的超越性意义。根据图 6-3，你可以了解每一个范畴（个人的、社会的、公共的以及超越或文化的）大概包括哪些财产。

分类的标准在于，你是否可以"拥有"该财物——合法持有所有权，或者（可以）参与到相关的实践，又或者可以从中获益或享受相关的服务。我们可以从这个图中获知，只要我们突破有形物品和无形服务的局限，就能够更加清晰、全面地辨别各种丰富而繁杂的财产。

超越/文化的	公共的
图腾、旗帜、宗教礼仪、特定的音乐演出、特定的艺术实践、崇高体验、徒步穿越自然区域、瑜伽冥想、舞会派对、可以展现美丽的事物、寻找真理的实践活动、特定的理论、体验宗教仪式的圣地	可以感受的和平/安全/团结/自由/正义/平等/和谐/民主的实践活动，以及教育实践和组织机构，公路、下水道污水处理系统、购物区、城市、风景地貌、景观、共同的历史、民族文化遗址、可持续性过程、文明、国家或民族文化、公民身份
个人的	**社会的**
面包、房屋、衣服、电脑、蔬菜、假期、作为父母/朋友/艺术家/同事/科学家的经历、感受自主、拥有技能、掌握技艺、获得建议、剪头发、理疗、课堂学习	友谊、各种人际关系、社区、邻居、俱乐部、学院氛围、工作氛围、创意氛围、舒适体验、部落、集团、感受信任/忠诚/认知/知名度/声誉地位、享有会员资格

图 6-3　四个领域的（共享）财产

6.10　艺术是非卖品

为了更进一步展开讨论，我将以上这些概念运用在了过去二十年来我所专注的一个“世界”中，即艺术世界。如何在这个世界里识别共享财产？在这个问题中，我们面临着来自标准经济学的挑战。

激怒标准经济学家的一个方法就是，告诉他们艺术品其实应该属于非卖品。有一次，我和从事拍卖行业的人士一同参加研讨会，我发现当我发表了许多类似的观点后，那些从事拍卖行业的人士的反应让我觉得很可笑。毕竟，在艺术市场里，艺术品就是在不断地被买卖，不是吗？不过，我告诉他们，人们可以购买绘画，但是这并不意味着他们就可以真正地拥有这幅作品。“你简直是一派胡言！”拍卖商和经济学家们对我的观点表示不满。他们认为，买了这幅作品，就意味着可以拥有这幅作品的所有权。当真如此吗？我认为，由于他们习惯于遵循以标准经济学为主的研究方法，因此他们总是从私人财产以及产权的角度思考问题。但是，如果他们可以尝试去理解共享财产以及公共资源共享的行为模式，也许他们就能够明白我的观点。

在我的课堂上，我也会同样问我的学生类似的问题：当你购买一张艺术博物馆的门票时，你所买到的究竟是什么？根据我的经验，大部分的学者都会提到“体验”。他们认为博物馆出售的是一种“体验品”，也就是他们花钱所购买到的艺术体验。然而，实际上就如同无法购买课堂上我所传授的知识一样，他们是无法为“体验”买单的。那么，他们花钱买的到底是什么呢？

我给出的答案是：“允许进入的许可权。”门票可以让他们进入艺术博物馆内，并在该博物馆的开放时间内做各种事情。比如，他们可以使用卫生间，或者可以花一整天的时间在博物馆内的咖啡角消磨时间，又或者站在一幅画面前足足欣赏两三个小时。总而言之，到底在博物馆里做些什么完全取决于他们自己。而“允许进入的许可权”才是他们真正所支付购买的。

如果他们只是漫无目的地在博物馆转来转去，心不在焉的他们是不能感受艺术魅力所在的。因为想要享受艺术带来的乐趣，就必须为之付出努力，比如用心观看并在一定程度上不断反思和探索。在这个过程中，自己现有的知识也许会对你欣赏艺术品有帮助，当然，拥有一定的鉴赏能力和洞察能力也同样的重要。

6.10.1 艺术是一种共享财产

参观者也许稍后才会意识到，艺术其实应该属于一种共享财产。当人们将艺术运用在自己的工作中时，他们就有可能意识到自己其实是和许多人一起共享着该艺术的所有权。这些共享者有可能是策展人、艺术史学家、艺术评论家、艺术爱好者，也有可能和这些参观者一样，是这个艺术博物馆的普通游客。总而言之，艺术是一种共有的实践，是一种互动式的对话模式。

当博物馆在展示某些特定的艺术作品时，需要根据不同的观众群体层次以及不同的欣赏习惯，来进行布展设计，因为这些作品在艺术的对话模式中一般都扮演着重要的角色。只有当参观者愿意并能够参与到该对话中时，他们才有可能感受艺术的魅力，因为只有这样他们才能够有机会理解艺术的真正含义。换句话说，艺术需要人们参与，如果人们仅投入金钱，那是远远不够的。艺术是互动模式下的产物。

艺术不是产品，不是生产出来的，不是用来消费的，艺术是一种对话，是一种共有的实践，是一种互动模式下的产物。

由于艺术属于非卖品，因此我对那些把全部的精力和心血都花费在卖门票这件事上的博物馆馆长以及剧院导演表示不满。因为他们所展示和表演的艺术只有在参观者以及观众们愿意并有能力参与其中时，其价值才会得以实现，所以他们最应该做的事情就是努力想办法让人们更好地加入有关艺术的互动对话模式中去。他们应该反问自己，如何才能挑起参观者以及观众们的好奇心和求知欲，如何才能促使这些参与者产生情感上的共鸣，如何才能让参与者愿意和他人一同分享参与的经历，如何让艺术成为参与者生活中的一部分并成为他们所珍视的共享财富。接下来，作为博物馆馆长与戏剧导演，他们应该制定出一整套的实践战略规划，从而吸引人们不仅愿意从经济上做出贡献，同时也愿意付出时间、情感以及精力。因为只有通过这种方式，他们才能真正地实现艺术品或者话剧的价值，而不是仅仅靠出售门票。

6.10.2 艺术的内在价值和外在价值

到底什么才是艺术的内在价值和外在价值呢？这些内容我在前面章节里已经有所提及，且指出将会在该章里进一步详细说明，并提出与此相关的一些概念。而我这里想要强调的概念就是：艺术作为一种共享的实践，是一种互动的对话，是一种创作与再创作的过程。艺术的有些价值需要依附于实践活动，从某些意义上来讲，这些价值只有在实践的过程中才能得以实现。因此，为了可以欣赏这些价值和意义，我们就必须参与到艺术的互动对话模式中（在下一章里，我会做出更进一步的阐述）。

所谓的对话模式，指的就是相关的各种实践活动。这些实践活动有助于陶冶人们的情操，加强社区的建设，增强民族认同感和自豪感，提高企业员工的道德和修养，或许在产生爱的同时也可以获得一种精神上的体验。然而，在以上这些情况下，艺术所实现的其他财富或价值，则是属于在实践活动中所得到的额外收获。这就是为什么我们称艺术也具有外在价值。

关于支持“艺术品不是非卖品”观点的论证，我大致归纳并总结出以下几点：

- 与艺术相关的知识具有共享性，而且该知识必须依靠共享才能实现其价值。
- 只有在互动的“对话”中，知识才会被激活。
- 从某种意义上来讲，与艺术相关的互动对话具有排他性，但是没有明显对参与人群做出界定。
- 对话的所有权归参与对话的参与者所有。

- 这里的所有权并不是指法律意义上的经济归属权，而是指社会权力，比如会员资格、社会地位、社会认可，以及赢得其他成员的尊重。
- 对于参与者来说，对话是一件好事，他们可以从中获益。
- 当参与者以某种方式参与对话时，他们会为这个对话付出努力并做出贡献。
- 参与者共同构建互动对话模式。
- “消费”对话，即从对话中获益时，从某些意义上来讲，同样会对该对话做出建设性的贡献。
- 内在价值是指艺术在实践中所体现出的价值，而外在价值是指艺术为其他实践所赋予的价值。

从标准经济学的角度思考问题，一个艺术家为了投身艺术而放弃收入的举动，往往会被认为是一种无私却不理性的行为。但是，如果将艺术视为一种共有的对话，那么我们就可以理解艺术家其实是为了通过某种牺牲而获得一种对话的所有权。如果将特定的会员资格以及艺术家的身份作为经济上付出的回报，那么对他们来说这些回报就显得尤为重要。但是我们必须清楚一点，只有当其他人也参与该艺术作品的对话并愿意为其做出贡献时，这些艺术家所做的事情才会有意义。换句话说，艺术不仅仅属于艺术家，也不仅仅属于花钱购买艺术品的买家；艺术之所以可以成为艺术，是因为它可以被参与，可以被共享。

6.11 财富的产生和消亡

以艺术为例进一步诠释财富其实还具备另一个特征——生命，即拥有产生和消亡的周期（Appadurai，1988）。艺术品是在人们的共同合作下产生的，它们不仅可以被共享，允许其他人都可以参与其中，也可以通过交易的方式，被转手他人。

当标准经济学家试图用生产、分配和消费这三个阶段去解释艺术品生命的全过程时，而以价值为基础的研究方式却提醒我们：构成艺术品生命的各个阶段以及相关实践活动所涉及的复杂性不可忽视。消费艺术品或者消费茄子到底意味着什么？人们需要清楚应该如何处理这不同的消费阶段。毫无疑问，我们几乎不可能直接咀嚼刚刚买到的新鲜茄子，而是根据菜谱对茄子进行烹饪才会盛入盘中食用。但是，接下来的问题是，这道菜该和谁一起分享？在分享的过程中，又应该以什么样的方式和对方进行交谈呢？同样，购买艺术品和消费艺术品并不对等，这一点和标准经济学所提出的观点恰恰相反。

对于一件物品来说，它的价值会受在其生命周期中所发生的各种事情影响。比如，艺术品有时会因为被高价卖出，其艺术价值会被更加看重和珍惜。在这种情况下，我们可以认为，由于高价的因素，艺术价值会产生挤入效应(crowding in)；然而，也会出现一种可能，如果艺术品被标高价，内部专业人士也许会认为该作品过于商业化，从而对它失去兴趣，这时艺术价值就会产生挤出效应(crowding out)（Fery & Oberholzer-Gee，1997）。

6.12 财富与商品（具有争议性的商品）

并不是所有的“财富”都适合买卖（Walzer，1983）。比如，身体的器官（如肾脏和子宫）、儿童以及选票。将这些财富放在市场上进行交易，是一种不道德的行为。因此，我们需要认识市场具有局限性，并不是所有的财富都可以被商业化。

在本章中，我想要强调的是，对我们最重要的财富都是不能被商业化的，因为人们只能通过参与和贡献的方式来获得这些财富，与此同时，与他人共享也是至关重要的。根据这个观点，在我们这个以金钱至上的世界里，人们把所有财富都变得商业化的夸张现象，便显得问题重重。

此外，由于实际上身体器官、孩子以及选票都可以被定价，并可以用金钱进行交易，因此它们都属于潜在的商品。然而，禁止它们被交易的观点是源于对突显财物工具价值的做法的谴责。这种谴责是基于文化的视角而言的。在某个年代，甚至目前在世界的某些国家或地区，给孩子定价是一种可以被接受的做法，购买选票、出售肾脏，或者以一定价格出租子宫，也亦是如此。

6.13 社会协作行为和个人自私行为

从标准经济学的角度出发，你会慢慢开始相信我们其实都是自私的人，总是为了满足个人的利益而行动。即使作为一个热情的人，在标准经济学家的眼中，他也会同样怀有私心。因为标准经济学家认为这些热情的人和那些利己主义者一样，通过和他人接触，利用对方的有用之处，从而试图将自己的个人效用最大化。然而，标准经济学却无法解释有关合作以及富有同情心的行为，对于标准经济学家来说，这些行为都属于反常现象。

但是，如果我们用共享财产的概念来解释合作以及富有同情心的行为的话，这些行为就会变得格外正常且简单易懂。在追求美好生活的过程中，人们都需要对一系列的共享财产做出选择和贡献。也就是说，如果人们想要维持“信任”“协作精神”以及其他共享财富，不仅需要努力为家庭和朋友付出，还需要利用社会性的行为与他人建立良好的关系。此外，人们也会在这个或者那个公共领域参与活动并实践。比如，科学家们会不遗余力地参与并为自己学科的公共领域做出贡献，音乐家、演员和视觉艺术家也同样如此。当然，有些人也会为了宗教信仰而自愿付出代价，不论是剃度出家，还是投入大量时间，或者慷慨捐出大量财物，这所有的活动都与社会合作行为有关。因此这些活动都具有社会性，它们的目的都是为了实现社会或公共财物的价值。

尽管对于标准经济学家来说，利他主义的行为会让他们感到困惑，但是以价值为基础的研究方法却可以帮助我们理解这些利他主义的行为，付出这些行动的人其实是为了通过对某些共享财富做出贡献，从而获取或者实现自己认为最重要的价值。那些愿意牺牲自己生命的士兵为了“民主”“自由”“人民群众”“国家”而保卫边疆、捍卫领土主权和维护世界和平而奋斗；那些为了帮助穷人而放弃自己事业的人为了可以实现“团结”或者“正义”等社会公共财富而努力。

标准经济学家总是选择对社会行为不理不睬的态度，因为他们只热衷于关注私人财产和集体财产。也正是因为这个原因，标准经济学往往给人传达的信息就是，人们都是自私的，在任何时间、任何地点都存在着搭便车的行为。毫无疑问，牧民可能会在公共牧场上过度放牧，工厂会由于疏于治理而造成空气污染。然而，技术娴熟的工程师会为设计开发免费的开源软件做出贡献；专业的志愿者们会不遗余力地撰写、修改、编辑维基百科的每一个词条；有些人会为了当地的发展而参选政党；有些人会加入体育俱乐部的董事会；有些人会志愿担任修改家庭作业的指导老师；有人会热心地组织邻里聚餐；也有人会兴致勃勃地加入教堂唱诗班等。此外，英国人和日本人还会在公共交通站自觉排队，甚至日本人从来都不会随地丢弃烟蒂。这些行为都是正常的社会行为，都是为了共享公共财富和共享财富而产生的社会行为，甚至这些行为占据了我们日常生活中的很大一部分。

一方面，如何激发社会行为是有关如何树立主人翁意识的问题，让人们能够认为公共财物或者共享财物是属于“我的”或者“我们的”。人们会因为拥有的所有权意识越强烈，而越愿意为其付出努力和牺牲。

另一方面，非社会行为是对社会责任逃避的一种表现。人们可能会以否认共享所有权的存在，来证明没有必要为其做出贡献。又或者他们可能会认为自己可以侥幸逃避社会责任。人们如何对待社会行为取决于他们所在的社会环境。纠正非社会行为的举动同样也具有社会性，它会以一种反社会排斥的形式出现。比如，在美国文化中，人们会常常被问起他们都为公共事业付出了什么，当他们在回答了很多次“什么都没有”之后，也许就会开始认真考虑为慈善事业捐款，或者决定加入某个社会或文化组织的董事会。在大多数的文化背景下，人们也会通过授予荣誉或者提高声誉来奖励正确的社会行为。比如，在荷兰，荷兰国王会对在公共事业上做出杰出贡献的人颁发奖章。

更重要的是，那些拥有社会财富以及公共资源的人也可以从中获得极大的满足感，同时也可以让他们的生活更加美好且有意义。正如我们之前所说的，人们提到的共享财产都是他们认为最珍贵的财富。实现这些财富可以让人心情愉悦，但是实现这些财富的唯一途径就是参与并为其做出贡献——也就是我们所说的人们所采取的社会行为。

在这里，实践智慧也同样发挥着作用。我们需要权衡价值与价值之间的关系，需要考虑投入与回报之间的比例。也许我们只需要付出一点点又或许我们需要付出很多很多才能实现我们想要的财富。我们究竟需要付出多少才能获得来自对方的尊重与爱慕呢？这是一个有关权衡利弊的问题。当科学家把大部分的精力花费在家庭上时，他对科学上的贡献自然会减少，随之他也就有可能失去作为学者的满足感以及失去在业内享有较高声誉的机会。总而言之，人们需要不断地权衡自己所做出的选择，甚至可能要进行一些显性或者隐性的计算，但是不论以何种方式，人们都需要与他人合作并为自己看重的价值做出贡献。也就是说，人们必须考虑同样共享公共资源的其他人，只有这样才能知道自己所做的是否对该资源有益。

6.14 重申私人财产和集体财产的重要性

以上所有的内容并不意味着否定私人财产、集体财产以及市场交换的重要性。买卖艺术品、为画作定价、产权归属、出售门票、鉴定真伪等，都是更好地实现艺术品价值的工具或手段。经济学家和法律界人士利用工具主义的研究方法关注艺术世界不是一件坏事。但是工具主义的研究方法始终只局限工具理性。对于实现艺术价值来说，最重要的其实是关乎如何构成艺术的对话模式，或者说如何构建艺术的公共资源。艺术作为一种共享财产，获得并实现该价值的方式不是通过购买艺术品，而是需要人们对其做出贡献。

7 财富与理想

“我发现充裕的闲暇时光可以让我们重新找回宗教和传统美德中最基本的原则——贪婪是丑恶的；剥削是可耻的；爱财是罪恶的，以及对于那些拥有美好品德和健全心智的人来说，未来是无忧的。此时的我们将再一次看重目的而不是手段，再一次看重事物的有益性而不是有用性。我们需要向那些教导我们如何充实生活的人致敬，需要向那些教会我们如何享受生活的人致敬，需要向那些让我们懂得生活不仅离不开辛勤劳作，同时也离不开浪漫与梦想的人致敬。”

——约翰·梅纳德·凯恩斯（1963）

凯恩斯是一位伟大的经济学家。此外，他还是一位优秀的作家。他的著作无疑给予我完成这本书充足的创作灵感。他让我把经济学看作是一门有关道德的科学，一门研究价值实现的科学。从上面的一段引文中我们可以看出，那时的他就已经开始呼吁“宗教和传统美德中最基本的原则”，并渴望有一天我们能够“更看重结果而不是手段”。然而，直到 60 多年后的今天，我们才开始集中讨论这个问题。

在前几章中，我们已经朝着正确的方向一步步迈出了重要的“步伐”。第一步是认识文化，或者说是认识与我们的生活、组织以及社会有关的内容。收入、生产、财富、利润、商品都是我们的工具。文化关乎价值观。所以，我们得到的结论是：我们的行为以及我们参与组织机构以及社会团体的行为都是为了实现我们所看重的价值。

为了使价值成为现实，我们不断地购买、接受或付出、贡献各种各样的商品以及财物。因此，我们也逐渐接触到“对话模式”“人际关系”“公共空间”“各种知识”“各类艺术”等种类繁多的财富。然而，目前所必须面对的问题是“这些财富对我们来说都有什么样的好处？”以及“获得它们的最终目的又是什么？”

这些问题和亚里士多德的观点一致，即我们所从事的活动都是为了某个特定的对我们有益的目标而展开的。但是，在当前的工具主义思维下，人们对以上问题下意识的反应却是，亚里士多德所指的善具有主观性，是无法被定义的。那么，我们又怎么可能知道哪些是善的，哪些是不善的呢？你追求属于你自己的东西，我追求属于我自己的东西，这有什么好继续讨论的？

在工具主义模式下，如果将这一结论放在经济增长、追求利润等手段上是完全合理的。然而，我又不确定后现代主义的结论除了可以帮助我们认识到一切都具有复杂性以外，还会将我们带到何处。因此，为了可以更具体、更清楚地表达人们的理想，我建议接受这个挑战，去探索人们为之奋斗的财富到底是什么。也许你会说，这是一件无法完成的事情，那让我们一起来试试吧，可以吗？

7.1 亚里士多德带领我们超越马斯洛金字塔

这个探索的出发点来自于一个假设：有些价值比其他价值更重要，有些财富或者实践比其他财富或者实践更重要。价值以及财富都具有优先次序性。

种什么因，得什么果。金钱可以让我们获得各种各样物质上的财富，比如汽车或者游艇。汽车又可以帮助我们做各种各样的事情，当然，游艇也不例外。此外，一辆拥有高端配置的汽车或一艘豪华的游艇也可以让所有者增强其个人的自尊程度。但是，现在的问题是，获得自尊心到底是属于最终目标，还是只是为了实现更重要的价值的途径？

大多数的财物和价值都是具有工具性的，因为实现它们的目的都是为了服务于其他财物和价值。比如，我们想要达到某一种目的，就必须成为一个诚实、勇敢且充满爱心的人。我们购买食物、房子或者戏剧门票，都不是为了拥有这些东西，而是为了实现其他的目的。我们拥有一所房子是为了能够创造出一个家。房子是帮助我们实现目标（拥有一个温馨的家）的工具。但反过来，家也有可能会产生其他获益的价值，比如爱和关心。另外，食物能满足家人的晚餐需要；戏剧门票能使人获得一种特殊的体验。总而言之，亚里士多德认为，无论我们做什么，我们都需要寻找、思考、探索我们自己的终极目标究竟是什么。

当我在研讨会或者讲座上讨论这些问题时，人们总是不可避免地将我所说的和马斯洛金字塔理论联系在一起。他们想到的是等级制度。但马斯洛唤起的是需求层次，而不是价值层次（Maslow，1954）。金字塔需求理论从食物和住所等基本需求出发，通过安全需求、社会需求、尊重需求，逐步递升完成自我实现需求。马斯洛金字塔理论指出，自我实现属于终极目标。这个理论框架在一定程度上，无论是对人类的思想领域还是对实践领域，都有着深远的影响——这也是我的梦想。甚至，在我的课堂上，我发现我的学生也会受到马斯洛金字塔理论的影响。他们总是提到马斯洛金字塔理论，但是他们是否会把该理论应用在日常生活中好像又是另一回事。因为，我发现他们时常会因为我提出的几个问题而感到不解。

我的问题是："自我实现是什么意思？"以及"我们什么时候才可以完成自我实现？"然而，这些问题通常得不到答案，于是，讨论不得不到此结束。自我实现究竟是什么？如果自我实现意味着实现某些价值或者财富，那么为了确保自我实现可以顺利进行，我们就必须弄清楚那些价值或者财富到底是什么。

当人们被问起他们口中所说的人生目标是什么时，"真实""个人成长""有用"或者"幸福"往往便会被罗列出来。尽管这些词听上去似乎会让人印象深刻，但是却毫无意义。他们也无法确切地解释到底这些词代表着什么价值或者财富。如果按照这样的逻辑，阿道夫·希特勒也许会被评价为一个真实而又快乐的人。因为他不仅完成了自我实现，同时还经历了个人成长，但是我并不认为人们在提到以上这些词时，会联想到希特勒的生活。

亚里士多德针对人类的行为提出了所谓的目的论观点，即我们人类做事情是有目标（telos）或者有目的的。不论我们是在聊天、散步、偷懒，还是玩游戏，在这些行为的背后总隐藏着某些目的性。我们或许是在寻找着同伴，或许是想放松一下，以便有足够的勇气去完成一项重要的任务，又或许我们从事的是一件对我们自身很重要的实践。有关目标的问题是一个重复性的问题："它（比如实践、行动、财富）对我们到底有什么好处？"这时，这个问题的答案将表达出行动和生命的终极意义。

以标准经济学为理论指导的工具主义者指出，效用与福利是我们工作的主要目的。很明显，作为消费者，我们一直都在追求效用的最大化，或者说，这时"效用"和"幸福"可以被认为是同义词。但是，"效用"却是一个没有内容的抽象概念。如果我们每次都用"它增加了我的总效用"来回答之前有关目标的问题，那么这个答案就会显得毫无意义。即使我们把"幸福"的概念也附加上，貌似也无济于事。我看莎士比亚的戏剧是因为它可以增加我的效用，让我变得更加快乐吗？其实我自己也不知道。也许莎士比亚戏剧所传递的悲伤的情感会让我难受和感伤。

因此，我宁愿认为我去看莎士比亚的戏剧是因为我所持有的价值观。为了让这些价值成为现实，我需要借用财物或者实践，就像我们在前一章中提的那样。对我来说，有些财物或者实践要比其他的财物或者实践更重要。所以，我会选择去剧院看莎士比亚的戏剧，而不是待在家里躺在沙发上看电视或者关上书房的门埋头写书。通过去剧院看戏剧，我会试图去实现我所看重的价值。

以“福利”为目标也会出现同样的问题。如果把福利解释为是所有效用的总和，那么它的概念不仅模糊不清，而且看上去也毫无意义。如果认为福利是由所有可以用货币来衡量的财物组成的总和，那么我们还是需要回答这些财物对我们来说到底有什么用处。当我们试图回答这个问题时，我们仍然不可避免地会提到那些无法量化的财富。

亚里士多德所提倡的目的论观点，不仅鼓励我们需要明确对自己最重要的价值观，同时还提醒我们需要进一步树立为了实现这些价值而奋斗的目标。那么，随之而来的问题就是，你做的事情到底有什么好处？换句话说就是：“你的理想是什么？”，或者“你的贡献是什么？”“你为了什么而去付出？”，又或者只是简单问一句“为什么？”。总而言之，所有的这些问题都是针对目标（telos）所提出的。

在过去的这些年里，只要有机会，我都会提出这样的问题。我会问艺术组织的领导人、银行家、我的同事、我的朋友以及我的学生这些问题。甚至，当我在和一家律师事务所的合伙人开会时，我也会提到这个话题。

7.2 来自律师事务所的阻碍

这是有关格拉斯·范·埃格蒙德（Klaas van Egmond）的问题。埃格蒙德曾经是研究荷兰环境问题的领军人物，目前在一所大学担任教授职务。他提出的问题是：“你来到这个地球上到底是为了什么？”他试图用全身的激情去演绎这个问句。律师事务所的合伙人们用困惑的眼神看着面前这位慷慨激昂的学者，仿佛他来自火星。这些合伙人并不习惯埃格蒙德的说话方式。众所周知，律师们都不喜欢别人和他们讨论有关价值观的问题，同时也不喜欢探讨一些重大的问题。于是，埃格蒙德又问了一遍同样的问题。

我很了解这些律师事务所合伙人的想法，他们的反应完全在我意料之中。我曾经参与过一个关于公司文化资本的博士课题研究。我和我的博士生都发现，这家律师事务所试图解决有关创造力缺失的问题。这些合伙人总是想接受一些看上去只有高智商的人才能完成的挑战，我们对此并不感到惊讶。通常，专业性的公司都会努力将培养创造力作为核心战略。然而，让我们吃惊的是，他们似乎在处理那些有关创造力的问题上（或者他们更愿意将其称之为“挑战”）并没有真正的兴趣。他们只是想知道如何增加他们的利润份额（一般来说，不论个人贡献多少，律师事务所的合伙人在总利润中都会享有平等的份额）。每次当我们把讨论转向另一个话题（比如缺乏合作意识、反馈的重要性、有关收购的改进方向、社会责任感等）时，他们都会表现出幼稚的行为——脸色随之阴沉下来，并反过来质问，这些和提高我们的利润份额有什么关系？

当埃格蒙德再一次向他们提问之前，我开始试着问这些律师事务所的合伙人：什么对他们来说最重要？其中一个合伙人毫不犹疑地回答：我的利润份额。其他人听了也跟着点点头，无一例外。但是，正如我在之前所解释的，利润不可能是最终目标。当然这也不是任何人来到这个世界的目的。那么，问题来了，利润份额到底有什么好处？如果答案是“更多的利润”，下一个问题就是：更多的利润有什么好处？然而，在我的追问下，他们会用转移话题的方式来拒绝回答我的问题，每个律师都如此，就像是接受过训练一样。

但是，我们没有放弃，并依然尝试着用各种方式和他们进行沟通。我们让他们看了《归乡》（*The Return*），这是一部俄罗斯电影，该电影的导演是安德烈·萨金塞夫（Andrej Zvjagintsev），这部电影讲述的是一位消失了12年的父亲突然回家，随后带着两个儿子去俄罗斯北部的一个小岛上度假的故事。在这个故事里，由于父子们失散多年，再一次相见时的隔膜感让父亲开始不断探索如何做一个好父亲，儿子们也试着寻找如何当一个好儿子的答案。电影结局的戏剧化让这些合伙人开始沉默。但是当我们试图讨论电影中所传递出的一些含义时，他们其中有些人表示反对。这些人指出，这里不是教室。不过，我还是发现他们大多数的人都比较认同电影里那个叛逆的小男孩。然而，父亲呢？在他们这个律师事务所，难道不应该也有人扮演这个有担当的重要角色吗？相对于所谓的挑战而言，这些合伙人的主要任务难道不是应该正确了解领导角色的重要性，以及弄清楚到底谁应该像电影中的父亲一样勇于承担责任并为其他人指明前进方向？

我建议他们阅读与财富、美德和奋斗有关的亚里士多德的著作。他们看上去兴趣盎然，但是我并不确定这些著作对他们的行为是否有影响。随后，我们安排了一场反馈性的会议。这次会议看上去进展顺利，尤其是这些合伙人非常感谢通过这场会议能够相互了解彼此的优点。接着，我开始组织大家在寒冷的冬天进行一次露营活动，除了只能充饥的面包以及防雨的帐篷以外，我们什么也没有带。当我们围坐在简陋的帐篷里时，我开始尝试着打开话题，并让他们讲述他们自己的个人故事——他们都是如何成为律师的呢？

起初我很困惑。尽管有些人真心喜欢律师这个职业，但是大多数的人表示，他们原本不打算从事这个行业，只是因为一个偶然的机会或者不得不选择学习法律。甚至其中一对夫妇说他们很讨厌那些枯燥乏味的法律条款。于是，我问自己，他们到底是如何在法律界生存下来的？但是，在听见他们各自的故事后，我忽然意识到，成为一名律师，他们都有着不同的缘由。他们中有些人是为了法律事业而踏入这个行业的，他们对法律很感兴趣，并且想为法律的进一步规范和完善做出贡献；有些人则是因为法律界的商务谈判可以给他们带来快感，他们如同运动员一样自信无畏、争强好胜。无论入行原因有什么不一样，他们都有着一个共同点，那就是大多数的律师都很享受帮助他人从困境中走出时所获得的满足感，他们希望得到客户的认可和赞许。

尽管我怀疑我们是否已经寻找到了我们想要的答案，但是这段经历让我相信，不断地尝试与探索可以让我们更加接近最终的目标。永无休止的探索是我们的座右铭。比如，在以上的例子里，我们一遍一遍不知疲倦地去问“救助”和“输赢”到底对我们有什么好处。毫无疑问，利润并不是正确答案。

7.3 财富体现价值

帮助他人本身是一件好事吗？给予他人帮助到底有什么作用？“取胜”和“个人成长”的好处是什么？我们的探索依然进行着。我们尝试看——究竟我们可以走多远。

有一次，我去拜访一位巴西同事，他把他 14 岁的儿子介绍给我认识。这个孩子看起来很沉稳，所以我想“管他呢，让我来问问，对他来说什么才是最重要的”。他回答得很快：“金钱、历史和我的家人。”他的父亲听后很明显对“家人”这个答案表示满意。“历史呢？为什么包括历史？”我问，孩子解释道，因为他很喜欢历史，所以很想了解更多有关历史的知识。“金钱呢？”我继续问，“为什么包括金钱？”“因为我喜欢旅行，有了足够的钱，我就可以到处走走看看。”他回答。“嗯，那么这或许不是金钱的问题，而是旅行的问题。”我继续说道，“旅行对你来说，有什么好处吗？”“认识不同的人”“哦，原来是这样，所以这不是关乎旅游本身，而是关乎可以认识不同人的经历。”对于一个 14 岁的孩子来说，这个答案似乎已经足够好了。他已经从货币的工具价值的局限中向前迈出了两步。

另外一个案例则是有关学校到底为什么而“奋斗”的话题。开办学校是否需要理想？我尝试着与一所高中的老师和校长一起为学校确定理想。学校董事会的成员告诉我，他们的目标是让学生满意。“还有父母满意。”有人在得到其他人同意的情况下补充道。我开始思索起来，那么，老师呢？他们所追求的又是什么？在场的老师表示，赞同学校董事会的观点，他们同样认为可以获得学生和家长的满意是最重要的。我开始怀疑他们是否开过类似市场营销之类的主题会议。他们所做的一切看似都是为了学生。为了找到真正的答案，我不得不继续探索下去。

我把讨论转向另一个问题：好的教学应该是什么样子的？毕竟，亚里士多德认为实践活动也许是一种可以通向善的财富。在前面章节中，我们也将实践定义为一种财富。一所学校也许是和“伟大”的教学实践有关。是否应该做好教学实践呢？当我提出这个新的问题时，学校董事会的成员们看上去无精打采地瘫坐在椅子上，相反我注意到有些老师听了我这个提议后蠢蠢欲动开始兴奋起来。

一所好的学校应该是什么样子的呢？难道学校本身就是一种商品？按照学校董事会成员的说法，学校应该是以家长和孩子为目标客户，将文凭作为产品的一所企业，这让我倒吸一口气。他们有没有想过如果学习本身是一个目标，或许学校就不是商品了。所以，为什么学校不尝试着考虑把学习当作是一个目标树立起来呢？

但是，努力学习又会得到什么好处？我怀疑在这一点上，大多数的老师都不知道应该如何作答。那么，我就必须试着自己去寻找答案。也许是为了另一个目标？也许那个目标更高更远？也许学校可以通过对学生的塑造与磨炼，从而为社会的发展做出贡献？那么，学校关于文明的教育理念又是什么呢？毕竟，在老师的帮助下，学生可以了解到人类社会文明下的历史、知识以及传统。

慢慢地，我在几个老师的帮助下，逐步梳理并确定出将文明以美德的方式教育给学生作为学校所追求的目标。该目标是否会产生不同的影响？当学校董事会成员和老师都意识到这一点时，是否会做出不一样的选择？学校的课程安排是否会随之调整？我们猜想，答案应该是肯定的。

我开始选择谅解那些律师事务所的合伙人不了解自己的奋斗目标了。毕竟，他们完全可以宣称自己只是为了追求利润。尽管我们发现，这些合伙人也需要一种可以超越物质的奋斗目标。然而，让我惊讶的是，一些非营利性的组织机构的成员也同样很难清楚地表达出他们想要追求的目标是什么。也许你会期待这些非营利性的组织机构会很了解自己想要什么，因为他们必须清楚自己不是为了利润而工作，但是，事实却并非如此。从相关非营利部门的文献中，我们可以看出，有关目的方面的提问在非营利性领域显得尤为重要。经济学家们为了建立自己的模型，将最大限度地发挥作用作为奋斗目标。但是，这些非营利性的组织机构对最大化的概念却是模糊的。难道剧院应该以上座率的最大化作为目标？或许，我们应该看看收录在《文化经济学手册》里，有关迪克·纳泽（Dick Netzer）的文章（Netzer，2011；Drucker，1992）。

在负责一个评估剧院的项目时，我需要明确了解该剧院具体的奋斗目标。这个剧院追求的是什么？也许是制作出伟大的戏剧？然后呢？伟大的戏剧又有什么作用？一旦探究开始，其他有可能会出现的价值便会跟着冒出来。曾经与我合作过的一个剧院表明他们想要传承荷兰深厚的戏剧文化传统，另外一个戏剧制片人则把宣扬正义作为她所追求的善。很多剧院也常常将挑战观众作为目标。这些剧院就像是寻找迷失了灵魂的传教士，他们想要让观众记住他们的戏剧到底多么有意义。但是，随后的问题是，挑战观众到底有什么好处？答案并非是一目了然的。让人震惊和不安或引起观众情绪上大幅度变化的行为其实并不值得提倡。也许那些戏剧制作者很高兴看到他们的观众在看了他们的演出后所表现出的震惊和不安，但是我怀疑如果这就是他们表演的初衷，他们是否还能得到他人的支持。换句话说，他们必须还怀揣着其他的理想与抱负。

一般来说，文化组织需要做的不应仅仅是延续他们的艺术；他们不但需要改变艺术形式（去做之前没有做过的事情），还需要改变某些利益相关者对戏剧所持有的冷漠态度（比如引导年轻人或者学生发现他们以前没有注意的价值，从而提高对戏剧作品的好感度）。其实，这些组织机构也许都有着崇高的理想。所以，我们需要做的是，提醒他们仅凭着门票销售量的最大化以及赞助商规模的扩大化是无法帮助他们实现这些崇高理想的。当然，这些组织机构也需要一个具体的目标，尤其是当他们想让人们为其捐款或者以其他形式募捐时。除此之外，他们必须明确自己最终的目标，或清楚地了解对自己最重要的价值特质是什么。否则，他们就只能面临着被工具价值评估体系（比如演出数量、游客数量以及收益比例大小）所左右的危险，

组织机构需要探究其奋斗的最终目标，个人同样也需要找到属于自己的人生方向。他们可能会努力地创造各种各样的“财富”，比如拥有一个幸福美满的家庭，或是收获属于自己的个人财富（例如，机敏）等。人们都会像你我一样热衷于做自己擅长的事情。音乐家想要演奏得更好，演员想要表演得更好，老师想要教得更好。大家都有可能为了追逐更伟大的事业而不断努力着，比如在音乐界、戏剧界以及教育界。同样，有人参与政党是为了可以建设更美好、更和谐的社会。

写到这里，我有些疲倦了，暂停一下写作，冲杯咖啡，接着把我的狗喂饱后，打开房门，让它在花园里面撒撒欢，接着，我顺手拿起了一份报纸。我看到报纸的头条写着纳尔逊·罗利赫拉赫拉·曼德拉（Nelson Rolihlahla Mandela）去世的消息。他是第一任南非总统，也是一位为了黑人自由而奋斗的传奇人物。很多人将曼德拉的地位和甘地并列，二者都被认为是可以鼓舞人心的伟大领袖。尽管我意识到他们并不是完美的圣人，但是对我来说，他们的身上依然具备着某些重要的特质。

我读完了这则新闻报道，里面曼德拉在审判期间那篇著名演讲深深地打动了我，但也正是那场演讲使他被判终身监禁。他是这样说的：“我反对白人统治，也反对黑人统治。我珍视民主与自由社会的理想，在这个社会里，人人和睦相处，机会均等。我希望我是为这个理想而生，同时也希望我能够

实现这个理想。如果需要，我愿意为这个理想而献出生命。”（Mandela，1964）

这段话很好地表达出我想要向大家传递的观点：对于一个人来说，理想有多么重要，而且理想的实现离不开执着的信念与激情。这就是曼德拉在面临终身监禁或死刑时所做的演讲。他的理想是建立一个民主与自由的社会，一个和谐的社会，这些理想体现出他想要献身的事业，他愿意为其奉献出他所有的力量，甚至包括自己的生命。

有时我会问自己和学生一个问题：到底什么样的事情才会让我们愿意付出生命？或者，是否有一个能够让我们付出生命的理想？你和我会不会也像著名导演安德烈·塔可夫斯基（Andrei Tarkovsky）[①] 一样，会为梦想而付出自己的生命。

我想我的答案是肯定的。有一次，我和我的家人一起在美国的蒙大拿州度假，在一只熊袭击了一对夫妇的第二天，我们一起去山区散步，这时，我忽然意识我愿意为了我的家人而付出生命。我们猜想，如果我们也遇到了那只熊该怎么办？逃跑或者爬树都是无济于事的。我们最后一致同意躺下才是最好的方案。而躺下的依次顺序则是从我的小女儿开始，接着是大一点的孩子，然后是再大一点的孩子，再然后是我的妻子。猜猜谁会用自己庞大的身体来保护他们？当然是我，我猜想。虽然在真实情况下会怎么做，我们不知道，但是，我意识到了，有些东西比我自己的生命更重要。我的家人也有同样的感触（但是我会愿意冒被监禁或者死刑的风险吗？我也不知道）。总而言之，当人们做正确的事情时，不仅会自我感觉良好，同时也会获得别人的尊重和敬佩。做正确的事情的欲望可以使个体或者组织机构寻找到属于自己的奋斗目标。

在一次课题讨论过程中，一个学生指出，有关死亡的问题会让他感到不安。他认为，人们为了一些原因而放弃自己的生命是愚蠢的。我感觉这只是他凭着一些经验而下的结论。坐在他身边的另一个学生试着帮我缓解了尴尬，他提议把有关死亡的问题换成另一种说法：“我们活着是为了什么？”这时，全班学生看上去都松了一口气。现在，我们回到了最开始时的问题：“我们

---

① 安德烈·塔可夫斯基（Andrei Tarkovsky）是史上最令人敬佩和怀念的导演之一。他为了追求自己的艺术梦想，在一个污染严重的俄罗斯村落拍摄完成他的著名影片《潜行者》（Stalker，1979）。随后，他和他的妻子以及一些主要演员都死于同一种肺癌。

来到这个地球上到底是为了什么?”我们一致认为，为了理想而活着可能需要牺牲。是的，那个第一个对死亡问题感到不安的学生同意用“牺牲”这个 词。

经济学家可能会用福利或者能力的概念做出回应。也许他们是对的，人们在制定正确的政策时，这些概念会起一定的积极作用——尽管实际上这些政策是如何运作的，没有人可以说清楚。然而，这些概念对于像你我这样的个人，同时对于像博物馆以及剧院等这些组织机构来说，几乎是没帮助的。

7.4 关于目的（purpose）、目标（telos）或理想（ideals）

我的一个选择禅修的朋友，经常告诉我，人生的目标应该是无欲无求。他心目中的美好生活就是放弃目标和欲望，放手人世间的奢侈与浮华。他的话让我很有感触。当我阅读了庄子、老子等伟大的东方思想家，以及西方神秘主义者埃克哈特（Meister Eckhart）和著名的丹麦哲学家索伦·阿比·克尔凯郭尔（Søren Aabye Kierkegaard）的著作后，这种影响对我更为深刻。最后，我承认我的朋友是对的。当我们不断地去追问“那又怎么样?”以及“为什么?”时，我们可能最终都会领悟到佛陀和耶稣等智者大师的真知灼见。

一直以来，我需要教学，需要做一个父亲，还需要不断地投入有关做正确的事情的讨论中。我不仅有着明确的目的，而且心怀梦想。也许我的确需要时间学会放手、学会平静、学会安宁、学会淡泊人生。但是，当我作为一名老师、一个父亲时，我仍然需要沿着自己梦想的道路不断进取、奋力拼搏。曼德拉需要表明他的理想，以便于在他入狱期间依靠坚定的信念坚持下来，最终成为在南非政治变革中起到最具关键性作用的领导者。不过，我坚信，即使在寻求一种没有目标、没有自我的状态时，人们心中依然存有“禅悟人生”的目标。也正是因为这个目标，促使着我的朋友去冥想、禅修、和禅师交流互动。

当我们努力去寻找对我们来说最重要的价值与品质时，禅修可以帮助我们将其牢记于心。当然，禅修并不能准确地告诉我们什么是目的，因为，有时目的就像是地平线上的一个圆点，我们伸手去抓却永远也抓不到。目的也可以是我们参与的一种实践，就如同禅修实践或者艺术实践。目的是内在性的，或者说，行动的本身就具有内在目的性。

也许人们不清楚在个人生活或者工作岗位中他们具体的奋斗目标，但是，这并不意味着他们没有目标或者理想。在现代工具主义者的思维模式中，他们没有必要阐明目的或者理想。正如查尔斯·泰勒在他的《现代性之隐忧》中所提到的，工具主义框架的结论就是，人们可以不再有很高的目标感（Taylor，1991）。他称之为一种不能明言的伦理学，英文为 ethics of inarticulacy（Taylor，1989）。工具主义的思维方式满足于福利、利润以及物质需求等目标。从事商业活动的人会说利润的最大化是他们的目标。对于“利润有什么好处”的问题，他们会回答：“为了公司能可持续发展。”接下来，不可避免的问题就会是：“可持续发展又有什么好处?”这个不断探索的过程可以促使人们思考对他们来说到底什么才是最重要的，什么可以帮助他们树立自己的理想，什么可以引导他们规划最重要的实践。

然而，这种探索也许会因为对象意识的缺乏而受阻，甚至会导致反抗。人们擅长于讨论过程、目标、结果、回报、手段和工具，但是却不擅长指出他们人生的意义以及他们的优势。通过对组织机构使命宣言的了解，我们可以得知其组织机构是否缺乏对人们所追求理想的认识。通常，使命宣言只表达了人们应该做什么，或者想要做什么，却忽略了为什么这么做，预期付出是什么，以及目标又是什么等。比如，一家相当著名的博物馆的使命宣言是“展示伟大的艺术”。尽管它清楚地表明了这个博物馆在做什么，但是依然存在“这样做到底有什么好处”的问题。也许，募捐者希望知道这个问题的答案，因为使命宣言必须可以阐明本组织机构的理想以及将要做出的贡献。

7.5 表达的重要性

对古希腊人来说，荣誉是一种值得让人们去争取的美德。荷马在他关于描写希腊人和特洛伊人之间战争的史诗中已经明确地表达了这一理想。荣誉是一个值得为之献身的理想。柏拉图在《理想国》中写道：“在可知的世界里，最后才能看见的，而且需要花很多努力最后才能看见的东西就是有关善的理念，……它的确是所有美好和正确事物的源头。”（Plato 和 Jowett，1941）。在基督教文化里，升入天堂与上帝同在和救赎同是人们的生活目标。佛陀也将这一理想称之为启蒙。

然而，挥之不去的疑惑仍然提醒着我们，荣誉到底有什么用？获得救赎与启蒙又有什么好处呢？

泰勒提出，我们这些生活在当下的人，同样也需要将自己的理想表达出来，“表达是必不可少的黏合剂，否则，善将不在我们的选择之内”（Taylor，1992）。他进一步表明：“通过某一种方式的表达，可以让特定文化中的人们看到善的景图。”（Taylor，1989）。泰勒认为，如果非要进一步说明的话，可以清楚地指出部分的善。在西方文化背景下，我们可以把善描述为：

- 自由。
- 内心深处。
- 自然，即善的源泉。
- 本真性与个人主义。
- 仁善。
- 世俗生活（Taylor，1991）。

以上这几条与我产生了共鸣。不知你是否也有同感呢？在这里，“世俗生活”看上去是一个很奇怪的表达。但是，当我想到16世纪以来视觉艺术的创作主题（涉及的艺术家包括提香、伦布朗、维米尔等），这个表达就显得格外有意义了。现在的我们不也总是在庆祝着世俗生活中的种种事物吗？在我的国家——荷兰，对世俗生活的奉献的确带有宗教色彩。对于那些描写世俗生活的作家，他们也让我们感受到了善的存在。当提到凯恩斯，总会让我想到20世纪早期的哲学家乔治·爱德华·摩尔（George Edward Moore），他显然对凯恩斯的理论有着不可小觑的影响。摩尔强调至高的善应该是人类交往的乐趣以及对美的客体的欣赏。然而，人与人之间的交往则是世俗生活中最重要的部分之一。

除此之外，泰勒提出了“超善”（hypergoods）概念，即“不仅是在诸多善中高于其他的善，而且是在人们通过权衡、判断且决定之后而选择的最高善”（Taylor，1989）。作为古罗马雄辩家、政治家和哲学家，西塞罗（Marcus Tullius Cicero）提出“至善”（summum bonum）的概念，将其称为是最终的目的（Cicero 和 Gardner，1958）。与此同时，在本书的第4章中，通过对实践智慧过程的描述，我把“善”解释为个人、组织以及社会所追求的理想（ideals）。

但是，本真性是不是一种财富？我们什么时候会体现本真？什么时候又会体现仁善？我们如何才能倾听自我？正如泰勒自己意识到的，他列出的有关善的清单对人们的行为其实并没有多大帮助。泰勒认为，该清单的模糊性不但会导致工具主义心态盛行，同时也不利于人们对自我、对组织机构以及对国家所追求的善有一个清晰明了的认识。

7.6 练习如何表达

清晰地描述出理想是什么，不是一件简单的事情。无论我在专业领域和律师、文化界人士探讨，还是在日常生活中和人交谈（和经济学家在一起则又是另一回事），他们都对追求内在财富这件事表示赞同。但是，当我问这些财富到底是什么时，换来的则是沉默无语。当然，我也不例外，因为我自己也很难描述我现在为之奋斗的理想是什么。

就个人而言，尝试询问对自己来说真正重要的是什么，则对明确自己的理想是有帮助的。我喜欢向人们提出的问题是："你认为，最宝贵的财富是什么？"该问题的答案可以很好地表明对方追求的是什么样的理想。但是，在大多数情况下，人们依然会给出一些具有工具性的答案，比如"健康"。健康就如同金钱，它是有益的，不过我们活着并不是为了健康。因此，问题依然存在："拥有健康对你来说到底有什么好处？"或许答案是：健康可以让我们做一些对我们来说很重要的事情，可以帮助我们实现自己真正的目标。

另外，对于同一个问题，人们也通常只能提供部分的答案。人们常常会提到他们的孩子（有时他们会问"我可以称我的孩子们是我的财富吗？"）、他们的自由、他们的思想，或者他们的健康。但是，仅仅只有这些吗？那么，他们的信仰、他们的社会以及他们的才华又是什么呢？

可以了解最终目标的另一个方法就是，让人们描绘自己所向往的乌托邦或者所追求的理想世界是什么样子的。我们的"乌托邦"会告诉我们一些东西，比如我们想要摆脱什么或想要隐藏什么，以及我们渴望什么。当我的学生描绘出一个相亲相爱的世界或是一个安静祥和的世界时，他们所传递的是他们通过社交媒体而获得的大量的信息以及无休止的互动所带来的焦虑和倦怠。

我曾经在一所技术性的大学参与了一个有关领导培训的项目。当时，我用到了第二种方法。因为，我发现那些成员很难描述出自己想要的最终财富。当我谈到“超越财富”（transcendental goods）时，他们总是一副很迷茫的样子。他们对超越的含义真的是一无所知，更不清楚他们到底追求的是什么超越性的目标。他们太过于现实，而无法想象出任何一种具有超越性质的事物。

但是，当他们开始分享他们心中的乌托邦时，我深深地被他们个人身上的特质所征服。他们所有的乌托邦都是以科学研究为核心的。一位在航空技术领域的教授曾设想过这样一个乌托邦——一个完全围绕科学研究的小型组织。在这个组织里，科学家们是体系中的核心要素；其他所有的人（包括管理者和学生）不仅需要服从于科学研究的某一特定目标，而且强烈的求知欲会促使他们不断地追随科学家的脚步。此外，学生不需要考核，不需要考试，因为这些都会分散学生对实际工作的注意力。在这个乌托邦中，学生更像是学徒。另一位教授则表示，他想设计出一款可以解决他所有问题的完美机器。

我忽然意识到，绝对的知识和真理便是这些人所追求的超越性的“善”。尽管他们的工作是为了实际应用，但是对于他们来说，对某种绝对的真理的追求、对完美机器的追求和对技术问题完美解决方案的追求，才是至高的“善”。同时，这种追求也正体现出他们在工作中所特有的激情以及勇于奉献的精神。

7.7 有意识且具有目的性的实践行动

就理想的范畴而言，如果这本书的讨论仅限于围绕某种财富而讲，那么看上去就太过于狭隘了，至少我是这么认为的。我和我那个选择禅修的朋友都意识到了这一点。想想看，当人们将“荣誉”“救赎”或者“启示”视为他们想要追求的财富时，这些财富到底意味着什么？当一名工匠声称想成为一名优秀的手艺人时，这又意味着什么？

在前面章节中，我已经提到了，实现财富的过程离不开一种实践或者多种实践。换句话说，实践象征着财富。为了可以拥有一段真挚的友谊，我们需要做很多的努力。于是，各种各样的活动的总和构成了友谊。同样，对荣誉的追求也表现在各种各样的活动中，比如做正确的事情、接受各种挑战，甚至和那些羞辱你的人决斗。追求真理，则意味着你不仅需要在实验室、图书馆、研讨会、家里书房花费大量的时间与精力，同时也需要和同事进行一次又一次的沟通、交流与探讨。为爱而生，则意味着你需要付出、需要战胜自我，只有这样，爱才能实现，心存爱意，不如付出行动。

我将这种实践称作是为实现财富而奋斗的实践、为实现善而行动的实践。实践行动本身就是一种财富。除此之外，该实践行动同样也有益于其他事物或价值的实现。但是，追求终极财富（ultimate good）才是实践行动最主要的特征。

7.8 实践行动是指包括完成目的在内的活动，是为了实现善而不断付出努力的实践

以优秀的大提琴演奏家为例，比如马友友（Yo-Yo Ma）、穆斯提斯拉夫·罗斯特罗波维奇（Mstislav Rostropovich）或者贾桂琳·杜普蕾（Jacqueline du Pre）。他们的技艺令人惊叹佩服，同时他们的表演也为他们自己以及其他人带来了可观的收入。这些优秀的大提琴手们需要无止境地做各种手指练习，需要不断弹奏练习曲，需要注意耳朵的训练以培养乐感、需要和其他大提琴手们一起演奏、需要指导教学，当然，还要巡回演出。然而，当他们将演奏大提琴当作是一种实践行动时，无论最后带来多少收入，他们的演奏技艺本身就已经成了一种目的。正如同理查德·桑内特（Richard Sennett）所说，对于真正的匠者来说，精湛的技艺才是理想的诉求，而与外部效应因素无关（Sennett，2008）。耐心、执着、坚持才是匠心精神。技艺是一种实践行动，艺术、科学亦是如此。与此同时，我认为，养育孩子和教育学生也不例外。

对实践行动的思考，其实就是对选择的思考，对目标的思考，以及对未来的思考。当工程师们想要一台完美的机器时，他们不需要定义这个机器究竟是什么，而只需要确认与机器相应的实践行动范围就可以了。换句话说，追逐理想的过程其实就是实践行动的过程，实践行动本身就含有目的性。实践与实践行动示意图见图 7-1。

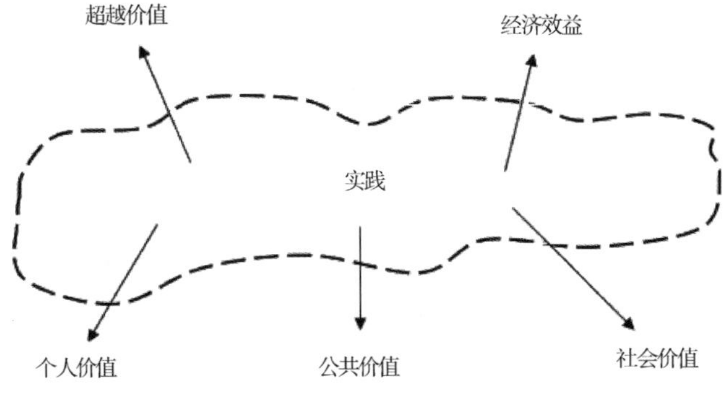

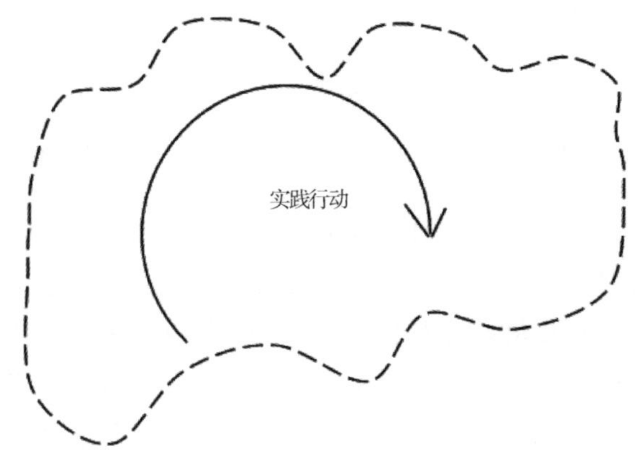

图 7-1　实践与实践行动

7.9　四个维度上的财富目标

通过以价值为基础的研究活动，我发现，人们对财富的追求最终可以分为四个维度，即四种类型的实践行动。这个分类和我前面所介绍的有关价值的分类是保持一致的。下列的图 7-2 可以给你提供一个大致的介绍。上半部分的两个维度涉及崇高的财富与相关的实践行动。在这两个维度里，人们以追求"真善美"等崇高的价值理想为核心目标，以一种超世俗的姿态去展示对至善的向往；下半部分的两个维度则代表个人和社会的财富与相关的实践行动。对于"这个维度是什么意思，那个维度又是什么意思？"之类的问题，你也许可以从图中找到答案。

超越财富或实践行动 寻找真善美、优雅、启蒙、关爱（同情、神圣的爱）、心灵的自由、虚无、“道”、和谐、崇高、全身心投入、挚爱，感受伟大的艺术和神圣的音乐、渴求完美的技术或材质	公共财富或实践行动 检验正义、自由、和谐、团结、和平、统一、民主、高度文明、怜悯
个人财富或实践行动 智慧、手艺、内心宁静、自主、做一个好的父亲/母亲/朋友/领导	社会财富或实践行动 拥有一个幸福美满的家庭、做一个（强大的/有活力的/鼓舞人心的/互帮互助的）团体的一分子

图 7–2　涉及四个领域的终极财富以及相关实践行动

(1) 有关社会维度的方面在右下角。它包括社会财富与相关实践行动。社会财富通常是指人际关系，即幸福美满的家庭、良好的亲子关系、亲密的友谊、和谐的社区、强大的团队等。对于人们来说，这些“良好的”“亲密的”以及“强大的”之类的形容词是非常必要的，因为它们明确了人们需要为之努力的社会财富的最高目标。换句话说，只拥有家庭是远远不够的，因为人们还渴望这个家庭是幸福美满的。这里的善体现在社会价值的实现上，比如忠诚、合群、亲密、舒适愉快（即 gezelligheid，这也是荷兰语中出现频率很高的一个词）、地位、会员福利、社会身份以及社会认可。也就是说，一个幸福美满的家庭其实就是以幸福美满的家庭作为奋斗目标的有关实践行动。

对于那些总是强调友谊和子女对他们很重要的人来说，他们会为了这些社会财富不断地付出和努力。除此之外，这些财富本身必须是善的，只有这样才能有资格成为终极财富。但是，如果下一个问题是“拥有这些社会财富究竟有什么好处?”那么它们又会变成具有工具性或者辅助性的财富。

我们都是社会性的动物，社会财富应该是人们共同的终极财富。当人们为了自己的目标不断奋斗时，他们会为这些社会财富命名。尽管我内心的一半属于理想主义者，依然渴望继续探索下去，但是我内心的另一半却属于实用主义者，还是会坚持认为这些社会财富本身就是最终目的。或许孩子对我来说是一种财富，但是我从不强求。我的愿望不是可以拥有孩子，而是希望我的孩子可以得到快乐，他们可以在自己的生命中找到属于他们自己的有意义的奋斗方向。然而，对于我来说，他们奋斗的方向是什么并不重要，重要的是我的孩子可以学会用心去倾听自我的心声。

我们是否可以说一群人所组成的社团或社区本身就是一种财富？我会对谁这样说？或者你又会对谁这样说？人们时常会告诉我，他们愿意为了他们所在的社团或社区做任何事情。音乐家会珍惜他们自己所在的乐队，因为他们可以在这个乐队里一起演奏、一起开心、一起难过、一起分享美好和回忆。但是，如果有人建议他们解散乐队以方便赚钱的话，这对他们而言是一件难以接受的事情。因为他们已经把该乐队的发展视为自己的最终目标，所以，他们的终极财富本身就是自己的乐队，而非其他。

从之前有关泰勒所列出的现代财富清单中我们可以看出，只有广义上的“世俗生活”才能有资格成为社会财富。那么他这样认为是否忽视了个人的人际关系，特别是家庭呢？

（2）个人维度方面的终极财富是由我们作为个人不断努力追求的个人目标构成的。它们是为了个人的利益而存在的财富。我们会希望自己成为一个好父亲或好母亲、一个好朋友、一个优秀的工匠或者专业人士、一个伟大的音乐家或者外科医生、一个聪明或者快乐的人、一个助人为乐的人。这些财富或许和社会财富、公共财富以及超越财富有关，但是个人财富强调个人，因为它对个人非常重要。一个优秀的工匠可能会因为可以制作出高质量的手工艺品而获得极大的满足感，而对他人的评价并不上心。因为他所收获的快乐是通过自己的双手得来的。泰勒将内心深处、本真性以及个人主义列为个人财富。然而，如果“自由”可以完全由个人所决定，那么“自由”也可以被认为是个人财富。另外，“自主”也许是“自由”的另外一种表达，体验自主则是终极财富。

对于我个人而言，我不但想成为一个好父亲、好伴侣、好老师、好学者，我也渴望成为一个睿智的人。这都是我的个人目标，我不会与他人分享。我的妻子很欣赏我想成为一个好父亲和好伴侣的愿望，但是她也许会告诉你，我想成为一个好老师的目标和想成为一个好父亲和好伴侣的目标两者之间是存有冲突的。这真的是一个令人纠结的个人问题。我的那个选择禅修的朋友告诉我，他的生活其实就是为了实现内心的自由。我曾经很难理解这句话到底意味着什么，但是当我看到他的一言一行时，便会对其深有体会。当一次演讲进展得很不顺利时，我通常会在演讲结束后感到失望和懊恼；当我的女儿告诉我，我是一个不称职的父亲时，我也会感到伤心、沮丧。

同样地，工匠们会通过提高和掌握一门技艺而获得最大的满足感。比如，我的牙医会从帮助我矫正牙齿的过程中获得成就感。如果工作难度越大，那么他的成就感就会越高。对于匠人们来说，发展个人技能并成为优秀的手艺人，则是他们的个人目标。正如同，演员们希望可以全身心投入表演，音乐家们希望可以发挥出最好的水平，导演们希望可以导演出伟大的艺术作品。

我发现，年轻的这一代会把享乐当作是自己的个人目标。但是，真的可以这样吗？我认为享乐意味着只有分享才会得到快乐，因此我将它视为一种社会财富。如果是这样的话，享乐就不可能是一种超善。但是，或许我不应该替他人下这个结论。曾经有一位医生在我的公开课上，表示拒绝回答我有关财富的问题。他直言，他的目标就是享受人生，吃好喝好，与家人共度美好时光。起初我对他的观点惊讶不已，我很好奇他在他的孩子心目中是一个怎样的父亲，也许是一个会享受生活的人？至少他是这么希望的。也许享乐就是他所追求的个人财富（后来，我意识到，这对我来说应该也是一个不错的目标）。

在这里，作为思考的切入点，我给大家留下一个问题：我们是否可以将所追求的个人财富的集合看作是我们个人身份的象征？（但是，我又忍不住地想提前告诉你，答案是肯定的）。

（3）在图 7-2 中，你会发现右上角的社会维度是有关公共财富以及共有财产的。这些财富和强大的社区或社团有着密切的关系，比如国家，甚至是全人类所共有的财富。实现世界和平、维持可持续发展环境或者尊重人权等目标常常被人们或者组织视为最终目标。除此之外，“国家认同感”“爱国”“民主”“文明”“政治自由”“平等权力”以及“教育”也都会被看作是公共财富。但是，在泰勒的清单里，他只把仁善列入了公共财富中。

然而，这些公共财富不同于社会财富的地方是，它们不仅关乎一个社会或者整个世界，而且不需要人们彼此之间相互分享交流。

我认为，艺术组织机构面临的挑战是，当他们申请公共资助时，他们必须清楚地表达出他们将为社会贡献哪些公共财富。事实证明，这不是一件容易的事情。在荷兰，相关的艺术组织机构曾在一段时间内不断地去强调他们的艺术活动所带来的经济效益。但是，经济效益毕竟不能当作一个目标，收入与经济活动只是产生其他财富的一种工具。因此，“对经济是否有影响”并不等同于“是否为公共财富做出贡献”。也许，艺术组织机构应该把奋斗的目标放在如何提高、强化人们的文化素质以及丰富社会的文化底蕴上。

另外，政治家会想要为公共财富做出贡献。环保人士、人权倡导者、军人、自由斗士以及心里装着自己的公民的人，也是如此。

（4）图 7-2 的左上角，是一个可以超越社会、个人以及公共财富的维度，它包括与艺术、宗教、文化、科学以及其他精神方面有关的各种财富。我称它们为超越财富，因为这些财富都会指向一个形而上学的实体、一个精神的领域、一个可以超越社会、个人以及公共价值的体验。它们就如同人类不断追逐的终极理想，神圣但又让人触不可及。此外，针对生命意义的探索也将会在这个维度的某个点终结。

自然是善的源泉，在泰勒的清单中，如果自然本身就是一种善，那么它也可以被认为是一种超越的善。但是，因为人们不能把自然当作是一种财富来实现，所以它更应该和某种实践行动有关，比如体验自然、欣赏自然、感受自然、与自然融为一体等。这些实践行动包括徒步旅行、研究自然生活和加入绿色和平组织。出于同样的考虑，文化财富（cultural goods）即具有共同的艺术、历史或象征意义的财富，本身就属于超越财富。你也许会认为，它们应该具有内在价值。这时，对于那些“文化财富有什么作用”的重复性的问题就有了相应的答案。文化财富通常是在实践的过程中产生的，当这些财富包含或产生各种让人们为之向往的美好事物时，就会成为实践行动。

我们不断追逐着自己的梦想，最终，所有梦想的终点都会汇聚在超越维度。然而，此时此刻，超越的经验却会告诉我们，我们所有的欲望和目标都会变得毫无意义。“道”教的义理会提醒我们，我们是否偏离了我们的初衷，但却不会向我们指明什么才是我们最终的目的。智者会教我们随遇而安，学会放手，学会释怀，学会坚守自我。而这样的一种心境将会以一种实践或实践行动的方式出现，比如冥想、反思、保持沉默、表现同情等。

以我个人为例，当我在尝试探索生活的意义时，当我在试图倾听内心的声音时，我发现我从奥古斯汀（Augustine）以及艾缇·海乐森（Etty Hillesum）的事迹中已经找到了答案（艾缇是一个荷兰犹太人，在集中营里的最后几年，她将自己对生命与死亡的想法写入日记）。与此同时，我意识到艺术家和科学家也在不断地通过自己的作品寻找绝对的美与真理。当我读到詹姆·波图克（Chaim Potok）的《选民》（*The Chosen*）时，我感受到了塔木德学者们所付出的毕生心血，他们每个人所做的每一件事，都体现着耀眼的神圣之光。这种伟大而又无私的奉献和付出，让我不禁落泪。当然，无论是纳尔逊·曼德拉，或是一个优秀的工匠，还是一个伟大的母亲，我们都可以在他们的身上看见同样令人赞叹的激情与拼搏奉献的精神。所以，你看到了吧！这所有的一切都构成了我眼里具有超越性的实践行动。

至少在原则上，很多人会尽其所能，以一种他人可以获益的方式，在超越的维度上做出贡献。这同样也适用于一些艺术家、科学家、音乐家、医生等。

7.10 一些问题与争议

在写作的过程中，我会列出人们在以上四个维度里渴望获得的各种财富。但是，我也常常会面对各种质疑，这些质疑有些来自于我自己，有些来自于外界。在这里，我将它们罗列出来，仅供大家思考。

（1）没有绝对的对错。我发现，基于这四个维度，我们不断地去激励他人阐明他自己的理想以及追求的目标是有成效的。但是，我依然面临着将这些理想和目标进行分类的困惑。我有时并不能确定它们所属的维度是否具有唯一性。

（2）探索永无止境。针对我提出的一个观点，很多人都会表示反对，即“随着探索的逐步进行，个人财富、社会财富以及公共财富最终都有可能会服务于超越财富”的观点。事实上，我也会问我自己，拥有自己的孩子有什么好处？或者实现社会正义又有什么好处？与真理、美、善相比，以上这些财富看上去似乎都只属于来自世俗的困扰，都显得如此微不足道。

所以，我决定采用务实的态度去看待问题。当个体或者组织机构对其所追求的财富已经有了一个清晰的概念，并可以指出“这个或那个都有什么好处”时，我选择接受他们的答案。显然，他们的追求也可以为日常活动提供指导与帮助。

同时，人们的实践行动也至关重要。当人们可以清晰地表明将要付出的实践行动时，其最终目的也就显得不言而喻了。

（3）市场失效。理想不是用来买卖的。

（4）和国家政府没有直接的关系。理想不是靠国家政府提供的。

（5）不具有强制性。没有人必须要定义自己的理想。阐明理想不是一种义务。只是在某些状态或者情况下，阐明理想可能会对人们有所帮助，比如竞选领导。

（6）阐明终极财富本身就具有治愈性和启发性。治愈性部分和解答质疑与困惑有关；启发性部分和所提供的四个维度有关，即邀请参与者以某种方式填写四个维度上的内容，从而找到奋斗的方向。当组织机构在进行类似的工作时，其工作的原理是相同的。它的任务就是帮组织机构确定其使命，进而确定共同的目标或预期的贡献。

（7）阐明终极财富具有辅助性。能够清晰地表达自己的理想或最终财富，这无疑对申请者申请赞助资金是有好处的。至少，捐款者或赞助商是这么认为的。

（8）阐明终极财富只具有辅助性，这个说法是错误的。如果有人说，爱作为他的超善，只是为了吸引别人，那么他一定在撒谎。当一个组织的人员只是为了提高销售额而去完成一个任务，那么他们就是在欺骗所有的人，包括他们自己。

（9）当你不知道自己已经付出了什么或已经做出了多大的贡献时，那么试想一下，人们在你的葬礼上会如何评价你。无论如何，这是一个很好的问题。

（10）当你对自己的理想或者贡献不满意时，或许你应该重新考虑一下你正在做的事情。

【附录】

关于乌托邦的练习可以帮助你明确你即将为之奋斗的财富应该是什么

首先阐明你的理想，然后弄清楚自己需要做些什么才能实现这些理想（设计），接着就付出行动吧，也许从此你可以改善你的生活。比如，你可能会体会共享财富所带来的满足感，或者，你会和我一样，发现超越理想对自己生命的意义。

为此，我经常会采用关于乌托邦的练习：阐明你自己的乌托邦，即理想世界。

首先，我会和大家分享一些有关乌托邦的案例。比如，我会挑选一些有关托马斯·摩尔（Thomas Moore）的乌托邦中的要素；我会讨论有关中国乌托邦所强调的宁静与恒久不变；我会阐述有关《阿特拉斯耸耸肩》里安兰德所向往的乌托邦，在这个世界里，每个人都是理性的、优秀的、卓越的；最后，我还会提到朱利安·巴恩斯（Julian Barnes）的乌托邦，他想象当我们所有的梦想可以立即实现时，又会发生什么（见他的著作 *A History of the Word*）。我之所以这么做，就是为了可以激发大家的想象。我鼓励参与者运用自己的想象力，努力感受什么对自己才是最重要的。试着想象一下，大家都会相亲相爱的世界是什么样子的？人人都平等的世界又是什么样子的？那么，此时的家庭呢？在我们这个世界上，不平等本身就始于每个不平等的原生家庭。然而，我们应该如何补救呢？此时的政党如何？我们会像摩尔的乌托邦那样，按照抽签的形式去选举政府要员吗？工作应该如何分配？财富应该如何分配？科学与艺术的作用又是什么？

在我介绍完之后，我会问参与者，他们心目中的乌托邦又是什么样子的？我要求他们将家庭、工作、分配、政治、艺术和科学、外部世界、可能会面对的敌人以及技术都考虑在内。另外，我还会坚持让他们阐明他们自己在这个乌托邦里扮演什么样的角色（因为很多人在描述自己心目中的乌托邦的过程时，总是把自己扮演的职责忘得一干二净）。

在他们设计完自己心目中的乌托邦后（这部分需要多花一些时间，所以偶尔我也会利用课间休息的时间），我会将参与者们分为几个小组，每个小组大致有三四个人。当一个人在描述完自己的乌托邦后，其他二三个人需要思考在这个人的乌托邦里，究竟哪些价值正在发挥着作用。根据被描述出来的乌托邦，寻找到底什么对这个人来说才是最重要的？是平等吗？爱吗？还有什么？我们的乌托邦体现了我们的欲望，而这些欲望又是由我们的价值观所决定的。所以，问题的关键之处，其实就是需要阐明这些价值观。我会让一个人把他们所想到的价值观写下来，并把该列表交给描述这个乌托邦的人。接着，再轮到下一个人开始描述。

我喜欢和组织团体中的人们一起做这个练习。对律师而言，金钱似乎是唯一重要的东西。但是，在他们的乌托邦里，我们又会发现他们所关心的其他事物。比如，他们会设想有一个小型办公室，在这个办公室里，团体合作非常重要，因为它可以帮助律师和客户建立稳定且信任的关系；另外，他们还会想象出家庭与事业双丰收的美好情景，结果证明家庭对他们的组织也很重要。

当大学里相关的行政负责人描述自己心目中的大学时，他们总会提到小型社区的发展、师生之间密切而融洽的关系以及鼓舞人心的学习氛围。那么，接下来的问题就是，你为什么想扩大学校规模，提高财务回报？你又为什么如此在乎排名？也许他们会回答这些都与经济和政治的压力有关，但显然他们的行为已经违背了他们自己所在乎的重要的价值观。

8 贫穷与富有

有一个关于我朋友的讲座，是个很不错的讲座。大约有 300 多人出席了这场讲座，其中还包括她的一些同事和博士生。讲座结束后，她博得了热烈的掌声。当晚，在回家的路上，我们感慨万分，感慨我们如此幸运，感慨我们可以在这里做我们自己真正喜欢做的事情，感慨我们可以思考、可以写作、可以和他人一起探讨交流。对于我的朋友来说，这种幸运也为她带来了额外的回报与激励，比如，她有趣的想法和良好的口才得到了大家的一致赞许。

在我写这一章的内容时，我想到了我们有关“资源”的话题。我的朋友在拥有了什么样的资源条件下，可以使她经历那个让人难忘的夜晚。那天晚上，我和我的朋友马上达成了共识，她的资源也许来自于她渊博的学识（我常常被她所展示出的丰富的知识所折服，我不知道她到底读过多少书，到底还有什么她不知道的事情）、优秀的演讲技巧（善于修辞、引用、辩论，她的演讲深入浅出、轻松愉快，但又让观众醍醐灌顶）、较高的声望以及充足的人脉资源等。有关她的资源，她建议再加上“情感”，她解释说因为同理心和爱在她所做的事情中也扮演着重要的角色。起初我并不确定，但是现在我想想，我觉得她说的不无道理。同时，我们还讨论了“记忆”的功劳。她的知识是建立在这些记忆上的，除此之外，她的脑海里还存着各种各样的其他记忆，比如数百次这样的演讲记忆，使她可以熟练地掌握演讲的节奏与技巧。记忆构成了她的经历。另外，她的天赋、她的智慧，以及她的家人（她的父亲是哈佛大学的教授，她的母亲是极具天赋的歌剧演唱家和诗人）也都可以称作是她的资源。你也可以说这些都是上天赐给她的礼物。尽管她一个人居住，但是她和她的母亲以及兄弟姐妹的关系都非常好。她在全世界各地奔波演讲，但是每个地方都可以给她带来“家”的感觉，因为她无论走到哪里，都会受到欢迎和喜爱，就如同我的家给我的感觉一样。对她来说，这些人是她重要的资源，因为他们给予了她温暖的关怀以及情感上的支持，这无疑对她的工作是至关重要的。

稍等，我需要指出，讲到这里，我们并未谈及她的房子、她的金融资产以及她用金钱换取的其他财物。这很奇怪，我想说，毕竟她是一个经济学家。就在刚刚的讲座上，她还一直在宣扬着市场的种种好处。然而，就她现在的表现来看，有关市场的资源对她来讲看上去似乎又不那么重要了。此时的我们坐在餐桌前，悠闲地喝着茶，她听完我的话后，微微地点了下头，“我知道你的意思。”她说。然后，她站起身，准备去客房休息了。

8.1 我们到底有多富有，我们到底又有多贫穷

为了实现价值，所以我们需要各种财富。这是我在前几章中就已经提到的内容。拥有一个房子，可以让我们能够实现家庭的价值，比如关怀与支持。“有”是有关拥有或占有的意思。在这里，我不只是想到我们的合法财产。我想强调的是那些我们在法律意义上并没有所有权的财富。我的那位朋友并不能说她拥有演讲技巧的所有权，但是她的演讲技巧对她来说是一份非常有价值的财富。

在探索价值与财富的道路上，我们常常会遇到这样的问题：这些财富的价值是多少？它们有什么用？如果我的这位朋友有着大量的股票和现金，她或许会被认为是很富有的。但是，我的“家”和“家人”又该如何被定价呢？我更愿意认为它们是无价的。“拥有”一个家庭和拥有一大笔钱相比又如何呢？是什么可以让一个人更富有？按照标准经济学的定义来看，除非有更多的信息，否则更富有的那个人肯定拥有一大笔钱。但是，是我的朋友吗？她经常说，她很羡慕我的家庭，羡慕我有可爱的孩子，羡慕我有知心的伴侣，羡慕我的家里常常有客人来访，羡慕很多很多我现在正在做的事情。她所羡慕的这些事情是否意味着我更富有？不过话说回来，她比我更出名，她的演讲可以吸引一大批的观众，她的书在《纽约书评》上出现过，那么，又是否可以判断我比她贫穷呢？

在本书前面章节中所提到的律师，他的情况又如何呢？其他人都说这位律师很有钱。他有一栋很大的别墅，他的银行账户里也有很大一笔存款。他开着豪车，据说在某个地方还有另一个家。然而，他和我讨论的话题却一直围绕着他在生命中的一些遗憾。比如：在他年轻时，他曾想当一个艺术家或者学者，自由地生活；他还想去周游全世界，尽管他现在也经常全世界出差到处跑，但这和他梦想中的那种旅行完全不一样。他所说的这些遗憾是当我

问他到目前为止他认为自己做的最大贡献是什么时，才成为我们的话题。我的这个问题看上去让这位律师有些窘迫，因为他意识到了，人们最重要的贡献似乎与金钱无关。他开始为那些只为金钱活着的人担心，当然，其中也包括他自己。

“你觉得你自己有多富有？”我问他。“你真的想知道吗？”他转过头对我说，“我告诉你，所有的金钱对我来说一点也不重要。我真正关心的其实是我的孩子们和我的妻子。”当我指出，他总是四处奔波，每天工作的时间几乎有 18 个小时，但和家人相处的时间却少之又少时，他深深地叹了一口气。我开始担心他会变得沮丧。我想，他似乎并没有正确地对待他已拥有的财富。

而在这次谈话的几周前，我在一次展览会的开幕典礼上遇见了一位艺术家，我和他谈起了钱。我问这位艺术家他的艺术作品可以卖多少钱。他表示回答不上来，因为他每年的收入并不稳定，特别是在过去几年里，收入微薄只能艰难度日。因为人们对购买艺术品的热情并不高，他解释说。可是，他并没有抱怨，他似乎已经习惯了人生中的起起伏伏。“你和家人是如何相处的呢？”我很好奇，“你们去度假吗？”“当然啦！我们全家会一起出去度假。”他回答，“你知道吗，有时我们会去一些消费很高的城市，但是当看到人们进出于各大高级餐厅时，我们反而会觉得那种生活很无趣。相比之下，我们常常会去超市买一些面包、奶酪和葡萄酒，再选一个风景优美且环境清静的地方，比如公园或沙滩，好好享受一顿真正的盛宴。”他笑着说，“你知道，我们可以用面包、奶酪、葡萄酒和一个美妙的地点去创造出属于我们自己的奢华。”现在，我开始同情那些花了很多钱却依然感到无聊的人们。

那么，上面讲的律师和艺术家，这两个人哪个更富有呢？从金钱方面考虑，答案是显而易见的。但这似乎又不是正确的答案。我不认为会有一个客观的标准存在，它可以帮助我们比较这两种人生，并告诉我们其中一个比另一个更富有。相比之下，我认为这应该完全取决于我们各自的价值观。艺术家似乎会更真实，因为他现在的生活对他来说最重要，但对于律师而言，他似乎更渴望他年轻时所梦想的生活。这位艺术家的资源来自于他自己的创作力；而这位律师的资源则来自于他的专业知识与强大的社交网络。

在标准经济学的对话中，为了方便做比较，我们学到的是运用金钱去量化所有的财富。那么，如果我们运用标准经济学的思维逻辑，我们最终得到的结论肯定是，律师所拥有的财富远远超过艺术家所拥有的。但是，真的是这样吗？通过数量上的取胜，律师是否可以比艺术家生活得更好呢？

我们同样可以向组织机构或者社区团体（或者城市，甚至国家）提出类似的问题。一所大学拥有什么才是另一所大学没有的？当我们把关注点放在大学的奖学金、基金赞助上，我们会发现，有些大学（比如哈佛大学、斯坦福大学）比其他大学要富有很多。但是，这又能说明什么呢？如果将欧洲的一些大学也考虑进来呢？不过欧洲大学的奖学金、基金几乎都不是通过捐款得来的，而是政府的支持。除此之外，还有大规模的赞助基金，同时也象征着校友与母校之间的深厚情谊（欧洲大学的管理人员直到最近才发现了这一资源，也许他们现在开始需要该资源，因为公众对大学的赞助正在逐步减少）。这种校友组织是否可以成为大学真正财富的来源呢？对学者来说，大学所谓的富有，更多应该体现在老师的专业实力与教学素质、学术研讨会的强度和质量以及学生们的求知欲和无限的天赋与才能等方面。我认为，大学的文化才是最重要的。当然，一个好的校园也离不开一个有趣的学习环境，

像谷歌（Google）之类的公司运作得很好，不是因为它拥有实物资产（比如工厂、电脑等），而是因为它有着不寻常的声誉。声誉（也就是市场营销专家所说的品牌知名度）是吸引人们关注的主要原因。通过广告，赢得消费者的青睐也是一种财富，这种财富可以给商家带来可观的收入（谷歌公司不断地为人们提供关注的场景，是为了更好地扩大公司的知名度和曝光度）。

又比如像纽约和阿姆斯特丹这样的城市，它们拥有其他城市没有的资源。这些资源不断吸引着来自世界各地的游客、学者、艺术家、企业家，甚至也有无数的企业将总部设立在此。如果让经济学家来说，这些城市主要依赖的是经济资本，因为这些资本可以给城市带来经济效益。但是，我认为，这些城市所拥有的资源远远不止这些。比如，阿姆斯特丹有咖啡屋（coffee shop）、安妮之家、错综复杂的运河以及许许多多重要的博物馆（荷兰国立博物馆、凡·高美术馆、阿姆斯特丹历史博物馆、性爱博物馆、喜力啤酒博物馆等）。所有这些资源无疑受到广大游客们的喜爱。但对于纽约来说，这个城市从购物中心到爵士俱乐部，从画廊到人口密集且治安混乱的社区，再到中央公园以及很多不错的博物馆，几乎什么都有。然而，相比之下，阿姆斯特丹却没有“百老汇”，也没有众多的画廊。可是，这会使得阿姆斯特丹成为一个很“贫穷”的城市吗？我并不这样认为，这个问题并没有所谓的标准答案。人们会根据这些特质做出权衡，并给出选择。我主要想说的是，一个

城市会拥有各种各样的资源，而其中大部分资源都是非物质形态的，因此不可能用金钱来衡量。

此外，我们也可以利用同样的观点来比较国家，比如荷兰和乌干达。乌干达并没有荷兰所具备的基础设施。由于没有路灯且道路状况较差，因此晚上出行很不安全。同时，该国家医疗条件不完善，且政府管理不善。然而，正如乌干达人所指出的那样，他们拥有丰富的当地文化，也拥有荷兰人所缺乏的强烈的传统意识。并且，乌干达人的家庭生活比荷兰人的更为丰富，他们认为所有那些独居的荷兰老人都是一种贫穷的象征，或是社会贫穷的标志。没错，荷兰人的收入是乌干达人的 10 倍以上，但是那又如何呢？我们又该如何比较这两个国家的文化呢？

8.2 存量（stock）与流量（flow）

所有以上这些例子都反映出当我们规划个人以及组织机构行为时，应该考虑到的一个重要因素：当我们正在做正确的事情时，我们不仅需要意识到要争取的目标，同时也需要清楚地了解应该如何去做。根据实践智慧的相关方案（见第 4 章），我们知道这是一个有关设计的问题。在这些例子中，我们可以看到，诸如“储备”“积累”或者“投资”所代表的资本、权力、资源的重要性。

我们会像松鼠一样，在秋天储藏坚果，以备冬天食用。坚果的储备为松鼠在整个冬天提供了源源不断的营养。鲁滨孙也同样如此，为了可以建造一个属于自己的房屋，他投入了大量的时间和物资。在未来的岁月里，他建造的这座温暖舒适而又坚固的小屋为他提供了保护。除此之外，鲁滨孙还会储备一些种子，以确保未来粮食的供应。

存量与流量的区别是会计的基本要素。资产负债表，即财务状况表是反映存量的会计报表（也包括债务）；损益表则是反映盈利或亏损流量的会计报表。资产负债表所显示的净资产是资产总额减去负债之后的净额；而损益表（利润表）则显示的是（组织机构的）利润以及公司企业、社会团体的储金情况。这种计算存量与流量的方法构成了我们日常生活的框架。让我们想到了我们所拥有的和所失去的财富，以及我们所获得的和所花费的金钱总数。这些得失都可以在资产负债表以及损益表中体现出来。

和存量与流量一样，投资与消费同样也值得我们关注。当松鼠把坚果放入自己的储备库时，就是在投资；当松鼠把坚果从储备库中取出食用时，这就是消费。至少，在会计的框架中是这样的。

那么，我们什么时候应该投资，什么时候应该消费？这一切都取决于我们的库存量。当我们思考以上这些例子时，我们很快会发现，经常被会计师以及经济学家所提到的存量，其实只占重要存量的一小部分。因为他们总是把目光放在那些可以被用来交换的存量上。他们会把建筑物、机器、电脑等物质资产以及银行存款、股份、债券等金融资本考虑在内。购买房屋和股票会被认为是一种投资；而在使用建筑的过程中所造成的磨损，则被看作是一种消费。

然而，如果将一个家庭、一种城市的氛围以及一个组织机构的文化视为是存量又会是什么样的呢？人们花时间和家人在一起，或是在城市里策划一场大型的节日派对，又或是公司组织郊游活动等，这些活动应该会被当作是一种投资吧？那么，当你现在阅读这本书时，应该被看作是一种投资，还是一种消费呢？我认为，这应该完全取决你是如何计算你的存量的。如果你将阅读的行为看作是对知识的储备，那么阅读就是一种投资；如果你只是为了消磨时间和享受自我，那么你最好把这种行为看作是一种消费。

8.3 如何谈论存量，是资本、权力还是资源

在该谈论中，有许多的词汇都会被提及。比如，在讨论存量时，经济学家会喜欢提资本（capital）。当谈到经济资本时，我们指的是所有能够产生某种收入形式的储备，比如建筑、机器等。当我们谈到人力资本时，我们指的是有关知识与技能的储备。人力资本不仅可以针对个人，同时也可以针对组织机构（通过员工培训提高员工整体劳动技能和专业技术水平）。除此之外，近些年还出现了有关社会资本以及文化资本的概念。社会资本和社会交往或社会网络以及经济增长有关。文化资本是由法国社会学家皮埃尔·布迪厄（Pierre Bourdieu）所提出的，他认为文化资本是有关知识类型、技能、教育中任何一种可以让人们在社会上获得较高地位优势的资本，其中包括文凭，或者类似于纪念碑、博物馆、教堂之类的文化资产（Bourdieu，1986）。社会资本与文化资本都是经济资本的一种形式，即两者均有利于获得经济地位以

及提高收入水平。

但是，有关资本的概念或多或少总是和我在此所提出的观点相悖，并会阻碍我的观点的推广。由于经济学上的资本往往强调经济回报以及财产的合法性，这使得我们无法意识到我们所拥有的真正重要的存量。我还发现，如果超出与经济学家的对话范畴，当提到资本的概念时，对方很有可能会产生偏激的反应。比如，当我和艺术家讨论文化资本时，他们总是会找出各种各样的理由将我的提议视为是一种典型的经济主义观点。

所以，我一直在寻找可以代替资本的另一个词语。权力（power）也许是一个不错的选择，因为拥有某种存量便意味着所有者可以被赋予某种权力。换句话说，存量代表着权力。但是，“权力”总是会让人们联想到一些不好的势力影响，因此我不得不放弃这个词语。最终，我确定下来了“资源”（sources）这个选项。在这里，资源是指某种事物、结果、知识或者技能的相关存量，这些东西可以使人们通过某种财富直接或者间接地实现某种价值。在经济学家的圈子里，也许我们需要对“资源”的概念做出一些解释，但是在其他圈子里，“资源”并不会像“资本”那样容易引起歧义。

资源有利于人们、社区或组织机构实现其价值。当阿玛蒂亚·森（Amartya Sen）在谈及人们的能力时，他假定人们有让自己具备能力的资源，比如教育资源、时刻支持自己的家以及稳定的社会（Sen，1985）。

8.4 如何获得资源

对我们来说，在考虑到底可以拥有哪些资源之前，我们还需要注意的问题是：应该如何获取资源？如果我们和经济学家一样，那么我们就会把自己的目光局限于可以通过购买或者（金融）投资所获得的资源上，比如住房、建筑、机器或者知识。

然而，可以获取资源的方式其实还有很多。有一些资源我们已经拥有，它们就像是一种礼物。以天赋为例，我们会感叹世界知名的大提琴演奏家马友友很有音乐天赋。另外，一个人的成长和他的原生家庭也有着千丝万缕的关系。对一个人来说，拥有良好的家庭氛围是一种与生俱来的财富，它不仅有利于个人获得更多的机会，同时也可以帮助他快速地融入社会。当然，对于有些人来说，来自不同文化的信仰以及自然的馈赠等也都可以被称为财富。

但是，最重要的资源是需要我们通过努力才能获得的。比如，共享财富，即友谊、艺术（或者一门有关艺术的分支学科）、科学、信仰等。

在这里，我们需要区分的是以下几种资源：

- 通过购买并拥有合法所有权的资源。
- 天生具备的资源。
- 通过努力并共同拥有所有权的资源。

一般来说，第一种类型的资源是最容易被关注的，因为我们可以很简单地用货币去衡量它。我知道我的“房子”的具体价格，但却无法估算我的“家”的价值。一家公司的首席执行官也许知道其公司总资产的价格，但是当我们问他有关企业文化的问题时，他或许会一头雾水。

文化到底从何而来？当我们对自己的资源没有很好的认识时，我们又该如何做正确的事情呢？所以，关键之处在于，我们必须清楚地了解我们如何才能获得资源。只有这样，我们才能知道我们到底需要什么。

8.5 生命之树——美好生活的源泉

与组织机构、社区以及社会相关的问题，我将会稍后讨论。首先，我们来看看那些可以让我们的生活变得更美好的资源。我个人的经历以及我与学生之间互动的教学经验告诉我，针对“生命之树”的思考可以帮助我们正确地规划如何才能实现我们想要的价值与目标。

虽然我们并不期待从中可以获得一个完整且明确的结论，但是我们可以通过“生命之树”进一步清晰地了解那些可以让我们生活变得美好的资源（如图 8-1 所示）。

我将有关“资源”的结构图比作成是一棵枝繁叶茂的大树。如此比喻，也许和我的个人喜好有关。在我家的后花园里，有一棵巨大的山毛榉树，它的树干需要四五个成年人才能抱住它。我猜想，它肯定已经在那里至少 200 年了。它的树冠非常开阔，根茎也已经深深地扎在了土壤中。树干挺拔耸立，苍郁的枝叶不断向四周伸展，似乎即将要挣断紧紧盘绕在它身上的藤蔓。有一天，暴风雨过后，我发现一根粗壮的树枝被大风吹断。这根树枝实在是太重了，以至于我一个人几乎无法移动它。然而，到了秋天，我的花园又会积满厚厚的落叶，足以让我打扫数日。对我而言，这棵大树所拥有的神奇的力量实在是让人心生敬畏。这也正是让我想到所谓“生命之树”的原因。

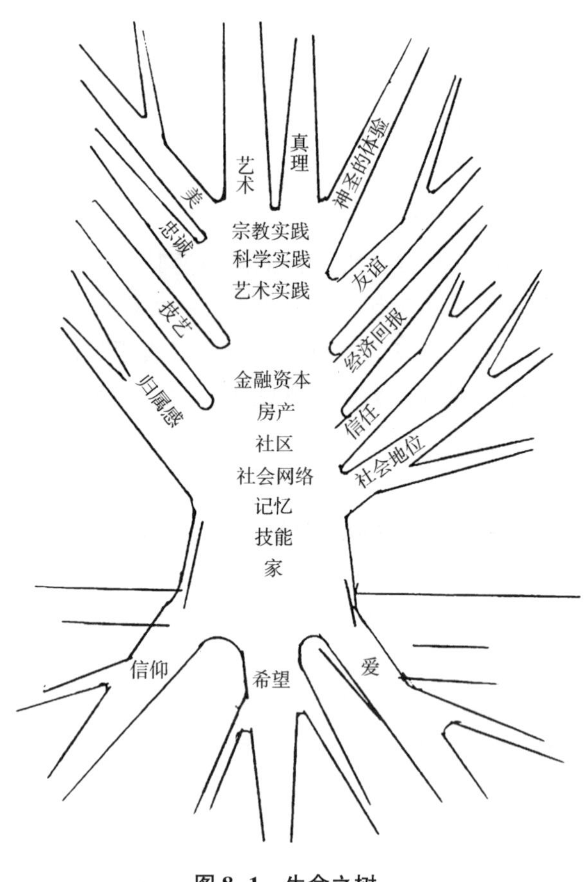

图 8-1　生命之树

有关“生命之树”的思考，是一个“有机”的过程。我们不能像组装机器零件一样将树木的根、茎、叶等部分组合在一起。我们会很快地发现，这棵大树其实是由许许多多的分支和养料构成，甚至每一个分支还可以继续细分下去。然而，我们之前制作资产负债报表的经验却无法运用在此。尽管如此，我们依然需要尝试着对各个部分进行权衡。比如，我们的文化修养对我们的生活是否重要？对于我个人来说，答案是肯定的，因为它会带领我走进文学的世界（在晚上，我和我的家人会一起阅读）、会让我感受视觉艺术所带来的美妙（我和家人）、会指引我领悟信仰的精髓与真谛（我的父亲是一位牧师）。那么，这种潜移默化的文化教养和系统的文明教育哪个更重要呢？天哪，这个问题实在是太难了！然而，当面对这种复杂的问题时，我们需要清楚地认识到什么资源才能让我们的生活变得美好，或者我们是否正在朝着自己梦想的反方向前进（比如，是否忽视了教育，是否忽视了成长过程中的各种因素）。

我认为，“生命之树”的树干是由我们所拥有的资源组成的。而树枝与树叶则是我们日常生活中的点点滴滴。它们不仅包括我们已经实现的价值，同时也包括我们的收入、声誉、权力、影响力、经历、感受、情感、快乐等，而所有的这些都来源于我们的资源。

那么，让我们一起来探索这棵“生命之树”吧！

8.5.1 最基本的资源：家、健康、才能以及基本技能

是什么构成了树的底部（之后我也会讨论树的根部）？我想说的是，这里所指的最基本的资源也是最宝贵的资源，因为它们是构成一切美好生活的开始。你还记得那个关于“什么财富对你来说才是最重要的”问题吗？这个问题的答案也构成了你的“生命之树”的基础，至少我是这么认为的。大多数人也会将“家庭”“朋友”“自由”“健康”（你确定吗？我们活着只是为了健康？）以及“信仰”或“爱”添加在他们的答案中。

这些资源位于大树的底部，是因为它们一是很重要，二是还可以提供其他资源 。比如，通常拥有一个和睦稳固的家庭可以让人快速有效地拓展人际网、参与社区活动并融入社会中。与此同时，家也代表着我们成长的环境，代表着我们的教养，代表着我们从日常生活中所获得的知识、规范、经验以及社交技能，而这一切对于我们的余生来说，都是至关重要的。我们成长的家和我们现在所拥有的家都是我们记忆与回忆的源泉，是共同经历成长的地方。

有些时候，可以说家是上天赋予我们的特别恩赐，尤其是我们的原生家庭。但是，在大多数情况下，家是付出与回报的体现。如果你想维持一个家，那么你就需要投入大量的时间、情感和各种努力。或许你现在是一个人住，但是你可以回忆一下你的父母之前为你从小长大的家都付出了什么，看看他们是不是和我说的一样。然而，有关家是一个可以让人放松、休闲的地方的

说法，到底是谁想出来的?！在我看来，这种说法是完全不正确的。

当然，并不是所有的家庭都是一样的。有的家庭温馨而又和睦，有的家庭平凡而又伟大，有的家庭“贫瘠”而又“糟糕”。一个充满了虐待、折磨、悲伤以及感情破裂的家庭会让人望而却步，因为它也许是人的消极情绪与行为的来源。相比之下，当一个家庭越幸福，它就越可以成为让人们奔向幸福生活的强大后盾，至少我们是这样假设的。你是如何评价你自己的家的?它是一个可以给你充足理由去投入更多精力和情感的地方吗?

家是有关各种价值与体验的财富，它不仅包括一些最重要的价值，比如爱、关心和支持，还包括声誉、自信、社交技能与社交网络、文化知识与信仰（这些价值与体验可能会以“树木分支”和“树叶”的形式出现）。

人与人之间的友谊就如同家的感觉一样。在“生命之树”中，这部分基本的资源也包括最亲密和最重要的友谊。我们总是为了友谊而建立友谊，至于从友谊中所得到的其他价值或收获都只是额外的结果（分支）而已。但即便如此，友谊也是有关价值与体验的财富，和家一样，它是最重要的源泉。如果一个家不能给予我们情感上足够的慰藉与支持，那么友谊便是最好的替代品。

因此，我时常会遇到一些人，他们会告诉我，他们的同事对他们而言宛如家人一般。他们之间不仅有着深厚的情感，同时还有志同道合的目标，这也正弥补了他们各自家庭所缺失的功能。我也有几个研究学术的好朋友，我和他们的相处也像家人一样，所以我很理解那种感觉：血缘的关系也许并不是最重要的，而共同的事业或者共同的经历（比如，一起出生入死的战友）却可以建立一种比血缘关系或亲情更强大、更有价值的纽带。

但是，所有的这些资源都必须基于生存的基本技能与身体健康基础之上。所谓的基本技能包括社交技能、烹饪技能、养生技能、基本认知技能以及可以带来一定基本收入的工作技能等。

8.5.2 社交资源

在这个较高的层次里，我会倾向于将目光锁定在各种各样的社会资源上。比如：我所在的社会群体——我称它为我的一部分友谊；我的学术社交网络——我称它为我所在的社会。通过这些资源，我可以获得社会地位、社会身份、社会认可、荣誉感以及一定的经济收益。

社会资源构成了社会资本。该资源包括“人格”（ethos）①，这是一种非常重要的因素，它可以加强你所说话语的可信度和权威性。我时常会因为作为一名教授而从中受益：在社会环境中，“教授”的头衔可以帮助我获得其他人对我的关注。但是，在政治环境中，这种效果并不明显；而在我的家里，这种效果则完全不存在。当然，声誉、“好的名声”或是“好的品牌”也都是重要的资源。在这个充满注意力竞争的社会里，这些资源都扮演着至关重要的角色。当然，坏的名声带来的效果则是负面的；但是，我的个人经验告诉我，一些人所拥有的好名声对于另一些人来说，却是不好的名声。因此，我们需要在正确的人群中获得好的名声才是问题的关键。

构成一个人的社会资源或者社会资本的重要组成部分是社交网络（人脉关系）。没错，社交网络对一个人来说是相当重要的。比如，有一天，我的一个日本同事告诉我，她正在为一个有关巴西艺术的研究项目寻求助理研究员。碰巧，我有一个热情而又有能力的巴西学生，正好适合这份工作。于是，我把这个学生介绍给了我的日本同事。最终，结果皆大欢喜，我的日本同事很满意，我的巴西学生很高兴，与此同时，我也很开心，因为我可以将我的社交网络利用在我的工作中。再比如，有一次，我在悉尼开会，通过电话的方式，居然联系上了我 30 年前的同窗好友。我和他聊着几十年前发生的故事，就好像一切都发生在昨天，不知不觉度过了一整天。说实话，那种感觉实在是太棒了！总而言之，社交网络是一种财富，但是，这里面不仅包括好的人际资源，也包括不好的人际资源。所以，你不妨思考一下，你的社交网络到底如何？是否包括那些有利于你成长的朋友？是否也包括那些不利于你发展的“敌人”？

有人也许会认为，一对夫妇可以共享一个社交网络。但是，我想指出的是，这并不是必然的情况，因为一方可能会在另一方去世后发现：在很大程度上，社交网络会和自己的伴侣有着密切的联系，如果对方离开人世，那么对方所拥有的社交网络也会随之消失。因此，我从中得到的启发是，我必须照顾好我自己，并尽可能地将社交网络留给我的妻子。与此同时，我也希望

① 引用于亚里士多德的《雄辩的艺术》（*The Art of Rhetoric*），亚里士多德将修辞手段分为三种，即“人格”（ethos）、“情感”（pathos）和“逻辑”（logos）。

在以后的生活里依然可以拥有和我志同道合的学术伙伴，所以我必须从现在开始在学术圈里不断努力结识他人。

还有一些社交资源来自于社区、邻里、俱乐部、社团、书友会、党派组织等任何通过集体意识形态而组成的团体。对于我来说，我的邻居也会常常会给予我帮助，同样地，如果他们需要我时，我也会帮助他们。但是，至于踢足球方面，我还需要感谢当地的足球俱乐部；当然，我也感谢我的一群朋友陪我一起登山、远足。

8.5.3 智力、艺术、科学和精神资源

在这一部分，我想要强调的是文化资源，它包括人类学意义上的文化、文明与艺术。文化资源构成文化资本。

作为文化的一部分，我们不仅会从中受益，同时也常常会遇到烦恼。当我生活在美国时，我会不断地从美国文化中吸取养料，但是美国文化的一些方面也会给我带来困扰。我喜爱美国多元化的音乐剧，喜欢美国充满激情的运动竞技，喜欢美国大学充满好奇与求知欲的教学环境，喜欢美国勇于冒险的创业精神等，然而我依然无法接受美国人对长时间谈话所表现出的不耐烦态度，无法接受美国物质至上的文化取向，无法接受美国的死刑制度（这只是我的个人观点，也许你会和我的想法不一样）。现在的我正在享受荷兰文化给我带来的快乐，并尝试着解决各个方面所遇到的问题。我喜欢和荷兰人打交道，也欣赏荷兰人对家庭生活品质的看重（特别强调“舒适感”），但是我还是不得不应对着荷兰大学里缺乏学术交流的氛围，应对来自他人对严肃书籍的鄙视，应对荷兰人常常表现出来的冷漠（就像很多外国人在荷兰所经历的那样）。

一个重要的文化资源就是我们和他人共有的语言。共有的语言意味着我们可以和对方进行交流，分享经验、想法、价值观和感受。但是，当我们不得不用外语和对方交谈时，我们常常会在翻译的过程中遗漏或者曲解里面的许多信息。对荷兰人来说，他们很难理解美国式的幽默；而对于美国人而言，他们则很难听懂荷兰人用喉咙发音的方式，也很难捕捉到荷兰人所表现出的微妙情绪和暗示。如果一个人从小在欧洲长大，那么他几乎是不可能说出一口流利的汉语或者日语的。对于一个华裔来说，他也许会因为无法用中文和一个地地道道在中国长大的中国人进行交流，而忘记自己的祖籍国其实是中

国。语言是文化的重要载体，是一种特殊的资源，它不仅承载着多元的文化内涵，同时语言的差异性也成为世界同一的限制。

文明是另一个容易被人们所忽视的资源，因为大家总是自认为文明可以信手拈来。但是，事实并非如此。只有我们愿意投身于学习和工作时，我们才能从中获益。比如拉斐尔、乔托、柏拉图、达尔文、亚里士多德、奥古斯丁、庄子、孔子、伦勃朗、鲁米等的作品和理念都是需要我们利用强大的洞察力和灵感去获得的资源。这些资源需要我们付出努力和时间，需要我们不断地学习、思考、讨论，需要我们制订计划并采取行动。

人们通常会对自己从文化中所享受到的好处习以为常。但是，当你置身于文明之外时，当你无法和多样的文化产生共鸣时，当你和你身边的人产生距离感，甚至遭到敌意时，你就能明白文明对于我们来说是多么的重要。其实，我们不必奔赴遥远的异国他乡去感受这种无助，因为现在的我几乎每天都能感受无力和失望，甚至在大学里，我也会感觉自己像个局外人。太多的学者不仅对我所列出的学术资料一无所知，他们甚至表现出漠不关心的样子。他们这样的行为必然会导致这些文明价值的消失。我将会和那些同样关心这些资源的人一起体会这些文化被忽视和瓦解的绝望。一旦这种感觉得到了广泛的认同，或许我们才有机会静心坐下来仔细探讨文明的衰落与其所代表的资源的流失。

当然，艺术也是一种重要的资源。它是一种可以帮助人们对各种价值进行理解和认知的财富。每个人都会以不同的方式去获得这种财富。如果你需要我详细说明，那么就以我个人为例吧。巴赫的《马太受难曲》会让我和我的妻子潸然落泪，而我的孩子们对它却无动于衷；当我陶醉于平克·弗洛伊德的摇滚音乐时（至少我的两个孩子也很喜欢），我的妻子就会冲着我大喊，让我把音量关小；我很喜欢听大提琴演奏，但是却对视觉艺术毫无感觉，不过幸运的是，我的一个女儿在视觉艺术方面的造诣较高；我经常会反复地阅读或观看我已经看过的书籍或者电影，我现在阅读的是一本穆齐尔德的书《无德之人》（*The Man without Qualities*），它对我目前的写作很有帮助；我会被波图克的《选民》（*The Chosen*）感动到落泪，我想一定是文章里有关父子的主题吸引了我；直到最近我才发现，我在 10 岁时所阅读过的卡尔·迈的书对我产生了深远的影响。拥有德国血统的牛仔老沙特汉德（Old Shatterhand）和改信了基督教的美国原住民温内图（Winnetou）之间深厚的感情让我也渴望一种不需要太多言语的友谊，然而，在一定程度上，这与我善于交谈的习惯似乎并不一致。温内图是一位英雄，他是否只是小说里面一个虚构的人物其实对我来说并不重要……看到了吗？以上这些都是有关文化艺术资源对我的影响，希望你同样也会受到启发。比如，你喜欢看的电影是什么？它对你有什么影响？你喜欢跳舞吗？为什么？什么样的歌剧会打动你？你对哪个建筑印象深刻？你对时尚感兴趣吗？那设计呢？等。

宗教也属于文化资源。教堂、寺庙、清真寺会让人们感受到神圣与庄严，在那里人们可以获得内心的解脱和顿悟。当然，教会也会给许多人带来负面的影响，但是每周的礼拜、宗教经文、宗教仪式仍然可以为人们带来安慰和鼓舞。圣经是西方文明的重要源泉。在日常生活中，西方很多常见的语言表达与描述都源于圣经，西方团结与同情的社会价值观本身就来自于基督教的价值观。在亚洲和许多西方国家，佛教里所涉及的冥想为人们多样的实践提供了资源。禅宗和道教也是如此，伊斯兰教同样在中东地区也发挥着重要的作用。

文化遗产也被包括在文明之内。文化遗产分为有形文化遗产（纪念碑、手稿、艺术品等）和无形文化遗产（音乐、传统、仪式、技艺、语言等）。

人文和科学是知识、洞察力、意义、研究、教学以及技术与社会创新的主要源泉，与此相关的研究成果足以汇流成一片浩瀚的大海。当我在杜克大学（Duke University）攻读博士学位时，我最喜欢做的事情就是徜徉在这片无边无际的“大海”中感受知识所带来的魅力，我不禁惊叹知识的海洋是何等的广阔、何等的神秘，无数知识的宝藏在等着我们去发掘和探索。

我喜欢将文明看作是各种对话（conversation）的集合。它需要我们不断地参与其中，并愿意为其做出贡献。对我来说，我就非常乐意加入有关文化经济学、实用主义和亚里士多德哲学、社会学、艺术、古典音乐、戏剧、财经（欧元）等各种话题中去。因为我可以从这些讨论中获取大量的灵感与深刻的见解。如果你去看看我的书柜，或许你就能明白我说的意思。

记忆本身就是一种资源，尽管它来源于其他资源。试着想象一下，当你失去记忆时，你会有一种什么样的体验？在这种情况下，你已不记得在那青春时刻的种种美好，不记得你的父母对你的爱与关怀，不记得你所拥有过的友谊，不记得读过的书、看过的电影，不记得与家人度假时的心情，不记得看过与经历过的一切事情，不记得自己的研究课题，不记得自己被牵连进去的各种纠纷与斗争，不记得自己已实现目标时的满足，不记得之前为何事而尴尬和窘迫，等等。

想象一下，与古罗马皇帝尼禄（Emperor Nero）和路易十四（Louis XIV）相比，你是多么的富有。你可以随时随地决定去听哪场演唱会，又或是可以躺在自己家松软的沙发上听唱片，而他们必须大动干戈地组织一大群有经验的音乐家为自己现场演奏；当然，他们也没有机会听到流行音乐、乡村音乐或者爵士乐；你可以在家门口的拐角处买到新鲜的进口柠果，而他们或许都不知道什么是柠果；当你想要开车去远行时，你只需要发动引擎，踩下油门，而他们需要备好马匹，再以每小时不到20公里的速度缓慢前行。就更不要提现在的医疗保险了，估计你已经明白了我的意思。

我们的记忆使我们成为我们自己，这些记忆构成了我们自己的本质。我们所做的许多事情都是为了我们的记忆。比如，和家人朋友一起出去度假都是为了可以留下美好的回忆，当然，我们去剧院、去参加社交聚会、去努力地做各种各样的事情（参加演讲、组织节日和知名人士会面等）也都是为了同样的目的。我们所做的大多数事情都是为了获得记忆，至少是这么希望的。我和我的家人在过去的每年里都会参加有关荷兰圣尼古拉斯（Sinterklaas）[①]的节日聚会，虽然我几乎都会把具体的细节遗忘，就像是我昨天吃了什么饭、在课堂上说过什么话一样，并不容易被记住；但是，对于我来说，和家人在一起的记忆就是无比珍贵的。

人力资本是指知识与技能，它可以帮助所有者赚取收入。该资本是由前面所提到的资源构成。

8.5.4 社会与共有的资源

你和我所在的社会，对一切种类的事物都是有益的。它包括教育机构、

---

① 每年的12月5号，是荷兰的传统圣诞节日。圣尼古拉斯（Sinterklaas）的原型是公元初在土耳其当过主教的圣者。对于荷兰的孩子们来说，每年的11月中旬直到12月5号，都是荷兰的盛大节日。因为圣尼古拉斯会和他的黑皮特随从们乘坐着蒸汽船从西班牙来到荷兰，为小朋友分送礼物。一直到12月5号，才会搭着蒸汽船离开回到西班牙。12月5号的晚上被称作圣诞之夜，黑皮特们会帮圣尼古拉斯给孩子们送上更多的糖果和更多的礼物。

公共基础设施、医疗保障、养老体制、民主或者其他政治机构、报纸、媒体以及良好的互联网。这部分资源同时也代表了一个国家的团结程度、爱国主义意识、民族认同感和民族历史。

当我去其他国家，参与其他社会团体时，我会意识到社会资源的重要性。有时，我会注意到其他社会机制的优越性，但是我也必须承认，我是如此幸运，美国和荷兰良好的社会资源我都接触过（我曾经在美国学习过，现在返回家乡定居荷兰）。我会庆幸自己能够在美国顶尖的学府里接受良好的教育，与此同时，我也会感叹自己可以生活在一个有序、有组织且可以良好运作的荷兰社会里。对于像我这一类的学者而言，荷兰社会为学术的交流和发展提供了肥沃的土壤，因为我们能够获得许多可以参与演讲、讨论、辩论的机会。

但是，社会和共有资源也包括很多方面。我喜欢我家乡的集市市场，喜欢各种特色商店以及喜欢众多餐馆和咖啡厅为我们提供的多种选择（我们今天晚餐吃什么呢？意大利餐？西班牙餐？日本料理？泰式餐？印度餐？美式餐？俄罗斯餐？希腊餐？印度尼西亚餐？阿根廷餐？越南菜？还是非洲餐？啊，对不起，我们这里没有非洲餐厅。当然，我们也没有所谓的真正意义上的荷兰餐馆，因为荷兰式的料理并没有得到太多人的认可）。毗邻阿姆斯特丹其实是一笔宝贵的财富，尽管我从中获益不多。

自然也是一种重要的资源，虽然该资源存有一些模棱两可的方面。它不仅可以为我们人类提供赖以生存的各种水果、蔬菜、矿物质以及各种食物，同时也为我们提供了各种河流、湖泊、山脉等秀美风景。

8.5.5 物质和金融资源

房子、汽车和电脑都是我的物质资源。我认为，这些资源对居住、避风挡寒、交通、信息以及其他一些价值，包括社会地位，都有好处。

其次就是银行账户，尤其是账户上面的数字，包括股票价值以及养老津贴等，都属于金融资源。我们可以用这些资源换取我们想要的商品。因为，金融资源本身就是有价值的。

与此同时，该资源也包括我们通过工作、创业和发明等方式所得到的一些物质和金融资源。还有一些资源是通过礼物的方式获得的，比如遗产。投资也是一种获得该资源的方式。

8.5.6 信仰、希望和爱是树木的根基

什么是“生命之树”的根基？什么样的资源是可以维护以上我们所拥有的一切资源，以确保我们不会迷失方向的？戴尔德丽·麦克洛斯基（我在本章的最开始所提到的我的好友）给了我答案：对她来说，信仰、希望和爱是最重要的资源，它们是一切美好生活的基础。

“信仰”代表“信念”。它是自信与灵感的来源，拥有坚定的信念是追求美好生活的基础，至少我们可以这样推测。那么，问题来了，我们的信仰又是从何而来的呢？一个强大的生活圈（oikos）也许会为“信仰”提供养料，但是，相当一部分人也会认为“信仰”应该来源于某种宗教。或者某种精神实践，甚至某种激情。

当人们失去希望时，所有的资源都将会失去其含义和作用。没有了希望，我们所做的一切事情都会变得毫无意义。没有了目标，也就没有了方向。当人们愤世嫉俗时，当人们陷入精神抑郁时，往往就面临着这种情况。

爱是最重要的资源。爱不仅是让我们与其他所有生物联系在一起的源泉，同时也可以让我们感受同理心的存在。爱是最人性化的情感，是让我们做正确事情的契机。

8.6 那又如何

你是否描绘过有关自己的“生命之树”？你是否知道什么对你来说是最重要的资源？在你的“生命之树”里，有我提到的这些资源吗？你可以像我一样识别出“生命之树”的根基吗？或者你是否会用其他的方式去表达？你是如何看待你的“生命之树”的？请允许我在这里提出一些建议，当然，这属于我自己的个人看法。

8.6.1 《国富论》?

这是亚当·斯密所写的一本著作，它会让人联想到经济、物质财富和市场。在18世纪末，这样的观点并不常见。在那时，宗教价值依然盛行，财富与信仰以及上帝的祝福密切相关。当一个人谈及物质财富时，他往往想到的是黄金和白银。与此同时，那些能够拥有很多黄金和白银的国家也会被认为

是一个富裕的国家。然而，亚当·斯密颠覆了这一传统观念，他声称，一个国家的财富与这个国家人民的劳动创造，以及他们能够与其他国家的人民所进行的贸易有关。国家的财富不是依靠储备金银，而是依靠劳动和工业致富。亚当·斯密的这一观点从那时一直延续到现在。

而“生命之树”的目的则是为了颠覆亚当·斯密所提出的观点。生命之树将创造出另外一种财富的概念，因为它包括了那些不能在市场上交易，也不是通过劳动力和工业生产出来的资源。我们通过参与社会文化活动，通过与他人一起共享财富，从而寻找对我们自己来说最重要的资源。我提到的有关“生命之树”的画面与亚当·斯密在《国富论》中所预言的情况完全不同。

8.6.2 丰富多样的各种资源

当我开始关注“生命之树”的构成时，我就意识到其实我们几乎每天都会从各种各样的资源中获取有益的信息。比如：我们之前并没有意识到记忆的重要性；没有意识到我们所享有的文明的重要性；没有意识我们所处社会或者所参与的组织机构的重要性。

2001 年，英国艺术家迈克尔·兰迪（Michael Landy）将他自己积累了36 年的所有财物全部销毁。他是在伦敦牛津大街 C&A 品牌的一件陈旧的分店里完成这个行为艺术作品的 。销毁的过程就像是在工厂里，配着一台庞大的碾碎机器。在兰迪销毁的财产里包括一幅达米恩·赫斯特（Damien Hirst）的画，这幅画当时的经济价值不菲，同时，还有一辆萨博汽车、他的护照、照片以及所有的衣服。当整个过程结束后，他身无分文，全身赤裸。那么，这是否意味着他已经不再拥有任何东西呢？当然不是，首先他的这个作品为他赢得了很高的声誉，也让他的书一路畅销。尽管他将自己的物品销毁得一干二净，但是他却无法销毁他的技能、他的知识、他的社交网络、他的记忆、他的社会群体、他拥有的文化和文明。而这些丰富的资源依然可以让他过上美好且富足的生活。

8.6.3 可以通过购买而获得的资源是有限的

与经济相关的资源和我们之前所提到的其他资源相比，会显得黯然失色。

但是，为什么我们总是会给予这些资源更多的关注呢？或许这和它们容易被测量有关？或许这种偏见和某种文化有关？

8.6.4 请再想想，你为什么可以赚得收入

当人们以自己付出了劳动力或者做出了某些贡献来试图为可以获得“高薪”辩解时，其“生命之树”或许会迫使他们重新思考这个问题。他们是否会对他们所拥有的天赋、他们所接受的社会文化教育、他们所在的社会以及体制怀有感激之情呢？运气因素是否也会包含在内呢？当我们意识到资源其实具有多样性时，人性的美德就会随之加强并逐渐完善。至少，这会使我变得谦逊和感恩。

现在，足球明星都会有很高的薪水。之所以可以获得颇丰的薪水，理由也许是他能够为球队赢得胜利，能够为提高门票、赞助、电视转播权以及周边产品的收入做出贡献。但是，请想一想，如果没有他的队友、他的俱乐部组织、有利于发展大众兴趣的足球基础设施和足球文化、他的成长经历、他的天赋，这位球员会取得如此之高的成就吗？如果他知道所有这些能够帮助他在比赛中取得优异成绩的资源，他会不会心存感激，从而变得更加谦逊呢？至少他会愿意为其中的一些资源负责，进而心甘情愿地去纳税吧。

8.6.5 那些被忽略或被忽视的资源的重要性

在想象和构建“生命之树”的过程里，我们会逐渐意识到我们曾经没想到的生命资源。也许这个被忽视的资源会指导我们提升对其他资源的认识，以便更好地帮助我们实现美好而又充实的生活。

8.6.6 谁是富人，谁是穷人

当我们审视我们所获得并拥有的一切时，我们会对富裕与贫穷有一个崭新的认识。一般来说，富裕象征着拥有许许多多的金钱，比如物质和金融资源；而贫穷意味着拥有除金钱以外的资源。但是，现在的情况完全不同。当我们考虑我们拥有的所有财产时，区分富裕和贫穷就会变得很难。请你告诉

我，到底谁更富有：是有钱的律师，还是生活浪漫的艺术家？是没有钱但拥有很多知心朋友和幸福家庭的人，还是有很多的金钱但却找不到一个可以倾诉的朋友，也没有一个可以亲近的家人的人？

我们拥有科技文明，拥有完善的医疗设施和健全的社会福利制度，是否就意味着我们更加富有？乌干达人拥有传统的家庭伦理和深厚的文化底蕴，是否就说明他们更加富有？

有关统计贫富的传统方法，错误之处在于它只衡量了可以物质化的事物，而忽略了那些对我们来说最重要的财富。当然，如果我们把所有的财富都计算在内，比较起来也许并不容易。但是，无论如何，质量永远比数量更有意义。

8.7 各种类型的不平等

当我在撰写这本书时，法国经济学家托马斯·皮凯蒂（Thomas Piketty）的观点对我产生了巨大的影响（Piketty，2014）。在他的著作《二十一世纪资本论》里，他仅从基本的计算方式中得出，财富分配的不平等现象正在扩大，并且会逐渐变得更加严重。我很快明白了他的意思，并且使我之前所提出的怀疑得到了验证：他把计算财富的范畴仅限制在那些可以用货币计量的资产上。因此，他所说的金融财富分配不平等，其实仅仅指的就是本书中所提到的工具性财富。他甚至没有提任何其他形式上的不平等。那么，以“生命之树”为基础，让我试着在这里给大家一一指出其他的不平等吧！

（1）文化资源不平等。这指的是文化资源分配不平等，比如文明、艺术、精神或者一些人所说的有意义的生活。在这种情况下，分配不均的不是金融资本，而是文化资本，或者说是激励或被激励的一种能力。它是一种最本质性的不平等形式。我们不能明确地指出具体不平等的数值。据我所知，目前还没有人尝试制定出一种衡量标准或者指标来测定文化资本的规模及其分布情况。这或许是一种毫无意义的尝试，但是，即便如此，我们还是可以说，那些被剥夺了文化资源的人们本质上是贫穷的。从皮凯蒂的视角出发，一位没有任何金融财富的僧侣最终是一贫如洗的；但是，如果从文化的角度出发，这位僧侣或许比我们大多数人都要富有。

（2）公共资源不平等。这指的是公共财富分配不平等。人们重视什么样的社会取决于他们的价值观是什么样的。向往自由的人会比其他人更加珍视国家的公共资源；同样的道理也适用于那些重视稳定和安全的人。因此，除非我们特意去关注某些特定的公共资源，否则很难研究出一种可以测量公共资源不平等的工具。公共资源不平等会在难民潮、移民潮以及淘金潮中表现出来。

（3）社会资源不平等。这指的是社会资本分配不平等，它和社会的运作机制有关。社会资本取决于社会网络、社会地位、社会认可、社会成员以及社会凝聚力等因素。缺乏经济来源的人往往拥有较低的社会资本。但是，情况并非总是如此。富人可能会感到孤独，而生活拮据的人可能会拥有强大的社交网络。然而，问题在于，当我们想要摆脱贫困时，我们是否只需要考虑经济方面，而忽视社会的不平等？关于这个问题，或许你已经有了答案。

（4）个人资源不平等。这指的是个人的才能、技能、健康、角色和个人所能发挥的作用等方面的分配不平等。不论人们看上去有多平等，但他们依然存有差异性。有些人只是更善于处理某些情况。在现代社会里，拥有强大的认知能力往往比拥有较好的身体运动技能更有利；在战争时期，以实际操作能力为主的人往往比那些只会纸上谈兵的人要更容易在社会上生存。这些不平等往往体现在学校、艺术界、大学、厨艺界、体育界以及任何以技能和才能为基础进行筛选的领域。

8.8 是否存有消极方面

认识更多、更重要的资源，可以帮助我们消除对金融资源的执着迷恋，可以促使我们重新考虑有关富有与贫穷的定义，可以引导我们去关注我们所拥有的重要品质（比如美满的家庭、伟大的艺术等）。以价值为基础的研究方法打破了传统的思维定势，进而可以使我们对这些问题展开开放式的讨论。

我猜想，那些考虑如何才能摆脱贫穷的人们或许会遇到麻烦。他们的担心是贫困将逐步相对化。但是，于我而言，其实我并不同意这种极端的看法。此外，作为一名政治家，我从平时的工作与生活中获悉：贫困，既是经济不平等的结果，也是社会不平等的结果。所以，这就是为什么我总是考虑把政策的重点放在加强社区建设上、放在社会工作上，并试图鼓励“穷人”多参与当地活动，从而让他们摆脱孤立。

然而，目前我们所面临的一个严峻的问题就是，除了认识到金融不平等以外，大多数人缺乏对其他不平等形式的考虑。这也使得他们很难进一步展开工作，尤其是对从政者而言。我想指出的是，衡量金融不平等的方法仍然存有不足，即使这些方法是由皮凯蒂等人提出的，因此这也意味着从政者们不一定可以及时地解决相应的问题。所以，基于这方面的考虑，我认为，最重要的应该是扩大针对不平等话题讨论的范围，并且不断提高对其他不平等现象的认识。

8.9 我们应该如何去积攒资源

在公司的年度汇报会上，人们会通过会计报表盘点他们自己的支出与收入情况，从而计算其经营状况和成果。当然，有时个人也会这么做，看看自己的净资产（Net Wealth）有多少。如果我们只关注金融方面的资产，那么我们就可以直接用货币进行计量。但是，我们需要研究的是整体情况，“生命之树”的图示不仅可以提醒我们金融资产并不是我们所拥有的唯一财富，同时也可以帮助我们了解其他方面资产的情况。

如果我们对自己所拥有的全部资产进行盘点，我们的“生命之树”将会逐渐显现出来。这样做的好处是，那些我们所需要的且能够让我们过上美好生活的所有资源都可以得到重视。接下来，我们需要对所有的资源进行分析和评估，进而发现自己的缺点与不足。为什么我们的生活不如意？我们错过了什么？或者为什么我们对目前的生活感觉良好？

那么，我们应该如何去做呢？通常情况下，我们可以运用实践智慧去衡量各种资源的品质情况。我们也许会发现自己的友谊正面临破裂的危机，那么这时的我们就需要投入大量的精神资源；或者我们会为了缓解经济拮据，而换另一份工作从而增加自己的金融资本。在实践智慧的过程中，我们无法准确地去测量具体的数值。换句话说，这是一个有关实践和经验的问题。

我们不仅需要突破传统，而且需要把定性研究的方法运用在实践智慧的过程中。后面，我将会在第 11 章里详细介绍有关定性观察分析法（The Quality Impact Monitor）的概念。但是，在这里，我敢这样说，没有任何一种方法可以代替我们的日常实践，因为这种实践有利于我们对各种价值进行有效的评估和认识。也正是因为这个实践的过程，才使得我们成为人类。

8.10 练习

为了确定一种资源对自己是否重要，我们可以想象一下，如果没有它，我们的生活、我们的组织机构、我们的社会将会变成什么样子？如果你失去了记忆，你会如何？如果你失去了家人，你会如何？如果你的组织失去了它的社交网络，它又会如何？

我们可以尝试着问自己这样一个问题：失去什么样的资源会让你变得更糟？失去所有的金钱？还是失去所有的朋友？你会用自己的家人去换取 2 000 万欧元或美金吗？

9 构建多维模型——五大领域

为了实现价值，我们需要获取或者生产财富。科学家需要通过写论文来实现他们的研究价值；艺术家需要通过创作艺术品来实现他们的艺术梦想；鞋匠需要通过制作鞋子来展示他们精湛的手艺。我们建立友谊，开启婚姻的大门，与同事建立合作关系，参与各种福利活动项目，也都是为了实现我们所重视的价值。“财富”是通往价值实现之路。

为了能够获取或者生产财富，我们需要各种各样的资源，正如我在上一章所阐明的那样。我们的学识和才能，可以帮助我们开阔视野，帮助我们完成自己的目标。幸福美满的家庭以及伟大而真挚的友谊，对我们来说，也同样的重要，因为它们可以给予我们及时的鼓励和支持。

我们现在需要解决的问题是，如何才能获得这些财富和资源呢？换句话说，问题的关键在于，为什么我们发现获得重要的财富往往会如此困难？为什么我们总是以错误结束？为什么我们会经历这样或那样的匮乏，比如金钱或者爱。

此时的我们正处于最关键的时刻。到目前为止，我们可以从个人或群体的角度出发，去思考如何才能做正确的事情。在这个过程中，我们或许会多多少少忽视其他人的存在。只有当我们涉足有关共享财富的概念时，才会意识到他人对我们的重要性。但是，对于我们的价值与财富增值来说，“他人”无疑在其中扮演着至关重要的角色。价值的稳定与增长其实是一个必然的社会过程。它体现在他人也可以认识到我们所做的事情或者所提供的价值，即价值是有目共睹的。

要解决“如何才能做正确的事情”这个问题，首先我们需要做的事情就是邀请“他人”也参与其中，让其他人也对我们所在乎的财富感兴趣，比如“友谊”（这似乎是显而易见的，如果其他人对你建立的友谊不感兴趣，那么友谊的价值应该如何体现？只有我们交到朋友，我们才有可能拥有友谊）。对于“想法”也同样适用，如果一个想法只有一个人认可，那么它的价值如何才能实现？只有当我们把这个想法与他人一起分享时，“想法”才能获得它该有的价值。一位艺术家或许会把自己个人的内心情感和思想全部投入到自己的艺术作品当中，但是如果没有任何人去欣赏他的作品，他作品的价值又该如何实现？

如果物品的所有者或者物品的创造者想要用该物品去获取其他物品，那么他就必须让他人也对自己的物品感兴趣，这一点是显而易见的。鞋匠不需要太多自己做的鞋子，他需要的是面包和衣服等物品。所以，他必须想尽办法用他的鞋子交换其他的物品。在这种情况下，该物品就是获得其他物品的一种手段。对于鞋匠来说，他所面临的挑战就是，让那些拥有其他物品的所有者去放弃那些物品，以换取他所制作的鞋子。

让别人对自己所拥有的“财富”感兴趣，这就是所谓的价值增殖。对于一件物品来说，它的价值需要得到其他人的认可。比如，一双鞋不仅需要具备实用功能，同时还需要具备社会价值或者审美价值（这让我想到了我在前面章节中提到的 UGG 雪地靴）。然而，对于这些价值而言，它们需要赢得他人的肯定是非常必要的，只有其他人对它们产生了兴趣，这些价值才有可能得以实现。

价值增殖是一个有关设计或探讨对策的问题。我们必须清楚，如何才能使我们的价值观转换为现实，如何让其他人也参与其中，以及我们对这些人的期待又是什么？这些人是否有支付的意向？或者他们参与到“对话”当中本身就是一件很重要的事情？去哪里完成？和谁进行对话？以何种方式？都要做些什么？都有哪些选择？什么是做正确的事情？

9.1 标准经济学模式

人们受标准经济学的影响，会不由自主地认为，市场是让物品价值得以稳定增加的主要选项。也就是说，我们需要在一个“市场”里给我们的物品进行定价，从而进一步期望其他人愿意按照此价格支付该物品。在这种情况下，定价也就意味着我们在和他人交易时，可以获得一定数额的货币。当然，在大学里也同样如此，大学的管理阶层总是以价值增殖为借口，希望可以利用科学家或者学者的想法和研究来换取可观的赞助回报。这时，所谓的“价值增殖”实质上等同于“出售”。另外，政府拨款属于另一种选项。

作为价值增殖的两个标准选项，市场与政府在经济学家的眼里均扮演着重要的角色（见图 9-1）。市场机制的核心是价格机制；政府机制和标准、规则以及各种条例有关。对于标准经济学家来说，市场交换体系、供求关系以及商品价格与价值之间的变化往往是被优先考虑的问题。其次，当在市场失灵、不稳定、不公平的态势下，政府也将会介入其中。

市场还是政府——这是经济学和政策学最常讨论的话题。应该考虑市场机制多一点，还是应该考虑政府机制多一点？政府是否应该干预？或者任市场发展？“放任作为，放任通行？”（Laissez faire，Laissez passer）。

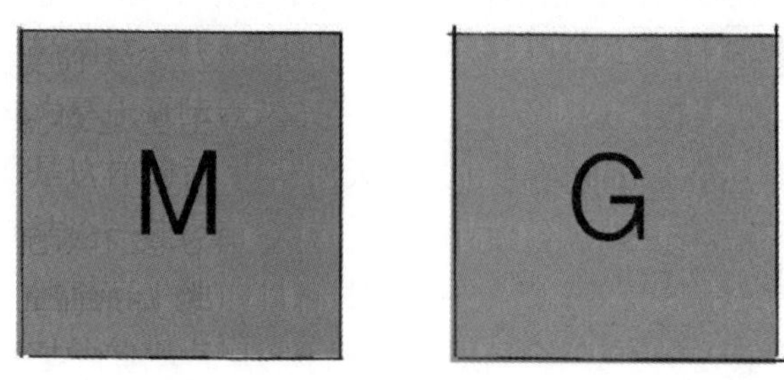

图 9-1　两种标准逻辑：市场与政府

图中 M 代表市场，G 代表政府（稍后我们会将有关政府的概念扩展为政府管理或政府治理）。经济学家非常了解市场是如何运作的。如果我们想了解有关政府的运作方式，我们可以求助于那些研究公共管理以及法律的学者。市场（M）主要是私人财产的交易场所；政府（G）主要提供公共财产。

由市场逻辑以及政府逻辑所构成的标准对话会促使我们去考虑有关市场销量、市场体系中的一般均衡以及政府干预的有效性等问题。我们不仅会被动地对市场的运作产生好奇，同时还会被卷入各种关于如何分析经济政策的利弊、知识产权是否应该存在、政府是否应该资助艺术等讨论中。当然，在标准经济学的论述里，这一切似乎都是合理的。但是，如果我们稍微站远一些，结合自己的经历，就会发现有关市场和政府的讨论到底有多大的意义。它会告诉我们应该如何建立友谊吗？会告诉我们“家”与“房子”的区别吗？它会告诉我们管理者应该如何实现对组织的信任吗？它会告诉我们政治思想观念应该如何在社会建设中实现吗？它会告诉我们艺术知识、科学见解或宗教价值应该如何理解吗？我认为，统统没有。

或许，下面我所提的轶事会帮助我说明，为什么 M 和 G 所组成的逻辑并不完整，以及为什么我们需要更多的维度。

9.2 为了实现艺术的价值，艺术家应该如何让他人参与他自己的艺术

有一次，我的一个艺术家朋友邀请我为他的学生们讲一讲有关艺术与金钱方面的知识。这个朋友在一个镇子里的艺术学院里教书。他们当时一直在忙一个将高速公路作为一种特殊空间的景观设计项目。显然，他们每周都会邀请各种外部人士和他们进行交流和探讨。当我走进教室才发现，在场学生的人数远远超出了我的预计，并且我注意到有几个人和我的年纪相当，着装打扮也差不多。后来，我才知道，他们是荷兰交通部的，同时也是专门为这个项目提供资金的负责人。于是，我坐在了他们旁边。

此时，正在说话的是一个年龄比较大的学生，我猜他大概有 34 岁，他看上去比其他学生要老成一些。起初，我并不确定他一直在说些什么。但是，在我慢慢地将他所说的话梳理清楚后，我才确定他口中的艺术项目是一个探索城市道路的计算体系。该计算体系可以帮助游客在游览城市的同时，能够以完全不同于导游的视角去观察该城市，通过当地居民的日常生活路线，从而更进一步地探索出该城市隐藏的魅力所在。他的演讲引发了一场激烈的讨论：计算技术、个人成果和相关的政治影响、艺术特质以及所适用该体验的地点/空间等。这时的讨论氛围完全就像是一次典型的属于艺术家们的聚会。

在讨论快结束时，我的艺术家好友给我递过来话筒，试图也让我提出一些建议。于是，我提出了一个经济学家可能都会问的问题："你的这个项目可以赚多少钱？"我认为，"艺术家们"应该能够很直接地回答我，然而，他们的确也是很直接地表达出自己的想法。"多么愚蠢的问题！"一个扎着辫子的男生大喊道。另外一个学生也跟着问："为什么这个很重要？""是呀！"又一个学生补充道，"我反正一点也不在乎。"出于我的年长以及教授头衔的优势，我依然执意继续问："不，这个很重要，到目前为止，你从这个项目里得到了什么？"我很想知道的是，是否有更多的人也愿意为这个项目付出点什么。

"300 欧元。"那个提出计算体系的学生小声地回答道。他的回答听上去

有些夸张。“你做这个项目有多久了？”我问。“断断续续有半年了，目前总共有几个月，我想。”“那你怎么养家糊口的呢？”（在之前的对话中，我得知他结婚了，而且有一个孩子，所以我继续问道）。“我有一个关于行政工作的兼职，同时我的妻子也在工作。”他说。

我可以为他想出许多的选择：他可以把他的计算体系卖给旅行社，也可以卖给出版《孤独星球》或和旅游指南有关的出版社，或许还可以将其开发成用于智能手机的应用程序。如果我的这些提议可以实现，他一定会一夜暴富吧！又或许他也可以和坐在我旁边的政府负责人联系，看看他的项目是否有资格获得来自政府的补贴。以上的这些选择似乎都是可以帮助他实现项目价值的显而易见的方法。然而，他却对这些选择毫无兴趣。那么，他到底应该如何吸引别人也参与其中，并让其他人也对他的工作感兴趣呢？

我真正的想法其实是，想向这些艺术学院的学生们展示市场能够为他们实现艺术的价值提供多样的选择机会。尽管我说的大部分内容对他们来说是全新的观点，然而他们的抵抗情绪依然很严重。他们固执地坚信，我并没有公正地对待他们的想法。虽然他们没有明确地告诉我，但是我知道，他们其实是想用其他的方式去实现自己的艺术价值。对他们而言，其他方式的有效性似乎显而易见，但是从市场与政府的维度去干预却让他们理解不了。

对于这些“艺术家”来说，市场与政府的标准图示看上去应该一目了然，但是实际上却并没有给他们指明确切的行动方向。由此来看，为了可以更加公正地对待艺术家们，我们还需要在标准模式中加入其他的维度去进一步说明。这次经历以及之前类似的经历告诉我，为了让艺术家们以及我们所有的人可以更好地对我们所拥有的财富进行价值确定与评估，我们至少还需要再多加三种不同的维度。

9.2.1 社会领域

我们可以发现，这位艺术家正在与一群热情且怀有抱负的未来艺术家们一起分享他的作品。他获得了这些未来艺术家们的关注，甚至让他们和他一起探讨自己的艺术工作。那么，为什么我们需要注意这一点？

数以百万计的艺术家们都在不断地创作属于自己的作品，而所有的这些作品中只有一小部分会被人们所提及，甚至更小的一部分才能被引起重视。所有的这些艺术家都渴望将自己的作品作为对话讨论的主题，从而博得其他艺术家的认可。但是，实际上，成功的大门往往只会给少数人敞开。不过至少在这次的谈话中，这位艺术家做到了。他的老师专门邀请他做报告，显然老师对他的方案很感兴趣；学生也表现出愿意参与讨论的强烈意向，也许这次的讨论会给他们今后的创作带来一定的影响。他的作品同时也对我产生了影响，因为它促使我去思考应该如何了解异国城市，让我意识到我自己在从小居住的城市中所养成的生活习惯方式。对于这位艺术家来说，那天晚上是一次难得机会，他的艺术作品价值在一定程度上得到了实现。

参与到对话中，并得到其他人的认可，这是该艺术家在社会领域所完成的事情。换句话说，社会领域其实就是指人们社交的领域，即互相交流和沟通的领域。在这个领域里，人们会希望别人对自己做的事情感兴趣并参与其中，所以他们会不断地试图说服或诱导对方也付出相应的时间、情感、智力、体力，甚至金钱（以礼物的方式）。为了完成这个目的，他们需要建立良好的社交关系网，与他人建立各种各样的人脉关系，其中不仅包括一些专业人士，同时还包括关系亲密的家人和朋友。

9.2.2 文化或者艺术领域

在讨论的过程中，这位艺术家和其他的艺术学生都会不断地结合自己所学以及所了解的艺术知识进行实践与思考。艺术家不仅会频繁地使用各种和艺术相关的词汇（比如创新、政治、跨学科、陈词滥调、有趣、真迹、批判），同时他们的对话也有着独特的语言代码（比如著名艺术家们的名字——杜尚、约瑟夫、凡·高等，以及使用与艺术专业相关的话题）。然而，在我所涉及的学科的学术研讨会上，讨论将会完全不一样，因为学者们会用另外一种不同的专业术语、价值观以及语言代码进行交流和对话。

对于艺术家而言，构成以行为为导向的有关艺术的对话本身就是一种资源。在这种对话的背景下，他们的艺术作品的价值就会存在被认可和被实现的可能，因此，作为艺术家，他们需要这样的对话，从而使自己的艺术变得更有价值。

9.2.3 “家”（oikos）的领域

“家”常常被人们所忽视，尤其是在标准经济学观点盛行的时候（经济学 economic 的拉丁词源是 oikonomia，即由家庭 oikos 和秩序 nomos 组成，意为家的法则)。起初，我对这部分领域的作用并不重视。但是，我后来发现，对于艺术家来说，家的作用至关重要（但是对他的作品来说，也许不那么重要)。一个艺术家的家指的就是他和家人在一起的生活。首先，他必须对自己的艺术有信心，愿意为艺术付出，比如愿意接受一份毫无意义的兼职工作，并放弃可以获得高额收入的全职工作。其次，他必须让他的另一半也参与其中，比如他必须说服自己的妻子支持他为艺术事业所做的事情。或许，我们可以想象一下他们坐在餐桌前的对话："你的艺术究竟什么时候才能赚到钱?""亲爱的，请给它多些时间。凡·高在他的作品获得成功之前不也是需要一段时间吗?""是的，你说的没错，但是我不是凡·高的哥哥，而且我们还需要养育一个孩子。""我知道，知道了……我对目前的状况也不满意，但是，你知道吗？艺术对我来说是多么的重要！下周我会在学院做一个有关我的艺术方案的报告，谁知道会发生什么呢？兴许我会成功!"他的妻子叹了口气，于是结束了对话，转身离开。为了可以支付房租，为了维持基本生活，为了可以安排度假，她现在不得不出去工作。

Oikos 代表家。正如我在之前所提过的，家是实现所有财富最关键的因素。这并不意味着家需要欣赏成员们所创造出来的作品或者想法，但是，家可以给予这些成员足够的支持与帮助。家是我们大多数人实现价值的起点。对于孩子们来说，无论是手绘的涂鸦，还是制作的手工，他们都会渴望得到自己父母的认可；或者，他们在做其他的事情时，父母给他们准备好丰盛的晚餐、温暖的被褥等。当孩子们长大后，无论在生活还是在事业上遇到挫折与失败，家永远都是他们最坚实的后盾。在生命的尽头，我们会发现，我们最感激的是那些和我们一起共度一生的家人。

在这位艺术家的经历中，每个领域的作用都截然不同。对他来说，家的作用、文化领域的作用以及社会领域的作用都是显而易见的。他很清楚，他不仅需要获得妻子的支持，同时也需要获得来自艺术界其他人士的关注，需要参与到相应的艺术对话中实现自己的艺术价值。然而，他却不知该如何把控市场领域和政府领域。他不知道该如何推销自己的理念，也不知道该如何利用自己的作品去赚钱。应该和谁联系？哪个组织会对自己的作品感兴趣？他毫无头绪，甚至压根就没有把市场放在自己的考虑范围之内。在那天晚上，我一直在说服那些艺术学生们要对市场领域感兴趣，并告诉他们市场领域并非他们所想象的那样。但是，如果让他们选择，他们中的大多数还是只会选择家的领域以及社会领域，因为他们坚信这两个领域可以让他们的艺术作品变得更有价值。有趣的是，按照标准经济学的观点，市场领域和政府领域才应该是艺术家们的首要选项。

9.2.4 市场领域（让艺术家看到市场领域里所提供的选择）

这位艺术家应该考虑如何才能获得来自投资者或其他相关组织机构的资金支持。在这种情况下，他可以用他的作品的使用权或者所有权换取对他有价值的物品，比如食物、衣服、汽油或者足够让他买东西的一大笔钱。当他在寻求交易时，他就已经步入了市场领域。

实际上，这也就意味着他必须和其他人接触（比如个人投资者、公司职员、画廊等），去告诉这些人他自己的想法并让他们相信这个想法对他们是有价值的，进而说服他们为该艺术作品买单。

交换发生在人们表明交换意愿时，或者换句话说，交换发生在人们愿意放弃一些东西而换取另一些物品时。那么，问题来了，为什么其他人会愿意给这位艺术家付钱呢？在这件事中，他自己似乎并不知道答案，或许这也正是为什么他忽略了市场领域的作用。

这表明了，人们在参与市场领域的活动时，需要具备一定的想象力和创造力，比如艺术家或者艺术经纪人，他们需要构想出对方的价值观与想要的理念，以便提出合适的交易方案。对于这位艺术家，他可以想象，像出版《孤独星球》这类旅游指南的出版社是否会对它们所针对的目标人群提供这样的交易方案，如果可能，他的交易就会成功。

当然，这样的交易具有工具性，至少在理论上是这样的。交易可以帮助人们获取其他的物品。当他人愿意为这位艺术家的作品支付一定的金额时，该艺术家也可以用这笔收入来支付他想要买的物品。因此，这种交换与其说是关于人与人之间的关系，不如说是关于为人们提供获得有价值物品的可能性。

9.2.5 有关政府机构或政府管理的领域

艺术家可以申请补助金，可以从政府的官方网页上下载相关的申请表格，也可以向政府官员咨询应该如何才能获取补助，这时的他，就已经步入了政府领域。或者，他向基金会申请资助，他就会或多或少地参与到类似的活动中。在这两种情况下，艺术家之所以邀请他人加入自己的艺术讨论，并不是因为对方可以评估自己的价值，而是因为对方所具备的功能和所代表的系统对自己有益。当这位艺术家和政府或者基金会打交道时，他需要考虑的是相关的程序、标准以及规章制度。或许他需要请一个会计帮他计算一下开支，或者他还需要依赖评审会委员们的建议。

他也可以让自己服从于一个组织机构的管理。当他将自己的创意提供给一家公司或者一所学院，又或者在其他学校任教时，这种情况就有可能发生。在这种情况下，他可以通过向公司的职员传授知识技术或者通过在学校教书来体现自己的价值，从而获得相应的酬金。公司或者学校也包含各种相关的申请程序、职能要求、薪金表、请假条例等制度。他作为一名雇员，公司拥有可以让他创造出任何艺术作品的权力，学院也可以对他的艺术创作提出各种要求。比如，如果他在一所高中任职，他就必须服从这所高中对他所提出的要求，其中包括对他教学技能的要求。在以上所有的情况下，他都必须服从政府逻辑，即治理的逻辑；作为回报，他将可以获得一份稳定且可靠的收入。

现在，我们已经将标准经济学的图示扩展到五种领域，即市场、政府（政府治理）、社会、文化以及家的领域。从图 9-2 可以看出，“家”作为基础；中心位置是社会领域，它将所有的这些领域联系在一起；文化领域可以三维形式出现，因为它覆盖了其他所有的领域，与此同时，在这五个领域中，人们所参与的一切活动都是某种文化的体现（正如我在本书前两章中所叙述的那样）。

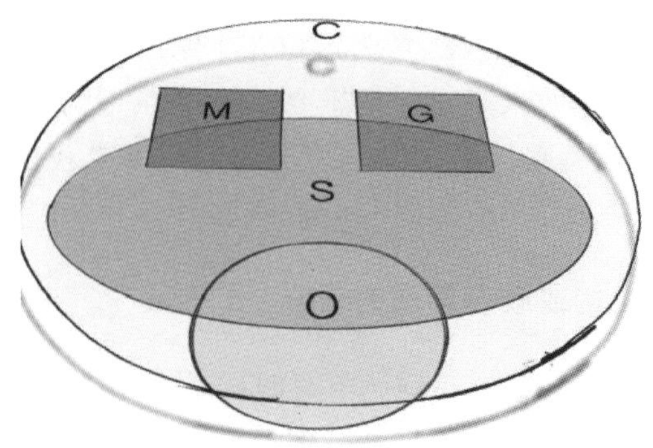

图 9-2　五种领域：市场（M）、政府（G）、“家”（O）、社会（S）和文化（C）

有人告诉我，当他看到这个图示时，他会联想到骑着独轮车的人。“社会领域”就好比那个骑车的人，那个人必须把市场和政府稳住，并同时保持所有球体的平衡。因此，他认为，那个人必须足够强大。我认为，他是对的。在稍后的内容中，结合该图示，你将会获得更进一步的了解。

图 9-2 中：M（market）代表市场领域；G（governance）代表政府领域，或者治理领域（稍后我会加以说明）；S（social）代表社会领域；O（oikos）代表“家”领域；C（culture）代表文化领域。在每个领域中，它们都有各自所特有的逻辑，即一系列的规则、规范、制度、关系和价值观。这些逻辑会对该领域中所特定的某种行为赋予重要的意义，并判定其他行为是不符合本领域逻辑的（奇怪的、闻所未闻的、令人反感的）。

市场是有关交易的领域，它所涵盖的逻辑是关于交换规则的逻辑。在这个领域里，不仅物品会被商品化并被贴上价格的标签，而且个体或者组织机构会进行买卖行为，同时货币也会充当起计量的单位以及交换的工具。市场领域是商业化的领域，是追求利润的领域，是关乎利益的领域，是涉及竞争的领域，是讲究效率的领域，是有关创业的领域，也是自由选择的领域；市场领域是让人们成为卖家、买家、顾客、消费者、交易者以及商人的领域；市场领域是一种将物品作为私有财产进行定价的领域。

政府是有关治理的领域，它是政府逻辑运作的地方。其政府逻辑指的是一种以规则、制度、标准、核算程序和法律为基础的形式逻辑。这种逻辑属于官僚逻辑。政府机构会按照这样的逻辑方式行事，其中也包括各种组织机构；基金会以及某种规模的商业组织也会遵守这样的逻辑。在这种逻辑模式中，人们会成为官员、经理、雇员、下属、公务员、客户、病人、子民和公民等。政府领域有利于实现集体财产的价值。

社会属于非正式领域，其逻辑具有社会性。在这个领域中，价格、规章、制度一切都不重要，因为社会逻辑是有关贡献、馈赠、参与、合作以及协作的逻辑，是有关人际关系和社交网络的逻辑。在该领域里，人们会成为合作伙伴、朋友、熟人、同事、会员、同志、贡献者、捐助者、支持者和参与者。在社会领域里，人们所创造的是共享财产，比如社会和文化财富，与此同时，公共资源也会随之产生。

“家”领域的逻辑类似于社会逻辑，但是与社会逻辑不同的是，家逻辑会假定人们之间有着血缘关系或者共享着某种宿命。家的逻辑是有关相互依赖、忠诚、家庭纽带、亲密和爱的逻辑。在家的领域里，人们会成为家庭成员（比如父母、孩子、叔伯、姑母、侄子、表妹）、灵魂伴侣、亲密伴侣以及亲密的朋友。家的领域有利于社会财富以及亲密关系的积累与发展。

文化领域的逻辑具有文化性。在文化领域中，我们的层次将会超越之前其他所有的领域，我们的活动总是会与善、美、真理、和谐、神圣或者超越世俗的事物有关，其中也包括宗教、艺术和科学的对话或实践。在这个领域里，人们的行为活动会和他们的文化价值息息相关，他们会一起庆祝某种仪式，会对某些神圣的物品产生敬畏，会分享共同的历史。当然，该领域也是人类文明发展的源头。

在接下来的两章中，我将会更深入具体地讨论有关这些领域的情况。通过之前关于五种领域的图示，我们可以看出，这些领域之间会相互重叠、相互挤入（crowding in）或相互挤出（crowding out），因此，当人们或者组织机构在做正确的事情时，需要考虑很多方面的因素，在之后的章节中，我会详细说明。

在本章的剩余部分，我想要向你展示的是关于这种多维模型（五种领域）是如何产生的，它是如何解释历史的发展的，以及它又是如何影响我们的世界观的。

9.3　清楚地认识多维模型（五种领域）划分的必要性

在许多年前，我和我当时的博士生祖德霍夫（P. W. Zuidhof）在合作一篇有关文化遗产的论文时，我们产生了区分各个领域的想法。最初我们在市场和政府领域以外增加了一个馈赠领域，并称之为第三部门，因为那是当时慈善部门的常用名称。当我在一次世界文化经济学会议上发表这篇论文时，迈克尔·赫特（Michael Hutter）向我推荐了德国社会学家尼可拉斯·卢曼（Niklas Luhmann）的著作（同时，赫特告诉我，也许我可以从卢曼的著作中收获更多的东西），并建议我增加另外一个家庭（family）领域（Luhmann，1997）。

最开始，我在模型图示上画了一个球体，社会领域在正中间，但是当我阅读了我的好友史蒂芬·古德曼（Stephen Gudeman）写的文章后（Gudeman，2008），我决定加上“家”的领域。正如我之前所说，“家”的领域应该在所有球体的底部，就也是最下方。对我来说，这是一场思想的变革。从那时起，我就开始学着用家作为任何一种想法的出发点。也许你已经在前几章中注意到了，同样的，在之后的几章中，我还会继续用这种思维模式去分析问题。我认为，人们所做的很多事情都是为了家（oikos）。人们的生命往往都是从家开始，围绕着自己的配偶、父母、孩子、亲密的朋友展开活动，通常情况下，人们会将家作为自己的主要奋斗目标。此外，人们的生命也往往以家为终点。

接着，我认识到文化领域的必要性。在我开始教文化经济学时，我已经教了 15 年左右的哲学课程，我主要探讨的是有关经济学的社会和修辞方面的内容。我的观点是，科学家需要在社会环境中运用社会逻辑，同时，社会环境也有可能对科学家的科学实践活动产生影响。这也就是我们所说的科学社会学，该学科与模型中的社会领域有着密切的联系。但是，当科学家在使用特殊的科学术语，遵循特定的科学规范和尊重相关的科学价值时，他们应用的不仅仅是社会逻辑，也就是说，他们使用的是一种特殊的修辞方式。以上所说的这些都不能在这包含四个“球体”（市场、政府、社会、家）的模型中表现出来，因此我意识到，我需要另一种领域，即文化领域。由于文化领域超越了社会，所以我将这个领域画在了其他四个领域之上，并放在了三维空间中。当我把文化的人类学意义（C1）、文明的意义（C2）以及艺术的意义（C3）联系在一起时，我们就可以很容易地发现文化领域会覆盖其他另外四种领域。

在我使用这种多维模型时，我开始意识到，这种模型有多种用途。在本章中，特别是下一章中，我们将逐渐清楚地看到，它有助于我们解释各种各样的现象，与此同时，它也会帮助我们认识每个领域所拥有的特征以及差异。渐渐地，它塑造了我的世界观。我几乎在所有的演讲中都会运用这个多维模型，并且当我在运用有关政策处理事务时，它同样也会给我帮助与灵感。

对于该多维模型来说，球体之间的相互差异至关重要，因为它可以体现出我们在实现自己价值时所需要参与的不同的对话和不同的实践。我发现，如果人们可以意识到这五种领域之间的不同，那么就可以了解其他可代替的选项或不同的方案。如果我们的艺术家可以走出 C、S 和 O 这些对他来说属于舒适区的领域，并进一步认识到 G 和 M 同样也可以为自己提供机会，那么他就有可能从中受益。球体之间的差异同时也有助于解释为什么当我提到 M

时，艺术系的学生对 M 或者对我所表现出的敌意和不满，显然是因为他们只关注 S，即社会领域。M 的实践，以及与 M 相关的价值观，和他们所重视的社会实践发生了冲突，因此这让他们感到来自 M 的威胁。同样地，一个按照 M 逻辑去思考的人，他也会对 G 产生排斥情绪。当自由市场经济学家谈论政府行为时（比如有关税收、政府监督以及复杂而艰难的决策过程），你就会注意到他们的言谈中充满了对 G 的反感。类似的例子还有很多。我遇到过很多艺术家，他们似乎对 O 及其领域所产生的令人窒息的压抑而感到厌恶，相对来说，S 可以让他们更加舒服和放松。

人们的敌对情绪是关于这多个领域之间差异性的最明显的体现。此外，我认为，这种多维模型应该也可以帮助我们理解其他相关的情绪和感受，在第 10 章中，我将会进一步说明。当我们试图了解共享和公共财产是如何产生时，该多维模型的好处便会显而易见。如果我们仅限于使用只涵盖 M 和 G 的图示，那么我们将永远无法理解到底什么才是共享财产、什么又是公共财产。所以，我们还需要 S、C、O 来理解我们如何才能实现对我们来说最重要的财富。除此之外，我们还需要通过 S、C、O 去了解艺术、宗教和科学等公共资源是如何产生以及如何发挥其作用的。总而言之，如果我们只了解 M 和 G，那么我们对社会和文化财富将会一无所知。

但是，以上的这些讨论并不是为了主张这种多维模型可以帮助人们轻易地区分这五个领域。实际上，在实践的过程中，M 所受的关注度其实最高，特别是，经济学家往往在其他领域的实践中也会不加思索地运用 M 逻辑。这就是为什么这些经济学家会认为，从政者们努力争取选票是为了获得利益的最大化，以及在 O 的领域，大家相互分担家务其实符合经济学上的交换原则（Becker，1976）。这种经济学的观点抹杀了各个不同领域存在的差异性，使得其他的领域都和 M 一样，一切实践都需要服从于 M 逻辑。

另外，我发现，在社会学家的日常行为中，他们也会出现类似的情况。比如，他们会看到商人在市场中的社交行为，以及社会因素在市场中的作用（比如地位和对归属感的需求）。对他们来说，政治也属于一种社会现象，家庭生活同样如此。换句话说，他们认为 S 覆盖了所有领域。

9.4 查阅历史历程

当我们沿着历史的轨迹去追寻时，我们会发现，这五种领域之间的差异会变得尤为明显。我们都知道，人类的生命起源于家的领域。我们的祖先最开始先是组成一个个小而亲密的团体。成员之间相互合作、相互依赖（Sahlins，1972）。他们会分享各自所采集和狩猎的食物，并会按照年龄与能力划分社会等级。这些成员们的生存和未来、归属感的建立以及对精神生活的追求都是在这些小群体中实现的。在每个小团体中，成员之间的关系相当紧密并相互熟知，但是，他们很少或者几乎不和其他团体的成员来往，因此，这些小团体的发展都从 O 开始的。

然而，人类与其他生物之间最大的区别就是有文化。人类可以通过语言能力和想象力，表达自己的想法并设计出可以体现他们共同经历的象征符号。山顶洞人起初在洞壁上作画，随后试图借助各种宗教仪式去应对变化莫测的各种命运，并通过叙事性的记录展示他们的行为及其意义，从而呈现出与其相关的历史发展进程。所以，我们有理由确信，人类在家的领域中所参与的实践活动是可以被纳入文化领域范畴的。

随着时间的推移，这些小团体发展成了部落。在这些部落中，社会活动逐渐展开。在部落中，每个小团体的成员会和其他小团体的成员建立互惠互助的社会关系。S 构成了公共领域，在这个领域中，所有人都可以进出，但需要强调的是，这些人并不是以血缘、亲属关系以及共同的家庭为基础而聚集在一起的。在部落里，成员们会一起组织仪式、协作并交换财物和劳力。但是，此时，金钱还没有成为用来吸引交换的手段，人们也不需要去思考和谁交换或应该交换什么之类的问题。此外，通常来说，长者一般统治并管理着整个部落的一切事务。但是，这个部落并没有相关的规章、条例以及可执行的合同等。由此看来，一个部落是由 O、C 和 S 组成的，甚至在该部落和其他部落相互联系时，也同样如此。正如法国人类学家马塞尔·莫斯（Marcel Mauss）在他的著作《礼物》中所描述的那样，特罗布里恩德（Trobriand）部落会为了和其他部落维持稳定的关系，而进行复杂的礼物交换活动（Mauss，1967）。

我们都知道，有关市场的实践很早就出现了。开始，外族部落的人可能会向本族部落或者当地的群落提供他们感兴趣的物品。于是，划时代的事情发生了，就如同一些孩子会将几个硬币攥在他们的小手里冲出家门买东西一样，而不是去询问自己家庭的其他成员是否有想要的东西。现在的你可以去向一个完全陌生的人询问你所看重的他拥有的物品，看看这个陌生人是否愿意接受你的一些东西作为交换回报，比如攥在你手里的几个硬币。但是，这是如何办到的？为什么不去攻击那个陌生人，再用蛮力把他的好东西抢过来呢？你是如何知道达成交易都需要些什么的？为什么只要这些硬币就足够了，而不需要更多的硬币？这些硬币到底值多少钱？

对于很多人来说，上面的这些问题似乎很愚蠢，因为答案似乎显而易见。但是，事实并非如此，在本章开始提到的那个艺术家好像并不知道自己可以提供什么，也不知道他应该要什么作为回报。其实还有许多人，尤其是在文化组织机构工作的人，也依然无法理解有关 M 的逻辑。

当亚里士多德写下他对城邦的思考时，那时的雅典社会已经变得更加多样且更加复杂。越来越多的人聚集在城市里，他们越来越需要获得其他人所提供的物品和服务，他们需要依靠他人才能实现自己充实而有意义的生活。

根据亚里士多德的观点，“家”的领域仍然起着核心的作用。家可以提供住所，也可以提供足够多的食物和其他必需品。自给自足是人们的目标。一个人在家的领域所拥有的地位与财富决定了他在公共或者社会领域中所应该享有的地位。比如，一家之主明显比那些没有公民资格的奴隶和妇女要有地位。这些人是可以在城市中心的广场上参与相关的政治活动的。这些政治生活具有社会性，因为它会涉及与其他公民讨论与辩论等的事宜。因此，城邦拥有相当丰富的文化领域和日益成熟的社会领域。政府领域也以雅典人建立的政府构架和机构的形式出现。雅典有属于自己的统治范围，同时，一些公民也承担着相应的政府职能。雅典的法律制度逐渐完善，并规范着人们的日常生活和人与人之间的沟通交流。希腊著名的伊索寓言就是从其强大的社会领域中获得灵感的，并通过戏剧等艺术形式展现出来，即形成文化领域。总而言之，雅典是一个高度发达的公民社会，也就是说，在 O 的外侧有一个强大的 S，只有通过类似激烈且密集的对话，希腊才能散发出这般永恒且独一无二的魅力。

因此，对于亚里士多德来说，问题就出在这些雅典人的交易过程中。他将这种交易命名为商业行为或赚钱（chrematistics），并称其是一种反常的现象，因为与完全陌生的人讨价还价并交换物品与他所认为的自然的做事方式是冲突的。亚里士多德认为，家的领域意味着可以提供所有的必需品，并且人们的行为应该一直保持自然状态。相对而言，交换并不属于自然的人类行为。对于人们利用他人作为实现自己价值的工具，并将物品的特性用以货币为单位的价格表示的现象，他提出了异议。但是，尽管如此，亚里士多德还是勉强承认了，家的领域同样也需要通过钱物交易的方式获得物品。

当我们将目光逐渐放在当前的社会上时，我们就会发现政府领域变得越来越重要。对于重商主义者来说，治理是他们世界观里的核心问题。他们认为，拥有大规模的军队和先进战舰的强大政府是可以积累大量财富的（尽管他们有不同的权力属性，比如不同的规模、不同的国内市场、不同的创新能力、不同的重要资源的所有权，当然还包括不同的军事实力）。政府与中央集权、规章制度、税收、管理以及法律等密切相关。

将市场领域当作一个独特的领域和其他领域区分开来，这样的功劳或许我们可以把它归功于亚当·斯密，因为这个做法对实现价值具有非常重要的意义。亚当指出，对于亚里士多德以及之后出现的许多思想家和宗教学者来说，涉及市场的实践行为是令人厌恶的。如何才能使追求自身利益的行为正当化？将自身的利益放在首位，难道不会破坏社会互动吗？如果没有政府的干预，人与人之间的互动仅仅依靠一只无形的手来控制（比如价格），结果又会如何呢？

汤普森（E. P. Thompson）和卡尔·波兰尼（Karl Polanyi）等历史学家描述了市场作为一种常见的实践行为出现在传统社会时的影响（Thompson，1991 and Polanyi，1944）。想象一下，对于那些从小在农场长大的人来说，这意味着什么？他们也许会期待或者被期待应该在属于自己的家（oikos）的领域农耕劳作，但是如果有人为了获得利润而与外族人进行交易，那么这就意味着他会脱离属于自己的群体。新兴的市场经济给当时的社会带来了巨大的变化。汤普森以一场发生在18世纪的骚乱为例，指出市场经济与当时传统的伦理价值相冲突，在磨坊主去市场的途中，他会被当地的居民袭击，因为他手里拿的面粉正是在当地磨制的。当地的居民会认为这个磨坊主“将面粉卖给陌生人”的行为属于背叛自己本族的行为。因此，我们也可以把这场骚乱理解为社会逻辑与市场逻辑之间的冲突（在市场领域，和陌生人交易是一种正常的行为活动）。

在波兰尼的描述中，他也分别探讨了不同领域的情况。波兰尼总共划分了四个领域：第一是交换领域（即我提到的市场领域，就是M）；第二个是分配领域（相当于我提到的政府领域，就是G）；第三是互惠领域（即我提到的社会领域，就是S)；第四就是家庭所有者（householding)，这里也正是我们所说的“家”的领域O。他特别提到了S，由此来说明，市场类型的互动并不像普通的经济分析报告中所表明的那样是“正常”的。他针对“自我调节市场”的意识形态提出了批判，并建议将市场归还于社会。然而，当我的好朋友戴尔德丽·麦克洛斯基提到波兰尼这个名字时，她就会勃然大怒，因为她认为，波兰尼严重扭曲了市场的历史，并低估了市场自身的作用。或许我的好朋友是对的，通常她在这类的问题上的看法都是对的，但是问题的关键在于，当人们从一个领域移向另一个领域时，会不可避免地产生一定的摩擦现象，即一种领域的逻辑和另一种领域的逻辑之间会相互排斥或相互抵触。

在过去的两百多年里，市场在集体思维模式中占有举足轻重的地位。现代社会里的人们在有关市场可以获得收入以及物品的意识下不断地成长。因此，我们都知道市场在私有财产交换和经济资本规模等方面具有强大的影响力。人们表现出对市场持有统治性地位的普遍抗拒，也正证明了这一点。

其中一个重要的原因是，现代社会衡量市场结果的能力日益增强。交易额、利润、资产价值（比如机器、建筑、股票、债券以及银行账户）等，都是可以用数字表现的。世界金融化意味着我们可以在市场领域用货币衡量越来越多的物品并进行交易。由于在工具主义的思维体系中人们往往认为数字才是最真实可信的，因此市场领域也被认为是最坚固有力的领域。换句话说，不能用货币衡量的东西都是“抽象的”“摇摆不定的”。这使得与文化领域、社会领域以及“家”的领域中相关的任何事物同样也被认为是“抽象且不牢固的”，至少在工具主义者的眼里是这样的。然而，以价值为基础的研究方法将会颠覆这一想法。

即便如此，在过去的两百多年里，现代社会所见证的令人印象深刻的经济与金融财富的积累，证明了市场及其领域带来的一切有关创新、创业实践具有巨大的影响作用。市场领域是一个至关重要的领域，它可以帮助我们实现自己的价值（作为劳动者，在劳动力市场上实现价值增殖)，能够让我们通过购买的方式获得电脑、房子、衣服、治疗、假期以及其他一切我们所需要的物品和服务。世界上大多数地方的人都很清楚的一点是，如果他们想要得到他们想要的东西，他们就必须参与有关M的各种实践。

但是，我们也从中了解到，市场领域中的实践会给整个社会带来不安定，甚至可能会带来危机，并产生一些意想不到的后果，比如不平等和不公正。20 世纪 30 年代的大萧条（至少在西方国家）被称作是大市场失灵的一段插曲，它现在依然在大家的集体记忆里挥之不去。我很怀疑最近的经济衰退（2008—2014）是否也会给我们带来同样的影响？在大萧条时期，人们认为解决危机的方法就是促进政府领域的发展，那时的苏联共产党人接受了这一观点，并把它作为是智胜市场领域的一种方法，试图让每个人都享受更多的福利。他们寻求用科学的方式解决分配问题，同时认为政府在该执行过程中扮演着必不可少的角色。社会主义者以及社会民主党人希望将 M 与 G 结合在一起，约翰·梅纳德·凯恩斯（John Maynard Keynes）提倡政府支付开支，从而弥补国内需求的下降。获得第一个诺贝尔经济学奖的荷兰人简·丁伯根（Jan Tinbergen）采取的则是一种更为系统的解决方法，即利用模型来表明政府政策可以对经济产生影响。但是，为了使政府的功能更加有效，政府的规模也必须随之扩张。

因此，与政府领域相关的实践在随后的几十年中急剧增加，并且在 20 世纪六七十年代里，人们在制定规章制度时，针对有关福利项目的预算也被给予了广泛的重视与支持。在大多数发达国家，政府的规模扩大到相当于国内生产总值（GDP）的一半。这些政府会涉足公用事业公司、教育业、医疗、电信、邮局以及文化活动（比如博物馆、剧院和图书馆等），会资助文化和社会以及企业的相关活动，会保护本国公司免受来自其他国家的侵害，也会维护《反垄断法》。自 20 世纪 80 年代以来，各国政府均开始把市场逻辑纳入有关政府领域的讨论中，从而私有化与自由化进程也逐渐得以发展。但是，即便如此，一般来说，政府对国民总收入的贡献仍然在 40%~55%之间。

政府意味着官僚体制，每一个想要在市场领域中寻求利润或乐趣的个人或团体都必须与政府官僚机构打交道。因此，但凡想以游客或者商人的身份进入印度或者美国，就会注意到这一点。

当我们在考虑商业组织的发展与未来时，政府领域往往起着主导性的作用。尽管我们将商业组织纳入市场领域的范畴中（因为有交易的存在），但是它们内部的运作模式依然符合政府逻辑。毕竟，这些商业组织也会设有“官僚”制度，通过各种规章、程序与合同为员工们分配各自职能，并维护会计制度的严肃性与统一性。这所有的一切都可以被称作是管理文化。这种文化产生于19世纪下半叶，当时的封建主义与宗族家长制度已经不能在许多复杂的企业活动中发挥效力。进入20世纪30年代，MBA学校如雨后春笋般不断涌现出来，这种管理文化从而得到迅速发展（Chandler，1977）。管理其实就是有关组织、保护和执行的政府逻辑，因此，高等教育被认为是必要的。商业界对管理的重视也为专业咨询师提供了大量的机会，比如他们可以为经理们在制定发展战略时提供系统的、结构化的基于事实的帮助。当咨询师们接触到大学和医院等机构时，发现这些机构同样也会受到管理文化的影响。

如果我们把政府领域想象为一个包括所有组织（无论是公共组织还是私人组织）的领域时，我们就有可能会意识到政府领域比市场领域更具有影响力。比如：绝大多数工人的工资都是来自于组织机构；大型跨国公司的内部交易在国际贸易中占很大的比重。总而言之，政府的影响无处不在。我们会受政府的管理与统治，在其领域中，我们可以获得收入或福利，同时也需要缴纳税款和罚金。因此，尽管在集体的思维模式中，市场占据着主导地位，但是在日常生活里，大多数的人群依然更多地会依赖于政府，而不是市场。

在整个20世纪里，有关市场与政府的逻辑在公众科学的讨论中受到了广泛的关注。经济学家试图让所有人相信市场逻辑才是重中之重，而商业经济学家则表示，市场逻辑之所以可以获得最佳的利润，完全是因为政府（或者管理）逻辑的形成。与此同时，律师以及公共行政人员也都把关注点放在了政府逻辑方面。然而，社会领域和“家”的领域却几乎从人们的视线中都消失了。社会学家曾经尝试着努力将社会领域的逻辑保持在公众的视野之内，但是，在18世纪时，相关的论述却越来越被边缘化。

9.5 管理、协调以及有纪律的领域

从历史的角度看，在这五种领域中，人们的行为以及活动都有各自特定的规范、协作以及约束等原则。无论我们拥有多少自由或者渴望多少自由，我们都需要来自外部的提醒，让我们从中感知我们是否在做正确的事情。作为孩子，我们有时需要一些严格的纪律；作为成年人，我们同样也需要从我们的配偶、警察、法官或者经理那里得知我们必须做什么或者应该做什么。

对于从政者和政府行政人员来说，需要思考的关键问题是：什么样的机制才能引导人们去做正确的事情（有关政治或者商业方面）？如何防止人们滥用福利？如何鼓励和支持人们成为企业家？如何让人们办事更有效率？如何才能激励人们做正确的事情？此时，我们再一次把重点放在了市场领域和政府领域所提供的纪律以及监管机制上。

但是，在有关五种领域的图示中（见图 9-3），我们将会看到其他三个领域的监管与约束框架。

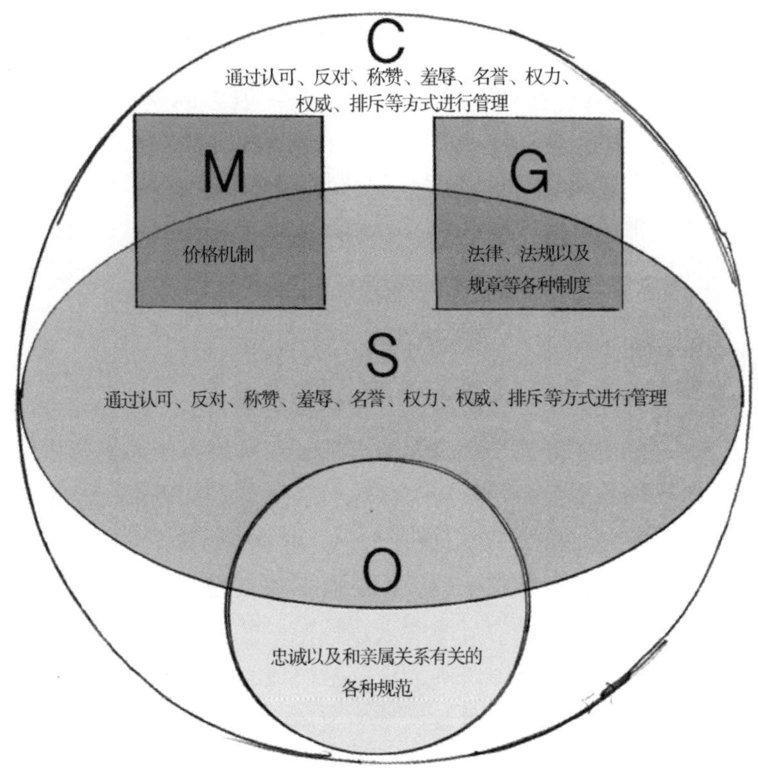

图 9-3　五种领域中各种的监管与约束框架

文化领域侧重于内在激励。文化环境会激发人们采取某种行为，与此同时，文化环境还可以赋予该行为某种意义，也可以让某些行为失去意义，甚至变得更糟。在文化领域中，你能发现你的信念是否有意义、你的想法是否合理、你的付出或行为是否与当前的文化（C1 和 C2）产生共鸣。

在“家”的领域中，忠诚以及和亲属关系有关的规范会被看重。当你冒犯了其他成员，他们或许会对你生气，在最坏的情况下，你或许还会冒着被排除在外的风险。阿米什人（Amish）① 会禁止来自常规社会的非阿米什人加入他们其中。在该领域中，父母会和他们的孩子进行严厉的谈话，必要时也会对他们的孩子进行惩罚，直到他们孩子的谈吐或行为得到纠正（比如，“吃饭的时候闭上嘴巴”“在做完家庭作业之前，不准出去玩”等）。当然，在某些文化背景下，孩子也有可能会对父母说出同样的话或做出同样的事情。

社会领域则是关于社会控制体系，以及权力与等级、制度、机制的维度，这些会涉及反对与赞成、戏弄与尊敬、羞辱、内疚、重视、称赞、排斥、权威等行为或方式。社会机制可能在我们的日常生活中最为常见。比如，当我伤害了他人的感情时，对方可能会让我知道，于是我将陷入自责；当我开车闯红灯时，我的妻子会大声呵斥我；当我过于自信时，我的孩子会提醒我；当我做了一次很糟糕的演讲时，我将不会再被邀请；当我对我的同事不友好时，我或许以后会付出代价，例如他会支持一项对我很不利的政策。

市场领域是通过价格与经济回报来表现的：获得高回报代表着被市场认可。当然，有盈利就会有亏损。市场会惩罚不好的商品或想法，也会奖励好的商品或想法。市场会让优秀的企业家变得越来越富有，也会让有些人逐渐陷入贫困。这也正如经济学家喜欢说的那样，市场可以为人们提供做正确事情的诱因。由于市场不会涉及任何与权力有关的问题，因此，它也不会限制参与者的自由。

但是，政府领域与市场领域不同。政府领域是通过规章、规划、核算程序以及监督管理对人们的行为与活动进行调控的。在官僚机构里，是否应该进行惩罚或奖励则是根据规则条例、法院判决或官方法律法规来评定的。政府会开展法制建设并建立司法行政系统。也就是说，在政府领域，如果我们收到罚单（比如因为我们非法建设、违法砍伐树木，或者恶意并购等），我们就有可能会被抓进监狱。

市场领域和政府领域的相关机制均获得普遍的认同。在本章所提到的多维模型中，我们将市场与政府领域再扩展，进而增加了另外三种领域，这三

---

① 阿米什人（Amish）是基督新教再洗礼派门诺会中的一个信徒分支，他们信奉上帝，推崇谦卑，拒斥现代生活方式。阿米什人几乎与非阿米什人保持最低限度的接触。

种领域同样也会涉及管理、协作以及约束等机制。

9.6 世界观

有些人会指出，我们有必要考虑市场和政府以外的领域。在大多数情况下，他们这样做是为了唤起人们对社会存在以及社会进程的关注，或者也可以说是在提醒我们家（oikos）的重要性（尽管其他人并没有使用这个术语）。对这些人，我所想到的名字是哲学家黑格尔（Georg Wilhelm Friedrich Hegel）和哈贝马斯（Jürgen Habermas）、社会学家迪马齐奥（Paul DiMaggio）和维维安娜·泽利泽（Viviana A. Zelizer）、人类学家顾德曼（Stephen Gudeman）以及历史学家卡尔·波兰尼（Karl Polanyi）等。对比单一的仅涵盖 G 和 M 的图示，他们之所以试图添加其他领域是为了可以更好地理解事物，并可以更准确地描述出我们的现实世界。

而我的目标和道德有关，因为我的目的是想了解什么是正确的事情，以及什么是实现价值的正确策略。在本章中，我提供了涵盖五种领域的多维模型，希望由此可以告诉人们如何才能做正确的事情。如果可以将这个模型用于个人、群体或者组织，那么也可以将它用于政治家，不过除此之外，政治家还需要一种策略来实现公共价值（societal values）。正如我在这一章中稍后将要讨论的一样，政治运动的结果就是使人们从一个领域转变到另一个领域。

这个多维模型可能会被人们用来反驳类似“金钱至上”等观点，并且也可以用来证明社会的存在（如英国前首相撒切尔夫人也曾否定过市场存在的唯一性，尽管她是自由市场资本主义的忠实拥护者）。我们可以继续讨论之前那个艺术家的问题，艺术专业的学生几乎完全拒绝了我对市场逻辑的诉求。对他们来说，出售艺术品并不是创作艺术的目的，因此，他们反对将市场逻辑作为主导思想。其实，这些艺术家并不“孤独”，因为，我注意到我的周围到处都充斥着针对市场逻辑而产生的怀疑态度以及抵触情绪。有一本畅销书《钱买不到的东西：市场的道德界限》（*What money can't buy*：*the moral limits of market*）正说明了这一点（Sandel，2012），该书的作者是哈佛大学政治哲学教授麦克·桑德尔（Michael J. Sandel）。

通常来说，讨论往往止于批评。我认为，有一个问题提得特别好，那就是：“为什么批评如潮，但是市场热度依旧不减?”很显然，由于市场的运作，我们都可以从中受益。市场不但可以帮助我们给自己所生产的商品或提供的服务定价，也可以让我们获得对我们有益的商品或者服务。然而，为什么市场又会引来无数的批评与质疑声呢？其中一个原因是，市场并不总是运转良好，并且有时还会伴随着一些不良影响，比如污染以及不平等现象。但是，另一个重要的原因则是，人们并不能完全认识到他们所做的一切在市场领域中意味着什么。无论是与他人之间的亲密互动、友谊、社交活动，还是有关艺术的对话，他们都无法从市场的逻辑角度去理解这些。但是，当人们在社会领域和“家”领域时，他们会发现自己遇到的一些问题至少可以得到解决，因此，他们坚信这些超越市场的领域更适合自己。所以，这也是为什么，那个艺术家会认为社会领域、文化领域以及“家”的领域更有助于实现他的价值，而不是在市场和政府领域。

此外，增加了社会领域的多维模型使我们更容易认识发生在社会领域的实践与活动。特别是建立在以社会倡议为基础的数字化环境下的繁荣，人们对这些社会倡议的贡献已经不仅局限于以金钱作为回报，与此同时，政府对这些社会倡议的干预程度几乎会降到最低，比如开源信息、维基百科等。同时，社会领域也是共享经济的领域，人们会共享汽车、机器、房屋、房间等。在社会领域里，团体活动会相对活跃，人们会成立相关的合作社并进行社会筹资，同事之间会相互支持并给予帮助，科学家们会相互分享想法与研究成果，音乐家们会一起创作、寻找音乐灵感，大家彼此之间会集聚资源、互帮互助。在这个领域里，我们探索越多，发现也就越多。

我之所以画出涵盖五种领域的图示，其目的就是为了让人们在实现自己的价值时可以认识所有可能会出现的对策。当把这种多维理念完全融入自己的生命后，你将发现它会影响你感知周围世界的方式。你不会因为深陷 M 和 G 而看不到 S、C 和 O；你也不会因为只专注于 S、C 和 O 而忽视 M 和 G。多维的模式会促使你对每个领域存在的可能性以及局限性产生兴趣，会帮助你理解人们在切换不同领域时所发生的摩擦，也会消除你对某些领域的误解。你们可能会和我一样，思考这当今社会里，如何才能使这些领域的功能保持足够的平衡，或者我们是否应该对这些领域做出进一步完善。

你还会注意到，涵盖五种领域的多维模型会帮助我们去解决各种各样的其他问题。比如，当出现信任危机时，除了需要考虑到 M 和 G 的因素，我们也会意识到 S 所产生的影响。比如当某个国家在不得不实行市场化和私有化时，它拥有的社会领域存在着许多弊端：或许是因为一个强大的公民社会往往不仅需要一个有效的政府，也需要一个运作良好的市场。另外，我们可以从社会领域和“家”的领域中发现，除了市场的定价机制以及政府的监管机制外，其他领域的调节机制也会发挥作用，比如社会力量和道德规范。当我们把话题转向生活的质量、生命的意义以及有关文化的问题（比如我们是否正在面临文化的危机）时，我们便需要一个与其他领域不同的文化领域。

但是，并不是所有的人都愿意接受我的这个提议。前一段时间，我和一位著名的擅长雄辩的荷兰经济学家一起面向大众做了一次演讲。在其间，我为大家展示了这个涵盖五种领域的多维模型。然而，这位经济学家却表示该模型是“荒谬的、毫无道理的”（的确，他一直都是一个很喜欢挑衅的人。）。他试图用“交通”来反驳我的观点。“听好了，”他用奇怪的语气对观众说，“当我们处理公路交通时，我们只需要规章与价格。比如，根据交通规则要求，在一些国家里，人们开车需要靠右行驶，但是在另外一些国家里，人们开车需要靠左行驶。再比如，红灯停，绿灯行。另外，汽车以及汽油的价格可以控制交通压力，避免道路拥挤。”然后他转过来看向我，眼神里充满了轻蔑和不屑。“他的这个问题一点也难不倒我！”我暗想，于是我马上回答他：“你在艾奥瓦城、那不勒斯、孟买或者阿姆斯特丹开过车吗？你注意到这些城市的交通有多么不同吗？比如，在艾奥瓦城，人们开车很慢，他们会为其他司机着想，当遇到停车标志或者交通灯时，他们就会停下车并示意让行人先走；但是，如果你在那不勒斯，你就必须忽略身后的事物，忘记从后视镜里看到的紧紧跟随你的车，尽可能地抢行，因为意大利人在路上从不礼让，这时你就会注意到此时的意大利人的优雅已荡然无存；孟买的交通极为混乱，路况极为复杂，有时你甚至不清楚你应该往哪边行驶，在路上，没有人会注意你在做什么，如果你不想被困在路上，你也最好忽视那些交通信号灯；在阿姆斯特丹，汽车和自行车之间总存在一场无休止的战争，后者总是想方设法违反所有可能有的交通法规去战胜前者。所以，你看到了吗？在这些所有的情况下，尽管官方的规章制度或多或少是相同的，每个国家的价格机制也在正常运行，但是它们所呈现出来的交通状况却截然不同。这也就表明了，人们在参与交通实践活动时，是一种社会性行为。因此，最重要的调节机制其实应该具有社会性和文化性。”这位经济学家听后，决定岔开话题，不回应我的观点。此时，也更加证实了我的想法，那就是——经济学家很难看到

S、C和O的领域，即使你已经给他们指出来。

其实，不仅是经济学家在理解S、C和O领域的运行机制时存在问题，我猜想大多数人都会出现同样的问题。当谈论价值观时，大多数人只会注意市场领域和政府领域。在学生时代，我会思考政府应该做什么，而现在的我会考虑政府不应该做什么，至少在2008年金融危机之前是这样的。人们认为政府机构变得越来越庞大，随之税收会越来越高，福利项目的规模也越来越大。自20世纪70年代末，自由市场意识形态重新流行以来，类似米尔顿·弗里德曼（Milton Friedman）和弗里德里希·奥古斯特·冯·哈耶克（Friedrich August von Hayek）这样的自由市场理论家的著作被再次广泛阅读并引起激烈的讨论。随后的趋势则是各国政府撤销对各项活动的干预，这也就导致了各种政府组织私有化（比如电信、公共事业、维修、卫生保健、运输以及教育），与此同时，各种市场也都从政府控制中获得了解放，金融行业就是最好的案例之一。

从模型中我们可以看出，这种表现是从政府逻辑到市场逻辑的转变，这也正如我在前面所提到的，大萧条又会促使市场逻辑向政府逻辑转变。比如，凯恩斯（John Maynard Keynes）提倡政府应该在总体调节和影响力方面占主要比重，也就是说政府领域应该越来越大（Keynes，1963）。他们从庞大的政府领域中看到了一个不稳定且过于强大的市场领域，但是他们并没有主张彻底废除市场逻辑。因此，在2008—2014年的金融危机期间，发达国家以及非共产主义国家先是由市场逻辑转向政府领域，然后再由政府逻辑转向市场领域，最后又回归到政府逻辑。

或许你期待着自由主义者（即自由市场倡导者）会感激自20世纪80年代以来从政者们对市场的接纳。但是，事实并非如此。那这又是为什么呢？可以借助我所提供的多维模型以及祖德霍夫（P. W. Zuidhof）有关新自由主义的论文（我在本章中已提起的）找到想要的答案。新自由主义是描述当前政策的一个常用术语。据说现在的社会民主党人已经变成了新自由主义者，欧盟的政策也和新自由主义有关。但是，新自由主义的定义却依然不明确。我问过的大多数人也都分不清自由主义和新自由主义的区别。他们其中有的人甚至将新自由主义和芝加哥经济学派联系在了一起，并由此强调自私行为和自由市场的关系。然而，涵盖五种领域的多维模型却很清晰地阐明了什么是新自由主义。在祖德霍夫的帮助下，我从米歇尔·福柯的治理理念中获得了灵感，并进一步构建了该多维模型。

治理（governmentality）是新自由主义者的主要主张。新自由主义者往往是指那些在政府部门工作或从政府角度去思考问题的人群，他们将市场逻辑作为他们的政治策略。因此，新自由主义者是指政府行政人员或者与政府相关的工作人员，他们倡导自由市场和创业精神，并将其作为解决社会问题（比如高失业率、低效率以及高价格等）的主要措施方案。

新自由主义者在2008年金融危机中的表现正说明了这一点。从政者和民众一样都呼吁政府对市场进行大规模的干预，而并非像真正的自由主义者那样宣称自由放任主义。此时，政府逻辑不得不去解决那些被认为是因市场失效而产生的问题。其结果就是，政府援助银行，甚至归为国有，并制定出一整套新的规章制度，以便加强对银行业的监管。

相关定义：

自由主义者（从传统意义上讲）会赞美市场的力量，并为自由而批判政府的行为。

凯恩斯主义或美国意义上的自由主义者认为，为了稳定与正义，我们需要一个强大而有利的政府来干预市场的发展。

社会主义者认为，为了正义和人民的权力，政府应该占主导地位，市场从属于政府。

新自由主义者是政府行政人员，也就是说，他们处于政府领域，他们认为市场的相关实践活动是解决问题的方法。

共产主义者试图用政府领域代替市场领域，在共产主义中，所有财产均归国家所有。

社群主义者强调社会领域，以及社会安排的重要性，却轻视市场和政府的作用。

社团主义者强调市场与政府合作后所扮演的第二种角色，即组织劳工与企业之间的合作行为。

在学术界里，我也看到了类似的趋势。比如，尽管在学校里，主管们会不断地强调市场对科研的重要性，学生们也成了学校的客户，但是各种规章制度以及官方管理程序依然存在并在不断地扩大其影响范围。近些年来，耗时又耗钱的官方审核程序给欧洲大学带来了巨大的损失。这一切都和控制与责任有关，也就是我们所说的政府价值。以我的个人经验而言，这的确和政府资本有关。我的一个同事和我谈到了俄罗斯的体制，这让我想到了卡夫卡（Kafka）[①]，因为没有人可以向我解释这些程序的原理，每个人都会告诉我，不管我们喜不喜欢，我们都必须这么做（但在这里，我不得不表达我的想法。我认为，大学应该把重点放在培养科研学术人才方面。此外，过多、过滥的官僚主义只会阻碍学术的发展）。

从传统的观点来看，市场逻辑或许在当今占据着主导地位，但是我认为政府逻辑在我们的日常生活和公共生活中却扮演着重要的角色。当事情出现状况时（比如飞机失事、大火、高失业率、银行倒闭或者个人遭遇不幸），大多数人都指望政府可以出面进行解决。当记者询问解决方案时，当人们讨论任何类型的问题时，他们通常意味着在询问政府应该对此做些什么。如果让一个政治家和其他的公民同台讲话，估计大多数的人都会把自己的目光放在政治家身上，除非这时有一个摇滚歌手出现，否则大家会更愿意去听那个政治家在说些什么。当个体或者组织遇到困难或者变故时，他们更希望政府可以伸出援手。在北欧国家是这样的，在英国和美国等国，这种心态更是如此。反观南欧国家，人们会习惯性地抱怨低效并腐败的政府，但是报怨也恰恰反映了人们对强大且有效的政府的渴望。自由放任主义的拥护者以及自由放任主义的追随者或许有很多，但是当遇到需要处理事情时，这些人却所剩无几。

当然，强调一个领域的重要性和政治信仰有关。如果一个人在某个领域中更容易认识到自己的价值，那么他就更倾向于提倡与该领域相关的战略。这个涵盖五种领域的多维模型并不会帮助我们去判断哪个领域更重要或者哪个领域对我们更有用，尽管我猜想人们会希望得知个人或者组织机构是否能在这五种领域中获得平衡。因此，它也会给我们留下争论的空间，即我们所认为的失衡是什么，以及应该如何解决这些失衡的现象。政策是实践智慧在社会层面以及更深层面上的活动，人们在咖啡厅、教室以及公共广场上都会应用到它。也就是说，在通往权力的道路上，实践智慧的确发挥着重要的作

① 卡夫卡（Kafka）是由 Apache 软件基金会开发的一个开源流处理平台，其项目的目标是为处理实时数据提供一个统一、高吞吐、低延迟的平台。Kafka 运行在一个由一台或者多台服务器组成的集群上，并可以分区跨集群结点分布。

用，并为所有的公民提供各种可能。

基于对某一特定领域的看重，多维模型可以让我们对政治活动有一个粗略的了解。关于相关定义，上述方框里的内容也可以为我们提供一个大致的摘要。

9.7 总结

这个涵盖五种领域的多维模型为我们勾画出一幅所有人为实现自己的价值而进行活动的全面的图示。它将我们的注意力引导到我们需要参与的事情上来，并为我们指出，我们所拥有或可能获得的多种选项以及各种策略。多维模型并不是为了展示每个选项或者策略具有排他性，而是告诉我们每个选择或者策略有可能带来的影响或后果。也就是说，这些选择很可能关系到我们是否可以成功实现我们所看重的价值。

这个多维模型有助于我们形成正确的世界观。它会开拓我们的视野，让我们了解超越市场和政府的其他领域里的实践活动并认识到社会关系在日常生活中所起的重要作用。与此同时，对于社会财富和文化财富的积累，以及共享财产的存在与发展，社会领域、文化领域以及“家”领域均占据着举足轻重的地位。如果我们不能正确地认识这五种领域并加以区分，那么我们也就无法理解什么是社会财富和文化财富，也无法清楚地了解艺术、科学和宗教活动以及其他许多活动是如何起作用的。

基于图 9-3，在下一章中，我们将针对人们在每个领域里有可能遇到的复杂问题以及领域与领域之间的相互关系展开进一步讨论和分析。

10 五种领域

10.1 “家”(oikos)、社会和文化领域

到目前为止，希望你已经对基于价值的研究方法有了一个清楚的认识。为了做正确的事情，我们需要超越交换行为（属于市场领域），超越治理活动（属于政府领域），超越私有财产，超越集体财产。为了实现社会、文化以及其他财富的价值，我们必须参与到这五种领域中去（市场、政府、社会、“家”、文化）。为了实现我们的想法，文化领域或许是最好的选项；为了实现家庭的价值，或者会涉及关心与爱这样的财富，“家”的领域或许是首选选项；声誉、认可和信任最好在社会领域中实现；针对门票的销量与提议等问题，市场领域起着重要的作用；当一个组织机构需要加强管理时，就必须求助于政府（治理）领域。

如果你只是想简单地生存下来，在这种情况下，选择任何一种领域都是没问题的。如果可以的话，你能够在政府领域获得福利，在市场领域买卖商品，在社会领域寻求支持，或者可以在“家”的领域里得到家人的照顾与陪伴。但是，文化领域或许不会提供类似的资源。

这个涵盖五种领域的多维模型图可以帮助那些正在规划人生的人开阔他们的视野（见图10-1）。我的不少学生表示他们很喜欢在商业部门工作。他们热衷于市场领域，热衷于交换逻辑，热衷于讨论金融安全，他们各个胸怀野心。然而，这幅图示却提醒他们，如果他们真的就职在以追求利润为目标的组织机构里，他们依然需要处理各种各样的管理事务（也就是说会涉及政府领域）。此外，他们也必须回答一些与社会领域以及“家”领域的相关问题。比如，他们理想中的家应该是什么样子的？家人/朋友对他们重要吗？同时，接下来的问题也会涉及文化领域。比如，他们将如何找到人生的意义？他们所寻求的超越的体验是什么？他们会渴望与缪斯、自然、上帝进行一场近距离的对话吗？他们理想中的实践智慧又是什么呢？如果现在的你才21

岁，那么也许所有的这些问题对你来说都太过复杂或者陌生，但是随着你不断成长，总有一天这些问题会摆在你的面前等你解决。

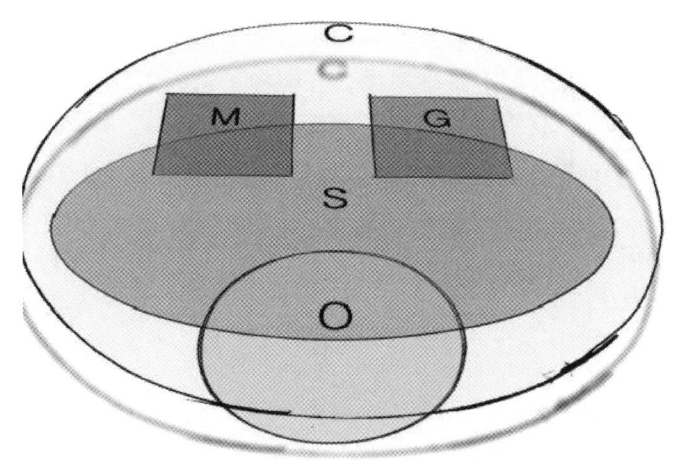

图 10-1　五种领域的多维模型图示

该图示具有一定的实践意义和实用价值。博物馆的馆长在制定相关的财务政策时，应该清楚地了解各个领域之间的差异。他会对人们在社会领域以及文化领域中所追求的价值观做出回应吗？他会如何做呢？当他在寻求赞助的同时，或许应该了解一下有关社会的思维逻辑、修辞表达以及相关的价值观等问题，当然，家的领域也不会被忽视。同样地，商业公司的领导人会建议树立企业文化（属于文化领域），以及创建相互信任、共同合作且具有创造性的工作环境（属于社会领域）。或许，他还会进一步地思考，他们的商品是否可以帮助人们实现社会价值和文化价值，以及是否可以满足人们在“家”的领域中所要面对的需求。如果这个领导人对社会领域、文化领域以及家的领域所发生的活动视而不见，那么从一定程度上来说他至少不能做到顾全大局。

我们和从政者以及政府官员一样，同样需要考虑这五种领域。其理由和指导、引导或者管理有关。作为一个个体，我们需要来自外部的监管，这些关于纠正的信息会告诉我们如何才能做正确的事情。对于从政者以及政府官员而言，关键问题之一就是，什么样的机制才能更好地激励人们做（政治或者商业中）正确的事情？如何才能避免人们滥用福利？如何鼓励人们成为企业家？如何让人们提高做事的效率？如何引导人们去追求自己认为最重要的财富？正如我在第9章中所提到的那样，每一个领域都拥有独特的规章制度、内部引导以及程序条例。涵盖五种领域的多维模型图向我们展示了社会与文化体系对市场以及政府监管体系的重要性。

在前一章中，我介绍了多维模型，并解释了该模型如何影响一个人的世界观。在这一章中，我将逐一讨论“家”的领域（O）、社会领域（S）、文化领域（C）以及市场领域（M）和政府管理领域（G）的各自特点以及范畴。我将针对“如何”（how）、“是什么”（what）以及“为什么”（why）展开讨论。“如何”是指如何可以更好地实现价值以及如何为某种目标而奋斗；“是什么”是指在每个领域里人们生产、获得、给予以及分享的是什么财富；“为什么”则涉及为什么这个策略是失败的，而另外一个策略却是成功的。

10.1.1 给初学者的寄语

涵盖五种领域的多维模型属于理想中的概念。这五种领域中的每一种领域均和其他领域之间存在着典型互动。

真正现实中的互动实践活动通常会涉及多个领域的方方面面。当你去家附近的小卖部买东西时，你会和你熟知的那个店主闲聊几句，你会问问他最近的情况，有时还会再开开玩笑。这样的互动发生在社会领域。因为你可以通过该互动行为确认你和对方（这里指的是店主）之间的相互关系。接下来，你会去挑选你想买的牛奶、饼干和咖啡等，然后去收银台结账。这时的互动行为是一种市场交易的行为，发生在市场领域的范畴内。另外，你的账单里面还包括增值税，这也就相当于该行为也会涉及政府领域。最后，等你结完账，买完东西，回到自己的住所，和你的室友一起冲杯你刚买回来的咖啡，聊一聊你今天的所见所闻（以防你的室友和你的关系变得生疏），这时的你又会进入社会领域或者家的领域。而关于你、店主以及你的室友所在的文化背景便和文化领域有关。比如：在亚洲，茶叶或许比咖啡更畅销；在非洲中部和在荷兰小镇里，人们所开的玩笑是完全不一样的。

同样，在组织机构里工作的人们也总是在不同的领域之间相互切换。当他们和同事以及上级一起交谈、分享经验、制订计划、谈论生活时，他们所产生的互动具有社会性，相当于是社会领域的产物；当他们呼吁、使用和执行相关的规则、契约、标准以及协议时，这些互动就会涉足政府（治理）领域；当他们探讨自己的工作内容或者任何可以使工作变得更有意义的事情时，他们就会来到文化领域；当他们将生产出来的产品卖给他人或者其他组织机构时，市场领域便会占主要地位；如果他们试图让彼此变得更加熟悉而亲密，也可以构建出一个“家”的领域，但是此时我们需要注意的是，由于诸多因素的存在（面临被解雇的风险），他们是否可以真的进入同一个“家”的领域。

但是，即使我们可以在这些不同的领域之间不断地切换，我们依然需要清楚地了解我们当前正处于哪一个领域进行实践。如果你去找小卖部的店主，告诉他你遇到了一件很伤心的事情并要求他免费送你一些食物，或许那个店主从此会对你有不好的看法；如果你直接走进店铺告诉店主：“嗨，伙计，这里让我感觉好亲切，就像回到了家里。”然后拿了东西不付钱就离开，就像是在家打开厨房里的冰箱拿了吃的，再返回自己的卧室一样，这样的行为也会让人厌恶；如果你突然冲着你的同事说：“快点给我付钱，因为我刚刚给你提供了一些建议。”那么你的同事肯定会用诧异的眼神看着你。是的，上述的这些情况，看上去都是那么不合逻辑。

因此，下面的探索就是关于如何以正确的方式来实现价值与财富，以及如何正确地邀请他人参与其中。多维模式在于启迪并影响你的价值观——对于这一点，它至少在我身上已经实现了。此外，它或许也会影响你的生活、你的组织、你的社区。你所处的社会所涉及的五种领域的模型，会帮助你不断充实并丰富在各个领域中的理论知识与实践经验。

在随后的内容里，我将从文化界选取一些案例作为讨论的对象。我经常出入文化界，为各种文化组织机构提供意见或建议，与此同时，我还会经常和艺术家们进行交流、讨论，当谈到他们的艺术实践活动如何才能获得足够的资金支持时，我就会用这个多维模型进行解释说明。当然，该模型同样适用于各种被认为是在做正确事情的实践活动。

就像我一直以来对文化界人士建议的那样，重点在于，到底哪个领域才能真正地体现出你的艺术价值。然而，在这场疯狂追逐金钱的“游戏”中，信息流失成了最大的问题。当人们非常需要钱时，或者当他们认为他们需要钱的时候，他们会很容易忘记自己所做事情的真正目的。金钱未必就是万能的。提高票房率固然是好事，但是如果以放弃理想为代价，那就会本末倒置。同样地，如果从一个声誉不佳的赞助商（比如枪械制造商或者黑手党）那里获得赞助资金，对于一个文化组织机构而言，它所带来的不良影响可能是致命的。

“理想”是实现价值的起点，即一个组织机构、一个人或者一个社区所确立的奋斗目标以及肩负的使命。我们需要清楚地认识我们将要追求的财富是有关艺术的？社会的？公共的？还是个人的？否则，我们将会迷失方向。换句话说，如果有人想投身于艺术事业，那么他最好找一些和他志同道合、有着共同兴趣的艺术家或者追求艺术的人一起参与实践；如果有人想做一个合格的父亲，那么他就必须多花一些时间和精力在“家”的领域；如果有人想追求正义，那么政府领域或许是他最好的选择，尽管正义也可以在社会领域的某一区域得以实现（比如，将有共同兴趣以及共同奋斗目标的人们聚集在一起）。

生产是为了经济利润还是为了社会地位？当然，我们或许有可能会把“中间目标”错误地当作是“最终目标”，比如经济利润或社会地位。正如我们在第 7 章所讲的那样，这个错误会引发出一个问题，这个“中间目标”对我们到底有什么好处？经济利润有什么用处？社会地位有什么用处？然而，如果我们的“最终目标”是为了拥有一个美好的家庭，或者一个更公正的世界，又或者一件工艺精湛的手工制品，那么一味地去追求利润或者地位，也许并不是一件正确的事情。

为了实现我们的最终目标，根据第 4 章的内容，涵盖五种领域的多维模型可以指导我们制定出有效且实用的方法和策略。在价值的实现过程中，究竟哪个领域才应该是我们的最佳选择？换句话说，到底哪一个领域可以帮助我们更好地思考和设计出所需要实施的方案。

10.1.2 需要关注的几个重要特征

（1）人与人之间的关系。在设计实施方案时，我们首先需要考虑的是，如何才可以邀请他人也参与其中，去建立一种最适合当前目的的人际关系。比如：在某种程度上，互帮互助的社会关系有利于实现社会财富；在市场交易过程中，互惠利益关系有助于经济的发展，反过来，经济的发展又可以促使其他财富的实现；除此之外，政府也会为改善财务状况做出努力，但是它会以不同的内容形式出现（比如“提案是否符合标准”）；如果是某组织机构为了完成某些活动策划，那么该组织机构就必须和参与者们建立一种官方所认可的合作关系；在家的领域里，人与人之间不仅需要培养亲密而融洽的关系，还需要控制好彼此之间的亲密度，给对方适当的自由和空间（比如平衡工作与生活的关系)；在文化领域里，尽管超越性的关系不具有社会性，但是我们依然可以认为我们是以某种特殊的方式与自然、(民族) 文化、艺术、真理建立联系。因此，在每个领域里，人与人之间有着不同的关系类型。

(2) 逻辑。逻辑主要是指做事的方法、互动的方式以及相应领域中的规范标准(同一种逻辑，在某些领域里中可以被理解为正常思维或行为模式，但是在其他的领域里可能会被认为是不合常理的)。逻辑包括制度实践、规范和 (隐性) 规则、流通形式及其相互协调的作用(在市场领域，流通形式以货币为主；在社会领域，流通形式则为人情、名誉、信誉和问责)。

(3) 修辞。在每个领域里，人们都需要掌握一种相应且特有的说话模式。该说话模式在特定的领域里具备一定的说服力，但在其他领域里却毫无意义。这也就是我们常说的“修辞学”，在此我想特别提醒你注意其中所涉及的隐喻手法以及叙事手法。

(4) 价值。每个领域都存有积极的价值和消极的价值。这些价值都是通过人们的实践活动来实现的。积极的价值会在某个特定的领域中被人们普遍认可并广泛传播；而消极的价值通常是人们站在一个领域里去看另一个领域所得出的结论，此结论会提醒人们和消极价值保持距离。比如，人们赋予市场领域的积极价值是自由选择，而该领域的消极价值则是贪婪，贪婪是人们站在社会领域的角度而产生的价值判断。

现在让我们一起依次探索每个领域所具备的这些特征吧！首先，让我们从家的领域开始，因为它既是人们生命开始的地方，也是人们生命结束的地方。

10.1.3 “家”的领域

每个人的人生都是从“家”开始的。在“家”里，我们可以通过此领域所特有的财富来实现对我们来说最重要的价值。这些财富均为共享财富，比如美满的家庭、亲密的关系、舒适的夜晚、愉快的假期、热闹的家宴、信任、爱和记忆。所有这些都可以用来回答同一个问题，那就是：“我们在家的领域可以获得哪些财富?”

诸如诚实、忠诚、爱等则是针对另一个问题，即“我们通过在家的领域所参与的实践可以获得哪些美德?”在“家”里，我们总是想成为这样或者那样的人(但是这并不意味着我们就能根据自己的意愿行事)。“家”(oikos) 本身就是一个目的，它属于实践智慧的一种。许多人把他们自己的

“家”看作是他们最宝贵的财富，他们愿意为其付出任何的代价，比如辛苦劳作，甚至牺牲自己的生命。“家”还有助于人们去实现其他相关的理想，比如成为一个好父亲或者好母亲，以及获得爱。

“家”具有工具性，可以帮助人们满足各种各样生理或心理上的需求。家，是每个人的避风港湾；是享受儿孙绕膝的地方；是和亲朋挚友一起做饭，一起欢笑，一起共度美好夜晚，一起分享喜悦和悲伤的地方；是培养绘画、音乐、工艺等兴趣与陶冶情操的地方；是收获关注、支持与呵护的地方。与此同时，“家”也可以以一个生产单位的形式出现，比如农场、商店或者（家族）企业。

在经济学中，那些消费类的产品和服务会被认为是为了实现“家”以及与“家”相关的价值和财富的工具。比如，我购买苹果是为了和我的家人一起分享。

不健全的家庭会忽视对这些价值和财富的实现。人们是无法从一个破碎的家庭里获得支持、爱、亲情、温馨的夜晚以及美好的回忆，取而代之的却是压抑、孤独、空虚等糟糕的经历。这也就说明，拥有一个幸福美满的家庭是一件不容易的事情，它不仅需要人们花费大量的时间与精力，还需要拥有一点点运气。

建立一个良好的“家”的领域将会涉及一系列的问题，比如，如何正确处理人与人之间的关系，如何尊重正确的逻辑模式，以及如何秉承正确的价值观等。让我们看看一个良好的“家”的领域都应该包括哪些方面。

在“家”的领域里，人与人之间的关系指的是家庭的关系、亲密的关系以及性的关系。性的关系以来自不同“家”的成员而组成的新的“家”为基础（需要注意的是，“家”会因为各种原因而发生改变，比如死亡、离婚、结婚、出生、灾难以及风流韵事等）。

在“家”的领域里，我们与他人之间的关系是一种家庭和亲属的关系，或者是一种亲密无间且充满爱的关系（见图 10-2）。因为这种关系的存在，我们会邀请对方参与我们的活动或相关事宜，而对方也会因为爱、忠诚或者责任而给予我们支持（无条件地相互支持源于家庭的责任）。

因为“家”，让我们与父母、兄弟姐妹、伴侣、孩子、祖父母、侄子或者任何一个和我们有着血缘关系的人保持着联系。正如德国人所说的那样，你的家由你和与你一起共享同一个“命运共同体”（Schicksalsgemeinschaft）的人组成。这种关系的特点就是具有牢固性，且不会轻易被割裂。比如，孩子与父母断绝关系，但是父母依然是父母。但是，离婚或分居，是打破家的领域以及剪断夫妻关系的合理方式（即使这样，父母和子女的关系依然存在）。

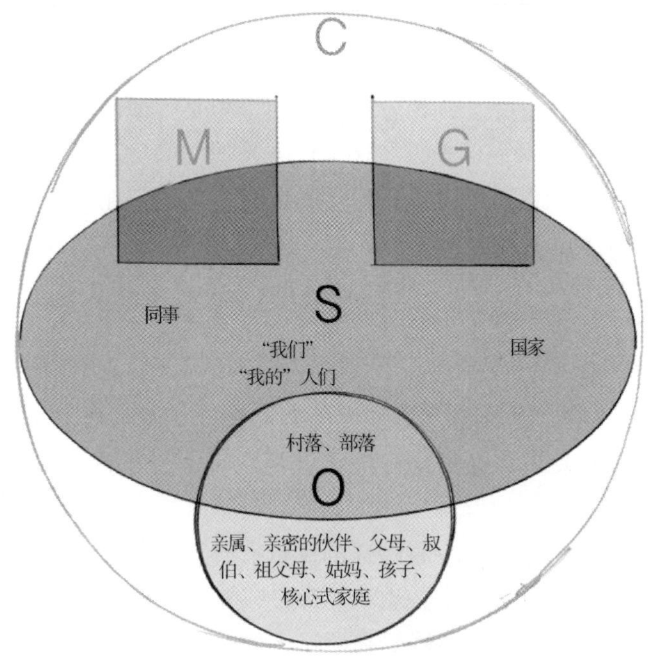

图 10-2 "家"的领域

"家"通常是以亲属关系为基础而建立的，但也并非总是如此。比如，你的伴侣和你并没有血缘关系，婚姻是两个分别来自不同"家"的人组成的。当然，亲密的朋友也有可能成为你的"家"的一部分。"家"可以像一个部落或一个社区一样不断地扩展，也可以像中国式的传统大家庭一样不断地向外延伸。在西方社会里，"家"的规模通常很小，其成员只有几个人。但是，即便如此，在特定的某个地方或者某个国家，人们也有可能感受到"家"的存在。比如，身处异国他乡的你，会把你的祖国当作是属于自己的"家"，而对你来说，遇到来自这个祖国的同胞便感觉像遇到了这个"家"的成员。试想一下，作为一个中国人，当你在荷兰遇到困难感到无助和绝望时，如果有一个人向你走来，并告诉你他是中国驻荷兰大使馆的工作人员，可以给予你帮助，因为你是一名中国公民，这时你会有什么样的感觉？是否会感受到"家"一般的温暖呢？

我的学生们并不总是会意识到“家”的重要性，和我交谈过的不少艺术家也同样如此（他们会说“我习惯过四海为家的日子”）。这是可以理解的，因为这些学生总是把他们原有的“家”藏在身后，但是即便如此，他们还是不得不去考虑他们是否需要拥有一个属于自己的“家”。那些对“家”有抵触情绪的艺术家们，也有着各种各样的理由。但是，他们大多数人依然拥有一个可以被称作是“家”的地方，这个地方是他们的父母或者朋友为他们准备食物的地方，是让他们可以安心睡觉的地方，是他们在遇到麻烦时可以避难的地方。又比如，灾难过后，当人们在困难时期寻求帮助和安慰时，可以让他们“放下戒备和不安”的地方，他们也会将其称为“家”。“家”也可以是一种感觉，一种心境。

如果你的“家”对你而言过于熟悉，以至于你已忽略了它的存在，那么想象一下，如果当你因为暴力、离婚或亲人离世，而不得不“失去”你的“家”时，随后会发生什么？这样的事就在我身上发生过一次，对我而言，其损失是巨大的。

在“家”的领域里，有一种特殊的逻辑在起着作用。这种逻辑的一个显著特征就是“共享”：和家人一起共享晚餐，和一些来自同一个“家”的成员共享床铺，和对方一起共享假期和回忆。另一个特征则是有关贡献的逻辑方式。该成员会以某种方式对这个“家”做出贡献，比如做家务、购买需要的物品、提供经济来源、互帮互助、倾诉倾听、做饭、打扫卫生等。小孩子往往会因为年纪小，天真烂漫，而获得很多东西。但是当孩子们长大后，他们就会知道他们也必须以某种方式为这个“家”付出（比如“今天你来洗碗”）。“家”的逻辑就是相互依赖。换句话说，因为“家”的成员需要共享财产，需要奉献和付出，因此成员之间彼此相互依存。

家庭是如何形成的？等级制度是如何建立的？家是如何运作的？他们如何处理家庭生活中出现的各种矛盾和冲突？所有的这些问题都关乎于文化。在一些家庭中，父亲扮演着主导角色；在另一些家庭里，母亲扮演着主要角色。在中国传统家庭里，晚辈通常需要顺从长辈的意愿和决定。和西方家庭相比，在类似这样的东方家庭中，姑妈和叔伯等也扮演着重要的角色。在典型的荷兰家庭里，成员往往倾向于在出现分歧时进行协商，孩子们同样拥有发言权（甚至有时可以帮父母做出决定）。在意大利家庭里，当成员们遇到事情需要处理时，他们往往会大呼大叫，并伴随着各种手势（至少在我印象中是这样的）。

在“家”的领域里，成员对货币的使用权并不容易被体现出来。一个人所拥有的信誉高度，和他为这个“家”所付出的程度大小成正比。如果一个父亲经常不在家，也从不做家务，那么当他遇到麻烦时，他也会失去来自其他家人对他的援助。人格魅力或许也会为你的信誉度加分，但是糟糕的言谈举止却会给你带来麻烦。

基于文化（C1，相关定义我在第 2 章已经介绍过），每个家庭都有着属于自己的价值观和规范标准。通常情况下，这一点在婚礼家宴上最能体现出来。

家庭可以体现和培养出许多重要的价值观，比如忠诚和信任（比如，在中国组织摄制的以家风为主题的电视连续剧《家道颖颖》第二部《等着我》中，通过对一个普通家庭在不同历史时期的描写，从而描绘出存在于革命家族中传统的忠诚和信任的道德观念）。与此同时，家庭也可以表现出关怀和爱：成员之间相互关爱，或者彼此相爱。

“家”的领域是有边界的。家家户户都可以关上门，将外人拒之门外，当然，让外人进入我们的家门时，我们也会以特殊的方式进行迎接（但是，试想一下，如果有一天早上你在自家的厨房里遇到了一个陌生人，他正在等你 18 岁的女儿为他准备早餐，你会是什么反应?）。这就是为什么“家”属于一种共享的财富，或者说是一种共享的实践。

所有以上这些特点都会为和“家”相关的价值以及财富的实现做出贡献。“家”可以帮助我们实现许多价值，比如关怀、亲密和爱，帮我们培育出健康且有修养的孩子，可以让我们获得关注、认可、支持和归属感等。但是，如果你想成为一名优秀的艺术家，想为科学做出贡献，想发动一场变革或者想创业，这时“家”所发挥的作用就不会明显，或者有时不会起到任何作用。因为“家”不太容易满足人们对乐趣、刺激、冒险、正义和巨大财富的渴望。为了实现这些理想，人们就不得不走出他们的“家”，并迈向其他的领域。通常人们在青少年时期就会发现，为了“在外面的世界生存下来”，他们必须离开原有的“家”。

或许我们也可以通过“家”创造出伟大的艺术或者圣洁的生活。但是，这些都需要在特定的“家”的领域里发展完成，比如艺术社区或者修道院。其理念就是创建出一个由志同道合的人组成的亲密无间的群体。基布兹①就

① 基布兹，即集体农场，是以色列的一种常见的建立在平等和公有原则之上的社会经济框架。以色列的第一个“基布兹”成立于 1909 年。在“基布兹”的社会里，有办公室、礼堂、餐厅、图书馆、幼儿园、小学、住宅、花园等设施，除此之外，还有农田和工厂。

是一个很好的例子。

当人们抵触“家”，甚至不愿意参与其中时，他们也都有着相当充分的理由。建立并维护“家”的繁荣与发展需要人们投入大量的工作、时间以及资源，当然，挫折与失败几乎也是无法避免的。通过许多小说、电影或者各种八卦信息，我们可以看到“家”也存在阴暗的一面，有的“家”会让人窒息，会抑制人的自由，会限制人的追求和抱负。此外，“家”还有可能无法提供我们所需要和想要的大量的财富。所有这些都是我们必须迈出“家”门，并步入其他领域展开实践活动的原因。然而，那些对“家”置之不理的人们也迟早会发现“家”对他们的重要影响。

“家”的领域简介

(1) 优势

实现有关“家”的理想——一个好的“家”可以作为生活的目标，比如：拥有爱，做一个合格的母亲/父亲，建立亲密关系/性关系，陪伴，提供住宿和饮食，分享经验和记忆，获得关注、支持和关心。

“家”也可以是收入的来源，并为人们提供工作的机会（如农场、家族企业、儿童看护等）。

但是“家”对以下事物的作用微乎其微：实现伟大的艺术、科学和宗教成就（除非是以该目的而组成的“家”），实现世俗的成功（工作上、政治上），获得各种各样的商品（在“家”的领域里，人们很少会生产电脑、汽车、衣服、娱乐产品、音乐产品等）——这些都必须在其他的领域里获得。

(2) 逻辑

相互依赖、分享和贡献。这些逻辑包括尊重家庭文化、建立等级制度、分配职位和规定角色。在“家”的领域里，货币的表现形态是以社会性的形式出现，关爱与责任占据主要地位。

(3) 价值

积极价值指的是忠诚、信任、爱、关心等；消极价值指的是依赖性、家长式作风、压制、歧视等（至少在西方文化中是这样的）。

当我们邀请他人参与其中时，不仅需要说服对方，还会涉及一系列的价值，比如忠诚、关心、依赖、亲属关心、联系、爱和亲密。与此同时，对方也需要分享或给予他所拥有的（比如关注、关心、食物和金钱），或以某种方式做出贡献（比如凑钱、做饭、打扫卫生、倾听、给出建议）。

（4）修辞手法

与“家”相关的逻辑和价值是通过该修辞表达出来的。该修辞以家庭叙事的方式以及一系列的习惯用语为主，比如：

- “我爱你。”
- “我的就是你的。”
- “我们平分我们所拥有的。”
- “你是我的好爸爸，可以给我点零花钱吗？”
- “我饿了。”
- “我照顾你，你不需要担心任何事情。”
- “你问我为什么？我告诉你，因为我是你的父亲，所以我对你这么说。”
- “孩子们开心我就开心。”
- “我恨你。”
- “因为你是我的妻子，所以我会无条件地支持你。”

以上这些对话都专属于“家”的领域；通常，这些对话在其他领域是行不通的（不过也存在例外）。

10.1.4 社会领域

当我们迈出“家”的领域，走向外面的世界时，我们首先进入的是社会领域，打开“家”门，穿过街道，来到广场，和其他的孩子一起玩耍，去上学，去俱乐部，去教堂，去犹太教会堂，去清真寺，甚至加入一个政党等。当我们这样做时，我们会与那些和我们不属于同一个“家”的人们进行接触、交往。社会领域是非正式的社会关系的领域。在这个领域里，我们可以发现各种各样的公共资源。

虽然社会领域在经济学的教材里并没有出现，但是在现实生活中，社会领域却占据着主导地位。在社会领域里，我们会认识到各种人际关系，我们加入俱乐部，会成为社区的成员，会和他人谈论体育、天气、宗教、艺术、科学，当然，还会和他人一起琢磨如何社交。社会领域是一个共同生产和共同创造的领域，基于这一点，这个领域的财富也具有社会性、文化性和象征性。科学与艺术在这里诞生；宗教和政治在这里出现；开源资源在这里生成；共享资源在这里产生。在社会领域里，许多市场交易的目的是为了社会财富的实现。比如，人们在交往过程中，会一起吃饭、一起喝饮料、一起共处一室、一起听音乐会、一起看演出等，这一系列的社交活动所产生的费用则是对社会财富的投入。如果市场上的商品供货商意识到他们的商品具有社会目的时，他们或许可以做到更好。

社会领域所涉及的方面多种多样，它涵盖社会环境、各种各样的社会组织，比如俱乐部、社团、政党、乐团、管弦乐队和团体，以及各种各样的公共或共享实践活动。在进一步的探索中，我认为每一个具体的社会领域之间都应该具有差异性，因为建立友谊和有目的性地参与社会活动是两个完全不同的事情。政治团体（比如共青团、妇联、文联等）和体育俱乐部或学术部门是完全不一样的（尽管学术部门也可以被打上政治化、官僚化的印记）。由此来看，社会领域可以被认为是一个个的实体。

一旦你了解了社会领域，你就很难理解为什么标准经济学家会完全忽视它的存在。如果我们忽视了社会领域，那么带来的最大的负面影响就是，我们无法正确地认识到社会领域是如何运行的以及无法正确地看待在社会领域里所产生的所有财富。但是，当我们尝试着将社会领域加入多维模式中时，我们顿时就会对人们每天忙碌的日常生活和活动有了一个明确的理解。比如，合作或者利他行为会变得合理。

在这里，我们需要考虑的是，该领域对哪些社会财富有益，换句话说，我们需要和他人分享哪些财富。友谊固然重要，但是，归属感、团体意识、社区意识、政治意识、声誉、社会身份、社会认可、团体意识、信任、团结、俱乐部成员资格、社会权威、权力等之类的财富也是不可缺少的。社会领域有利于各种社交关系的建立以及各种社会性对话的构建。

正如我们在第 6 章中所提到的那样，对话是有关公共或共享的实践。在美国，你可以加入有关棒球或美式足球等话题的对话中，但是，这一类的对话在荷兰社会几乎不会发生。反之，关于滑冰、水上竞技以及荷兰的君主政体等话题则是荷兰社会所特有的（在荷兰，郁金香和风车并不能成为主要的对话内容）。

参与社会领域是实现价值的关键。如果你希望你制作的手工帽子可以赢得他人的认可，希望你的艺术可以赢得他人的赏识，希望你的音乐可以赢得他人的称赞，希望你拍的电影可以赢得他人的掌声，希望你的知识可以被他人传播，希望你的信仰可以被他人分享，那么，你就必须将你所拥有的财富转变成社交对话中的一部分，让它们被讨论、被思考、被关注（这也就是商业上所说的口碑营销，即 word-of-mouth advertising）。所有以上这些都发生在社会领域。

社会领域同时也是权力必须实现的领域，因为权力是影响或者决定他人活动的因素，它涉及人与人之间的关系。信任也是如此，信任可以在社会领域中获得，也可以在社会领域中失去。

但是，问题的关键在于，我们应该如何邀请对方参与进来，从而实现我们的价值和财富。

首先，该问题的答案和我们与他人所形成的社会关系有关。在此领域，我们需要与来自其他“家”的成员交朋友，与各种各样的人建立联系，发展属于自己的社交网络。为了获得这些财富（比如友谊、社交网络、社交对话等），我们需要不断地和他人进行沟通与交流。有些财富可以通过争取得到，比如友谊；有些财富需要借助其他财富获得，比如我们需要队友才能完成踢足球或者打棒球活动，但是我们也可以为了友谊而打棒球或者和朋友一起玩游戏。

其次，这个答案和社会领域的逻辑有关。在社会领域里，逻辑具有社会性，它有关非正式关系、参与、协作、捐赠和贡献的逻辑。为了踢足球，社会逻辑要求你和一些人交朋友，然后去说服另一群志同道合的团队和你们一起踢足球。作为团队的一员，你必须为团队的努力做出贡献。如果你只愿意孤军奋战，从不传球，那么你就有可能会输掉这场比赛（除非你非常有天赋）。

社会逻辑具有非正式性。社会逻辑与市场的正式性的交易逻辑不同，它不会将货币作为计量单位；社会逻辑与政府的治理逻辑也不同，它不依赖于规则、标准、协议、契约或者法律。社会逻辑是从定性的角度分析问题，而不是从定量的角度分析问题（在数学模型和经验统计数据中，人们很难找到这种非正式的社会逻辑）。

社会关系的逻辑依赖于礼物交换的逻辑。礼物是开启和维持社会关系的重要工具。关于礼物这个主题，学术界已有大量的学术研究。常常被提及的是法国人类学家马塞尔·莫斯的著作《礼物》（*The Gift*）（Mauss，1967）一书。从该研究中我们了解到，送礼是一种互惠互利的行为，比如当我给你某样东西时，我也会希望从中得到某种回报。人们很容易将交换认为是一种发生在市场上的交换，但是市场交换逻辑和礼物交换逻辑有着根本的区别。最大的不同是，在市场交换的情况下，贸易条件是明确的；而在礼物交换的情况下，贸易条件是含糊不清的。当你送给朋友一份礼物，给予朋友支持或者关怀时，你也会期待从对方那里得到一些回报，然而，是什么？何时？以什么样的方式？你都不会马上知道，因为你在送礼物的同时，一般不会去和对方讨论这些事情。或许，朋友一句谢谢，对你来说就已经足够了；对好朋友而言，甚至连一句谢谢都不用说，因为好朋友之间就是应该互相给予的。又或许，你就不是那个获得回报的当事人。如果你的朋友帮了你的孩子一个忙，或者帮助了你的另一个朋友，你也会感到满足①。

贡献的逻辑是社会逻辑的另一个重要组成部分，它与礼物逻辑有关（请参考第 6 章）。如果你想参与到对话中，或者分享到财富（比如友谊、社区），那么你就必须以某种方式为其做出贡献。也就是说，由于友谊和对话都属于共享财富，因此，你只有付出才能分享到它们的所有权。贡献的方式有很多，比如一个手势、一种关怀、一个想法、一种热情、一个切实的行动等。当然，你所做出的贡献也必须得到对方的认可，只有这样，你才能享受到共同财富的共同所有权。

贡献的逻辑和所谓的知识共享或者共享对话有关。它是共同创造（co-creation）和共同生产（co-production）公共资源的基础。共同创造或共同生产是产生共享财富以及共享所有权所必备的条件。在数字环境中，人们添加内容、对他人所提供的内容做出评论或与网络上的其他人共享某些内容，都属于知识共享。所有的这些活动都属于贡献行为，没有它们，就没有知识共享。一般来说，人们做出贡献，除了可以让自己参与到对话中，以及从分享到的所有权里获得满足感以外，别无其他回报。

在第 6 章中，我们已经讨论过了，在社会领域里，艺术作为共有或共享

---

① 如果你想了解更多有关礼物逻辑的知识，除了马塞尔的《礼物》（*The Gift*），你还可以参考我的另一篇文章《礼物经济》（*Gift Economy*，2003）。

的实践活动是如何被人们实现的。我们得到的结论是，你可以不需要购买艺术，但是你必须以某种方式为该共有实践做出贡献，此贡献需要有利于艺术的发展和繁荣。同样地，这种社会贡献也适用于其他实践，比如知识或者科学。换句话说，如果你想拥有“知识”，你就必须参与一些社交活动，比如实验室、大学社团或者互联网上的讨论小组。在以上所有的情况下，贡献逻辑始终都是必不可少的一个环节。

知道需要贡献什么、该给予什么，或者如何索要礼物，这些都属于实践智慧的问题。你不仅需要评估出什么是需要的、什么礼物是合适的、应该向谁索要礼物、如何索取、如何接受礼物以及向谁索要礼物等，还需要考虑所处的文化背景。比如，美国人比荷兰人（教堂成员除外）更习惯捐款，而日本人在交换礼物方面最为老练（作为外国人，如果你想要交换日本伴手礼的话，最好咨询一下日本当地人，否则，你很难把握好这个度）。

社会领域是由俱乐部、邻里、社区、社团、学校、教堂、清真寺和社会组织（也就是非营利组织）组成（见图 10-3）。但是，我们必须注意的是，当人们在组织俱乐部、学校和社会团体时，会使用到政府逻辑，即治理逻辑。虽然此时在社会背景下的非正式关系以及互惠贡献的逻辑并未改变，但是由于治理逻辑的引入，在某种特定规模的组织中，有一些社会逻辑将会被排除在外（当人们要求专业化时，往往得出来的结论是，社会逻辑必须被治理逻辑所监督和制约）。

社会领域有利于各种共享财产的积累与增长，但是社会领域本身并不能产生法律秩序，也不能为我们提供足够的资金来源以及我们所需要的各种各样的商品。在贫困地区，除了“家”的领域，人们只能接触到“家”以外的社会领域；在发达地区，人们不仅可以接触到“家”的领域以及社会领域，还可以接触到已发展成熟的市场领域和政府领域。

社会领域有利于社会价值的传播与再生产，包括有关社区、友谊、团结、社会凝聚力、社会包容、社会地位、归属感、会员制等的价值观。

但是，从消极的意义上来说，社会领域也存在着歧视、排斥、剥削、权力、裙带关系、偏袒、偏执、不专业和混乱等区域。因此，人们有着充足的理由向市场领域和政府领域发出求助。

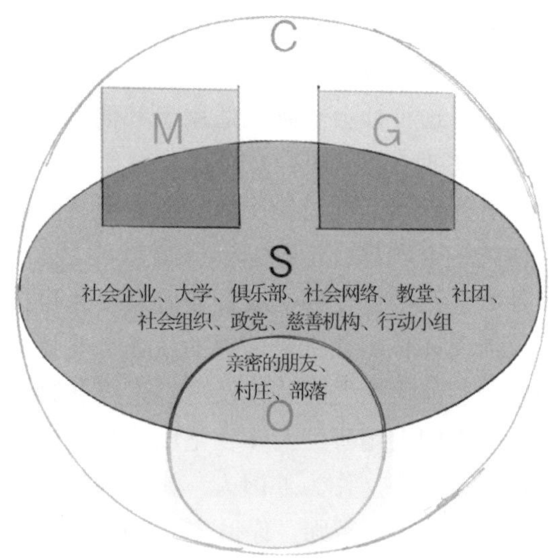

图示 10-3　社会领域

社会领域简介

（1）优势

社会领域有利于实现共享财富，比如友谊、对话、社区、俱乐部、团队、运动、派对、氛围、人类学意义的文化（C1）和艺术意义的文化（C3）。

（2）人际关系

在社会领域里，人际关系是非正式的，通常不会涉及金钱和政府管理，其目的是为了创造共同的利益或服务于共同的利益。除此之外，该领域的人际关系还包括合作伙伴、成员、朋友、捐助者、贡献者、同事、伙伴、乐于助人的陌生人、同志、邻居等（但是不包括顾客或者客户）。

（3）逻辑

社会逻辑是互惠的逻辑（即礼物循环），是贡献的逻辑。

按照互惠逻辑的原则，当你接受一份礼物、一个手势或者任何形式的给予时，都会被要求回礼（counter-gift）。然而，互惠逻辑和市场领域的交换逻辑有着本质上的区别，因为互惠逻辑不仅建立在非正式的社交关系上，而且具有模糊性（不会涉及合约以及货币衡量）。互惠逻辑的模糊性是指："回礼是什么"、"如何回礼"以及"给谁回礼"都具有不确定性。

关于实践智慧，人们在社会领域里采用的是有关道德和社会的评估体系，即需要考虑到环境、历史以及文化等情况。

为了共同的利益以及可以获得共有的所有权，贡献逻辑需要人们提供注意力、知识、兴趣、劳动力、时间和金钱等。只有获得其他参与共享实践或享有共同利益的成员的认可，该贡献行为才会有意义。

(4) 价值

积极价值指的是社区、友谊、团结、社会凝聚力、社会包容、地位、归属感、会员资格等；消极价值指的是歧视、排斥、剥削、权力、裙带关系、偏袒、偏执、不专业、混乱等。

在社会领域，我们会不断地说服他人和我们一起追求同一种目标，和我们建立某一种非正式的关系，获得可以共享的财产（比如对话），实现我们所在乎的价值和财富。

(5) 修辞手法

在社会领域里，我们会用到伙伴间的语言、社交性的语言以及有关互惠关系的语言。当我们提到和他人之间的关系时，伙伴、朋友、贡献者、捐赠者、参与者、成员、同事、合伙人、灵魂伴侣以及同志等字眼会出现在我们的谈话中。我们是团队、俱乐部、社区或者运动组织的一分子。当我们明确表达出自己的行为目标时，我们接下来就需要做出贡献、参与合作、协作协助、捐赠以及共同创造和共同生产等。

属于社会领域的表达方式有：

- "我想把这个给你。""不，我不需要任何回报。"
- "我之所以这么做，是因为我在乎这个团体。"
- "让我们一起做这件事情吧！"
- "我很喜欢你出的主意，我想试着把它变成现实。"
- "我好饿，你可以帮帮我吗？"
- "这是我的想法，你觉得如何？"

- “你的主意不错，不过如果你能用我的主意的话，那就更好了。”
- “我愿意为了自由和民主献出我的生命。”
- “我们想邀请你为我们的会议做个总结……但是，我们不会付给你任何费用。”

10.1.5 文化领域

从图 10-4 来看，文化领域覆盖了其他所有的领域。我认为该领域应该是悬置在其他四个领域之上的，从而体现出文化领域与其他领域之间所建立的垂直或超越性的关系。也正是因为这个领域的存在，才使得我们在其他领域里的实践活动变得更有意义。在文化领域里，我们会感受到自己是文化的个体。也许我们在日常生活里，在“家”里，在人际交往中，在交易过程中，在管理实践中，我们可能并不会意识到文化领域的存在。但是，如果我们从事艺术、宗教或者科学工作，我们就必须对文化领域有所了解。当我们的生活环境或者工作环境发生改变时，比如搬到了另一个国家，我们很有可能会发现文化价值（C1，相关定义请查看第 1 章）对我们的行为和思想所产生的巨大影响。

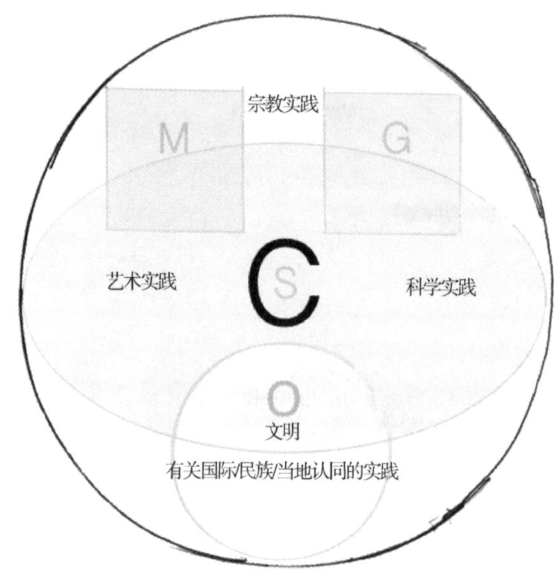

图 10-4　文化领域

在文化领域里，我们会区分善、美和真理，并获得信仰、感恩、怜悯以及其他诸如此类的超越之物。文化领域是艺术、精神、宗教和科学实践的领域。也正是因为通过这样的实践，人们才能从中获得或希望获得有关他们生命的意义，进而尝试去感知他们自己的世界。

由此来看，如果我们想要从事艺术、宗教或者科学，我们就必须在文化领域里展开实践活动。与此同时，我们也会加入一个个社会团体，因为我们需要志同道合的伙伴，就像我们在社会领域里所参与的社会实践一样，但是发生在文化领域的实践具有文化层面的特质。根据柏拉图式的解释，我们会追求超越的理想，那些我们无法用手触摸到的形而上学的理想。换句话说，这些实践活动具有超越性，它们跨越了社会的形态和物质的形态。

在文化领域里，我们的行为和认知与抽象实体有关。比如，宗教人士会认为他们一直在寻求与神灵之间的沟通，自然主义者会追求和自然融为一体，艺术家们会投身于自己的艺术事业。总而言之，我们都会以不同的方式和我们所在的文化圈（人类学文化）或者文明构成某种千丝万缕的联系。

文化领域的逻辑也许会根据不同的实践活动而发生改变。合乎艺术的逻辑模式或许会在有关科学或宗教的实践活动中变得毫无意义，因为，每一种逻辑都会涉及不同的仪式、规范和规则。在宗教实践中，鞠躬低头的行为可能有着某种特殊的意义，但是在科学或者艺术实践中却并非如此；在宗教实践中，阅读经文是合理的表现行为，但是在大多数的科学实践中，它会被当作是一种禁忌行为。

从人类学的角度观察，相同的实践活动所涉及的文化逻辑在不同的背景下也会存有明显的差异。如果我们把某些在荷兰看上去“很符合常理”的语言表达放在亚洲国家的语境中，就会被对方认为是一种很无礼、粗鲁且不文明的行为。

在文化领域里，货币的表现形态是以内涵的形式出现。回报意味着可以体验有意义的事情，建立与理想之间的联系，体会幸福和快乐，获得启迪和满足，感受振奋和鼓舞，收获知识和精神财富等；惩罚意味着失去意义，感受困惑、愚蠢、失落、空虚、肤浅和负罪感等。

文化领域简介

(1) 优势

文化领域有利于实现文化价值（C1）、文明、具有超越性的实践（艺术、科学与宗教等）以及具有超越性的财富（信仰、真理、美以及公正等）。

(2) 关系

在文化领域里，我们会和理想、抽象实体建立联系，我们和它们之间所构成的各种关系会各有不同（比如强烈的、肤浅的或偶然发生的）。

(3) 逻辑

逻辑是有意义的命题，该意义构建的过程需要遵照相关的仪式、尊重习语、遵循规范。

(4) 货币的形态

货币的表现形态是以内涵的形式出现。获得意义可以被当作是一种回报，它是一种受启发的感觉，它可以让你感受到热情、幸福、谦逊、振奋、敬畏、博学以及关系。而这个硬币的另一面则是惩罚，它意味着失去，可以让你感受到困惑、愚蠢、失落、空虚、肤浅和负罪感等。

(5) 价值

积极价值指的是好奇心、奉献精神、真诚、内心的自由以及谦逊；消极价值指的是盲目信仰、片面性、宗教激进主义、偏执、不切实际以及抽象。

(6) 修辞手法

文化领域的每一个实践活动都拥有着属于自己的习语、隐喻和叙事手法，这些通常会出现在典范文本或者作品中（比如权威作品、经典名著等）。拿一个明显的例子来说，经济学家的语言和音乐家的语言之间就有着巨大的差异。如果你想要完全掌握这两者中任何一种语言，就必须经过很长一段时间的学习和培训。

大多数人是在一种文化习语中长大的（比如“荷兰语”或者“中文”）。一般来说，16岁以后，人们就很难再去完全地掌握另一种文化习语了。

文化领域所提供的内容或资源会帮助我们实现很多的事情。这就是为什么文明的概念（C2）对我们而言很重要。文明指的是那些可以让我们实现有关文化价值的各种资源，它记录了历史的兴衰，是一种可以让当前事物变得有意义的陈述。文明是文化延续和传承的结果。

通过对这三个领域（“家”、社会和文化领域）的描述，我们可以看出，它们不仅和我们的日常生活紧密相连，同时，在我们的生命中也发挥着至关重要的作用。然而，也许你不禁会问，为什么尽管“家”对我们来说是如此的熟悉和重要，我们却还是容易在有关法律和经济的实践过程里将其遗漏掉？在市场交易或法律行为中，为什么频繁出现的社会实践往往会被人们所忽视？或许刚刚我已经讨论过的内容（每个领域都有不同的人际关系、不同的价值观、不同的逻辑模式和不同的修辞表达方法）可以帮助你找到诸如此类问题的答案。

此外，我认为，如果你真正地了解了与艺术、宗教和科学有关的各种实践的意义，你也就很有可能会明白为什么我会将文化领域单独划分出来。

接下来，我们将讨论最重视工具主义的两大领域，即市场领域和政府领域（治理领域）。

10.2 市场领域与政府领域

为了实现重要的价值以及财富，“家”、社会和文化三种领域会相互关联。人们是社会性的动物，为了可以获得共享财产或者参与共享实践，人们会一直寻找适合于自己的社交环境，这是人类的本性。亚当·斯密指出，当我们需要他人时，我们会不断地去寻求对方的关注。至少，这一点在他的第一部重要著作《道德情操论》中就已被强调（Smith，1759）。

当然，亚当·斯密也是一位道德哲学家，他让我们意识到了市场的存在。他因为在18世纪末所做出的贡献而被公认为是“现代经济学之父”。

在《国富论》中，亚当·斯密为我们展示了这样一种市场。首先，他注意到：“（人类）的时间是有限的，但是（却还是会因为想要让对方满足自己的意愿，而努力去博得对方的欢心）。在文明社会里，一个人并不容易博得其他人的好感，也不容易收获友谊，即便付出毕生之力，可能也只是收效甚微，然而，尽管如此，他还是有可能随时会得到大多数人的帮助与合作。”

我们可以注意到，以上的内容已经涉及了社会领域，并提到了我们所建立的社会维度和我们的个人偏好有关。但是，有关社会层面的内容，斯密解释得并不够详细，因此，他继续道："如果一个人为了自己的利益，能够刺激他人的利己心并让他人心甘情愿地为自己付出，那么这个人就会很容易达到他自己的目的。任何一个想与他人做买卖的人，都会事先提出这样的提议：请给我我想要的，你就会得到你想要的。通过这个方式，我们可以获得大部分我们想要的东西。"

随后，他还提到了经济文献中最常被引用的一句话："屠夫、酿酒师或糕点师会为我们提供每天所需要的食物和饮料，但这并不是出于他们对我们的恩惠，而是因为他们需要满足自己的利益。"

以上的引文都出自亚当·斯密《国富论》的第 2 章（Smith，1776）。《国富论》是在美国宣告独立的那一年出版的。

我之所以会提到亚当·斯密，是因为他将市场逻辑放在了它应该在的位置上，他没有把市场逻辑当作是理想安排的一部分，也没有把市场逻辑当作是主导逻辑。亚当·斯密指出，当人们在社会领域无法获得财富时，市场领域就会担当起重要的角色。亚里士多德理想化地认为"家"的领域应该是唯一一个可以为人们提供食物、住宿和各种各样财物的场所，斯密虽然也表示认同社会关系对人们的重要性，但与此同时，他也强调了市场领域在我们现代生活中的必要性。因此，那些评价亚当·斯密是一个主张把市场领域放置在世界中心的人的结论都是没有根据的。

跟随着亚当·斯密的脚步，我们应该把市场领域放在首位，并使其优先于其他任何一个领域。就如路德维希·米塞斯（Ludwig von Mises）、弗里德里希·哈耶克（Friedrich Hayek）和米尔顿·弗里德曼（Milton Friedman）等经济学家试图指导人们做的事情那样，把市场领域放在其他所有领域之上是传统智慧下的实践，也是政治家和记者们所赞同的一种思考方式。但是，这样做正确吗？考虑到你我在日常生活中发生的各种实际情况，我并不同意这样的观点。或许，治理领域更应该被着重强调。接下来，我将继续探索在政府领域（即治理领域）范畴下有关价值实现的各种选择。

10.2.1 政府领域

从政府领域展开讨论的理由很简单，因为在日常生活中，我们更多是与政府领域（治理领域）打交道，而不是与市场领域打交道。我们大多数的人都是在公司、机关单位或组织机构工作，我们不仅会成为协会、俱乐部、政党等组织的成员，同时，作为组织机构的主体，我们还需要给组织机构缴纳税金，组织机构也需要给我们发放福利和补贴，并和我们产生雇佣关系。当然，我们偶尔也会参与交换活动，但是我们大多数的互动都是在各个组织中进行的。很显然，为了实现我们的价值，我们非常需要利用组织领域或治理领域。所以，我们最好去了解到底哪些组织机构是对我们有益的，去了解它们的逻辑和价值观是什么的，以及我们应该使用什么样的思维模式和说话方式。总而言之，处理好与组织机构之间的关系是做正确的事情时一个不可缺少的因素。

在此，请注意，政府领域即治理领域，包括所有类型的组织机构，而不只是指政府机关。以下的陈述应该能清楚地解释为什么会这样。

10.2.1.1 组织机构的优势

首先，第一个问题是，组织机构有什么好处？换句话说，我们为什么要和组织机构打交道。原因其实很简单，因为组织机构可以为我们提供服务。比如，当地杂货铺的经销目的是为了出售你我所需要的商品，那么我们就有足够的理由经常光顾；脸书（Facebook）可以帮助我们与“朋友”们一起分享信息；当遇到重大的跨境法律纠纷时，企业会向跨国律师事务所支付非常昂贵的法律咨询，以寻求相应的咨询建议。总之，我们可以通过组织机构获得我们所需要的私人财产（需要提醒你的是，这里的私人财产仅仅是可以帮助我们实现更重要的财富的工具）。

社会文化组织有利于社会财富和文化财富的创造与积累。如果你是一个学龄儿童，你就需要去上学校，因为那里可以提供你所需要的教育。剧院既是娱乐的场所又是艺术的殿堂。建筑设计院为你提供你所需要的建筑设计。国际特赦组织致力于推动全球人权事业的发展，建立绿色和平环境，并确保环境可持续发展。

政府有利于提供集体财产。一个国家的政府可以提供安全保卫、社会保障、法律、学校等。地方政府会向低收入人群提供福利，会维修污水系统，会处理各种垃圾。联合国组织主张世界和平，并促进各国合作。

大多数的组织机构都可以提供工作岗位。喜爱富有挑战性工作的人可以尝试着去大学这样的机构或者其他可以提供类似工作环境的机构工作。组织机构被称作是雇主，在荷兰语里被称为“工作提供者”（werkgever）。无论是当地的杂货铺、学校、剧院、跨国律师事务所、国家政府单位、绿色和平组织，还是联合国组织，它们都可以为人们提供工作和收入。因此，组织机构可以提供就业机会，是产生财政收益的工具。

当你想实现某种特定的目的时，比如表演话剧、获得咨询建议、购买一辆新车等，你就很有可能需要一个机构，并与其他机构建立某种关联。当你想要成就一番事业时，或许你需要通过组织机构来实现；当你想为人权、动物保护以及无犯罪的社区而努力时，或许你需要利用现在已有的组织机构或者自己建立一个相关的机构。

如果没有组织机构的帮助与协助，我们是否可以实现价值和财富呢？我对此表示质疑。

组织机构的类型

政府性组织机构服务于公众或者公共目的。他们的行动宗旨是改善在社会领域和“家”的领域的生活质量，通过调控市场领域的交易行为以及政府领域（治理领域）的管理系统，从而获取集体财产。

商业组织机构关注于市场领域。他们为任何一个愿意支付相应金额的人提供（私人）商品。该目的具有工具性。比如，他们追求最大限度的经济利益，其实是为了富有挑战性的工作，为了生产更好的产品或者提供社会回报等。

社会组织机构的目标是为了让其利益相关者实现社会财富或者公共财富。这些组织包括所谓的非营利组织和非政府组织。比如，体育俱乐部、社团、基金会、国际特赦组织、援助组织、大学等，它们的发展都是依靠利益相关者的付出和贡献。

文化组织机构的目标是为了让其利益相关者实现文化财富或者艺术财富。比如，剧院、博物馆、流行乐队、舞蹈团、管弦乐队、设计院、建筑事务所等。为了实现他们的目标价值，利益相关者需要且愿意做出某种贡献。

10.2.1.2 组织机构的作用

组织机构的存在是解答“如何”这个问题的。对我个人而言，我是这样做的：当我想要推行学术教育改革时，我可以在现有的学术机构里继续工作，又或者我发现目前的学术机构并不适合完成这个目标，那么我也可以自己重新建立一个全新的机构，就如我曾经尝试做的那样。因此，不论我们是在原有的组织机构还是新建的组织机构里工作，我们都需要进入政府领域（治理领域）（见图 10-5）。

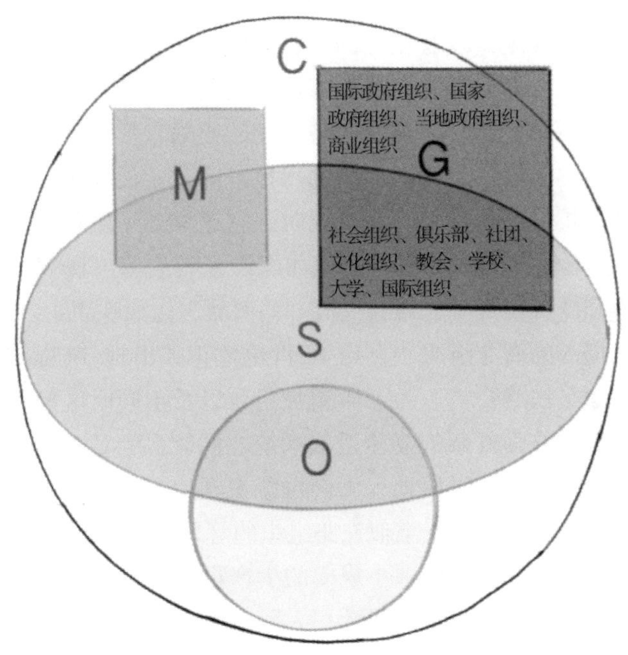

图 10-5 治理领域

因此，政府领域所提供的方式或者策略可以帮助人们实现对他们来说重要的价值和财富。如果一个人想成为一名芭蕾舞演员，那么她就需要先找到一个组织或者一所学校进行系统的培训，而后她还需要尝试加入另一个组织或者一个芭蕾舞团；如果你在乎环境和自然，并且想让这些价值得以实现，你可以自己建立组织机构，还可以加入世界自然基金会，又或者成为一名政治家，从而引导政府组织朝着正确的方向前行；如果你想要实现个人的事业理想，或者实现个人的公共价值或超越价值，那么你也会面临类似的选择，找一个相关的组织机构，以便实现你的目标。我们大多数的人都需要这样或者那样的组织。换句话说，在一个组织里工作或者自己建立一个组织，都是我们在实现目标的过程中不可缺少的，它为我们提供了必要的策略和手段。

为什么人们需要组织？以前的部落成员会组织做各种各样的事情，但那时他们和真正意义上的组织合作不同，他们不是为组织工作，也不是政府逻辑（治理逻辑）上的组织机构，他们实际上是在社会领域里进行实践活动，使用的是社会逻辑。但是，如果人们需要收税和建立军队，他们就需要成立政府组织。这时，官僚就产生了。在该组织机构里，会有明确的阶层结构，指导行为的规则、规定，以及相应的逻辑和价值观。在中世纪，工人们会组成工会，从而限制内部成员和与非内部成员之间的竞争。此外，教会不仅可以用来组织宗教活动，还可以组织经济活动。比如，罗马天主教教会或许可以被称作是欧洲史上第一个跨国运营的房地产商，它设立了特许经营权，最先在欧洲，随后扩展到全世界。与此同时，它还推动了银行的发展，并经营各种“生意”，不但提供各种服务，比如组织宗教表演、庆祝节日、推行音乐、提供忏悔和救赎仪式等，还会供应一些商品，比如啤酒。

我们常常提起的商业组织，直到 19 世纪才正式出现（Chandler，1977）。最早的现代组织是铁路公司。为了协调长距离以及不同时区的行程，铁路公司不得不制定出一整套复杂的物流运输系统。同时，为了提高效率，该组织建立了明确的等级制度。慢慢地，人们也意识到生产汽车、钢铁、电力以及其他商品的组织也同样适用于类似铁路组织的管理机构。

然而，随着新技术的发展，小规模的生产再次变得高效，如今越来越多的人喜欢在工作中享有自主权，因此，人们对大规模组织机构的需求逐渐受到了质疑。或许，未来的组织机构的规模会越来越小。在荷兰，个体经营者的数量在不断增加。他们大多都是自由工作职业者。比如，在荷兰，大约有 9 500 名护理工作者会组建成一个个小规模的护理团队，而在该管理层办公室里，只有 37 名办公人员。换句话说，随着时代的变迁，组织机构也在随之改变。

关于政府组织的规模，也逐渐成了人们争论的核心问题。自由市场经济学家主张政府组织的规模应该最小化；而社会主义者则认为，大规模的政府组织是为社会公共财富提供安全保障的唯一途径。但是，即使削减政府开支，取消多种政治议程，政府组织在大多数的国家里，依然会保持主导地位。

10.2.1.3 组织机构的人际关系

政府组织机构的形式、规模以及外观各有不同。通常这些组织机构不论规模大小，都会有属于自己的徽章标志和办公地点。但是除此之外，其他几乎都属于抽象意义上的形式。作为正规的实体组织，它们具有一定的法律地位，并会出具相关的法律文件。我们需要以一种正式的方式和组织机构打交道。当然，在我们找工作或者在政府机构工作时，我们与组织机构相关人员之间的谈话和互动也都应属于正式性的人际交往（但是，当他们以个人的方式和我们闲聊时，他们所运用的逻辑属于社会逻辑，而非政府逻辑或治理逻辑）。以我个人为例，我与大学的关系是以合同的形式出现的。合同的内容里提到了我的职责和一系列的规章制度，这些规章制度清楚阐明了我在组织内的行为以及与其他人员进行互动的各种限制条件。有一次，我的同事向我抱怨大学并不赏识他，我反问道，他对大学究竟有什么期待，难不成他还希望当他每次经过大学教学楼时，教学楼会给他弯腰鞠躬吗？

在这里，我把政府组织机构和私人组织机构归在同一个范畴内。当然，它们享有着不同的法律地位，并且在其他许多方面也都有所不同。但是，所有的组织都拥有一个共同点，那就是它们都具有工具性和形式化的特点，这也是我们和它们之间建立的是正式关系的原因。政府总是以抽象的形式传递它想表达的主题，比如我们会通过邮件获知我们的欠税信息，会通过办公室、办公窗口、表格、网络了解和我们有关的权力、项目、程序等。另外，在政府机构工作的人员都是职责明确、合同明确的公务员。

在大多数的组织机构内部，正式的人际关系主要体现在分级结构方面，即具有形式化的权限以及相应的官方头衔（比如首席执行官 CEO、首席财务官 CFO、董事长、总裁、副总裁、部门主管、监督员、组长、客户经理、秘书长、项目经理等）。

尽管大多数的社会组织机构和文化组织机构也都设有正式的职位和职能（比如艺术指导、董事、总监、董事会成员、主席以及团队领导等），但是这些组织机构的正式特征并不明显，其原因有：①规模较小；②它们的社会目标或者文化目标需要大量的社会互动。也就是说，艺术是一种协作性的活动，因此社会逻辑在其中发挥着重要的作用。

有一个有趣的问题，那就是关于组织机构的所有权问题。我非常确定的是，大学是不能以个人的名义运营的。但是，大学应该是属于谁的呢？其业主是谁？在荷兰，政府可以被称作是大学的所有者。然而，这意味着什么？谁是政府？同样的问题也会出现在文化组织中。如果一群人创办了一个剧团，显然这个剧团是属于这群创始人的。无论剧团的正式社会地位如何，至少这群创始人和其他人都会这么认为。但是，当这群创始人离开剧团后，那么，该剧团又该是属于谁的呢？这个其实很难判定，尤其是当人们在这个公司里成立董事会、基金会后，就更难判定了。如果一个人建立并经营了一家公司，很明显这家公司是属于这个人的。当这家公司发行股票时，股票的所有者都可以被称作是该公司的所有者。但是，这又意味着什么呢？实际上，这些股东中的大多数往往永远都不会在公司工作，对公司的日常事务也一无所知，只要公司支付他们足够的股息，他们就不会真正关心公司的运作情况。从官方意义上讲，所有权只是一种法律解释。换句话说，这种关系是依据规则和合同而订立的。

在以价值为基础的研究方法中，“贡献”是重点：为组织做出贡献的人，可以获得一种主人翁的体验感。只要他们一直为公司做出贡献，公司也就会一直是他们的。这种所有权可以被称为是社会所有权或者道德所有权，它与正式所有权不同。

以下的内容将解释各种不同类型的所有权。

所有权的不同类型

政府组织是归集体所有的。原则上，政府归所有公民所有。每个人都可以通过纳税为政府做出贡献，尽管每个人纳税的额度有所不同，但每个人都可以从政府所提供的财物和服务中获益。当我们在处理与政府相关的事务时，我们实际上是在处理与集体有关的事务；当你从政府那里获得补贴时，你其实是从集体中获得补贴；当你在为政府工作时，你其实是在为集体工作。

社会文化组织机构是归参与社会文化组织的参与者所有的。这里的所有权通常不是指法律意义上的所有权，而是社会或文化层面上的所有权（请见第8章）。比如，你必须成为舞蹈团或者足球俱乐部的成员，才能获得相关的价值和成就。

商业组织机构归股东所有。股东可以是家族企业中的家族成员，也可以是合伙企业中的合伙人，又或者是任何一个愿意为股份支付一定金额的人，也可以是股份公司中的股份持有人。当我们在和这样的组织机构打交道时，我们本身是该组织机构实现目标的“工具”，从原则上来说，其目标是为了让股东获得最大的经济收益（正如我在之前不断强调的一样，获得最大的经济收益其实并不能被当作是最终目标。对股东来说，经济收益是实现对他们来说真正财富和价值的工具）。即使如此，雇员，尤其是他们中的管理人员，也都可以自称公司是他们的。这种主人翁的感觉来自于他们对公司的贡献，尽管从法律意义上而言，他们并非是公司的所有者。这就是为什么推行民主程序在商业或者政府组织机构中是行得通的。

所有权的问题对人们来说或许很重要。有些人喜欢为共同的利益而工作，他们会选择在政府或者相关的政治组织机构里工作；另一些人倾向于把追求经济利益放在第一位（以使用所得的经济收益实现他们认为重要的财富和价值），他们会选择在商业机构里工作；还有一些人认为社会财富和文化财富是最重要的，因此，社会或者文化组织机构将成为他们的首选。

10.2.1.4 组织机构的逻辑

当在考虑组织机构的逻辑时，我们需要注意组织的有界性。从这个意义上来讲，它们显然不同于社会团体，社会团体的边界通常具有模糊性，因此，常常针对所属权的问题产生各种争端。这是组织机构的一个重要特征，它们会清晰地标记出所谓的边界，从而让你分辨出什么时候你在组织内，什么时候你在组织外。

比如，如果你想进入商业组织机构时，你就必须申请。有些公司的门口会设有保安岗亭，里面的工作人员还会检查你的公司通行证；当你被解雇时，他们也会护送你出去。你可以购买公司的股票，如果额度足够大，你或许还可以在公司内部获得发言权。

国家政府会划分国家的边界。他们可以决定哪些人是“合法的”，哪些人是“非法的”。合法的公民必须纳税，可以投选票，也可以从政府的各个项目中获益。就我个人而言，荷兰政府会为我做各种比利时政府不会考虑的事情，因为我是荷兰公民。但是，在比利时，我却是一个局外人，一个非公民。尽管荷兰公民可以与非洲公民或者亚洲公民结婚（这属于一种社会性的安排），但他/她是不能确定自己的伴侣是否可以在荷兰获得合法身份的，也就是说，不能确定是否可以让荷兰政府承认其伴侣是合法公民。此外，各国政府还会选择公务员参与工作，并在政府办公地点的入口处设置警卫。

社会组织机构可能需要成员来决定谁有资格加入或谁有可能退出。而文化组织机构通常在挑选谁可以加入组织一起跳舞、一起表演、一起演话剧之前，都具有较高要求的选择性。

所有组织机构都会共享正式的实践活动，换句话说，正式的实践活动定义了组织的概念。当人们召开会议、记录会议内容、遵循决策程序、拟订议案书、制定标准、阐明活动意向和资金流动情况时，这些实践就决定了该组织机构的逻辑。正如社会学家马克斯·韦伯（Max Weber）最先观察到的那样，逻辑是指官僚机构的逻辑。任何一个在某组织机构里工作的人，都应该比其他外部人士更了解该组织的逻辑，否则他/她将无法让这些逻辑发挥作用（Weber，1968）。

行政或者官僚逻辑是有关控制、结构或可预测性的逻辑。比如，组织机构往往会通过使用报告、报表和会计系统，来实施对结构的调整并提供控制方案。这些逻辑可以帮助人们明确其任务以及功能，并适用于阶级等级体系，如果出现问题，加大限制力度和变更程序的做法属于政府逻辑（即治理逻辑）。在政府领域里，如果遇到疑惑，我们需要求助于上级的意见和建议。扩大组织的影响力和控制力也属于该逻辑范畴。这就是为什么各个组织会相互竞争并走向合并——就像政府组织一样——谋求集中发展和共同合作，或者建立跨国组织（比如欧洲联盟）。

行政逻辑或者管理逻辑具有客观性，因为它需要明确遵循规章制度，遵循合同条例，遵循原则方针，以防发生侵犯或违规事件。对于这种逻辑来说，将实践活动量化是最好的方法。它可以帮助组织机构清楚地了解自己的员工需要达到什么样的标准才能有资格获得加薪。这种逻辑在原则上排除了任意性、个人偏好、偏见、歧视以及其他诸如此类的社会因素。在理想的情况下，组织逻辑是不需要个人判断能力的。

你可以在商学院和公共管理学院学习到与治理有关的逻辑。比如，他们会教会你如何设计方案、如何制定战略、如何发展人力资源、如何管理财务、如何做账、如何启动程序、如何签订协议、如何完成合并计划等。

在原则上，政府组织机构的逻辑与商业组织机构或社会组织机构的逻辑相似。它们都热衷于量化和物化事物，喜欢明确岗位职责，并建立组织等级制度。在这些机构里，谁是决策者、谁是监督者都会有明确的规定。

10.2.1.5 组织机构的价值

在政府领域（治理领域），价值是通过“财物”得以实现的。这些财物包括职业、工作、事业、地位以及影响力。除此之外，逻辑的表达也是实现行为价值的载体。如果人们想要追求快节奏的生活，想要接受各种挑战，想要接手大的项目，想要外出旅行，想要获得权力和地位，那么最好和某个大型国际组织建立联系并与其交流合作；如果你看重于和少数人一起工作，看重获得私人交情，看重享受轻松的午餐，看重家的感觉，小型的社会组织机构或者文化组织机构或许会更适合你。以我个人而言，作为学者，我很享受在相对小规模的学术机构里找到得满足感，因为那里几乎没有正式性的组织前来干预，更多的则是频繁的非正式性的社会互动。

但是，如果你想成为一名优秀的公务员，你就必须清楚地了解并熟知官僚体制中的各个流程与程序，认真审核调查，并为自己党派的利益而效力。

所有的组织机构都会具备特定的秩序与结构，都会有决策的过程，并会对员工的绩效做出评估。许多组织机构会建立行为价值观，比如忠诚、团队精神、注重品质、勇气和创造力等。这些行为价值观大多是社会领域的产物，因此，它们需要的应该是社会逻辑。从理论上来说，政府逻辑并不能让这些价值得以实现。这也正如我将在下面的内容里所详细阐述的那样，“逻辑”不会被仅仅局限在一个领域里。在本章后面的练习中，强调的最重要的一点就是如何区分不同的领域，并认清各个领域在当前的环境背景下具有的真正意义。

商业组织往往以目标为导向，政府组织也是如此，至少在某些特定的文化背景下是这样的。但是，对于商业组织机构来说，它们往往侧重于效率、规模经济、市场影响力以及市场支配力。相比之下，政府、社会和文化组织机构为了实现集体目标、社会目标和文化目标，可能往往会更注重有效性。

组织机构作为“雇主”，它们总是希望人们用创新、创业精神、可信赖、优秀等词汇去评估自己。

相对于其他领域而言，组织机构的消极价值尤为明显。从市场领域的角度来看，政府组织总是会和效率低下、官僚作风、繁文缛节、规避风险、过度控制等负面因素联系在一起；从社会领域的角度来看，政府组织可能会唤起“卡夫卡的梦魇”，即人们会陷入各种繁文缛节的程序当中，在面对不完善的规章和办事效率低并服务态度差的公务员时，会感到无能为力。

商业组织可能会让人们联想到不公平、不人道、反社会、无情、权力滥用、金钱至上、官僚主义、专制、独裁、剥削、自私等词汇；社会和文化组织可能会和幼稚、低效、无效性、不专业、沉迷于补贴等挂钩。

实际上，所有的组织都很看重自身的发展。这也就是为什么，可持续性对它们来说往往是重要的共享价值，甚至偶尔人们对“共享价值”的关注度会高过于“利润”。

10.2.1.6 组织机构的修辞手法

组织机构会让人们以某一种特定的方式去说话和思考。在社会领域和“家”的领域中，人们不会因为信息的遗漏或者失真而被要求填写表格或者提出申请被拒绝。在组织机构里，上级会对下级进行警告、命令、指导、表扬或者惩罚，而这些在其他任何领域中看似乎都是不符合逻辑的。

当人们说一个文化组织需要变得更加专业时，他们的意思就是说这个组织需要加强组织逻辑，并且需要接受随之而来的价值观。专业性的组织逻辑会涉及“机构改革”“授权任务”“外包任务”“重组”“协调活动”“更好地沟通”“审核标准”“结果”“效率”“专业化”等概念。

政府的修辞手法就是指，当你想按照自己的意愿行事时，它会提醒你已有的规章制度；当你的行为和规章制度保持一致时，它会为你而辩护；当你的意愿和公司的规章制度发生冲突时，那会促成职工代表委员会的成立，又或者该公司会以不菲的价格去换取相应的建议和解决方案。

在商业组织机构中，追求利润的动机在内部会议上是极具说服力的；而在政府组织机构工作的人可能会更看重政策所带来的结果，或者共有财产所产生的积极影响。

每个组织机构都有属于自己的修辞手法，当你想要与该组织合作或为该组织工作时，你也会用到属于自己的表达方式。这是组织机构文化的一部分，也是社会逻辑在组织机构的体现，因为人们永远都不会单独使用政府逻辑。人们总是倾向于将政府逻辑（治理逻辑）嵌入社会逻辑和个性化的、正式的人际关系之中，从而产生社会性质的对话。换句话说，社会逻辑会影响政府领域（治理领域）。

政府领域简介

(1) 优势

组织机构对所有的事情都有好处。我们参与组织并与之打交道可以是为了经济效益，也可以是为了获取各种各样的财富，这些财富从商品到理想应有尽有。

政府有利于实现各种公共价值或者社会价值，比如正义、安全、教育、卫生保健、公共基础设施、公共交通等。

(2) 人际关系

在政府领域里，人际关系具有正式性和抽象性特征。人们是通过合同、规则以及程序与组织机构建立起联系的。在组织内部，社会关系和社会逻辑并不适用——至少从原则上来说是这样的。但是，在现实生活中，社会逻辑却会对组织产生影响，比如共同掌权、滥用职权、个人偏好以及信任等。

(3) 逻辑

政府领域的逻辑具有正式性，它是有关官僚制、管理和法律的逻辑，是有关程序、协议、会议、阶层、预算、（业务）计划、战略、会计、结果、部门的逻辑。

商业组织机构的逻辑是有关盈利的逻辑；而在政府组织机构里，人们往往强调的是正确的程序以及规章制度。

(4) 价值

积极价值指的是控制、结构、客观性、形式、合法性、合理性、等级制度、权力、效率、可预测性等。

消极价值指的是官僚主义、不通人情、匿名、形式主义、抽象、阶级分化、权势、滥用职权、剥削、和个人价值观相冲突等。

(5) 修辞手法

这是有关组织的、行政的、官僚的、程序化的修辞手法。

比如

- “请填写一下这个表格，我们将会给您回复。”

- 为什么？因为我是你的领导，所以这是我的决定。”
- “当你符合附加标准时，我们将会把你纳入第十个等级。也就是说，从9月份开始，你的工资将会达到8 765美元。如果你有异议的话，那么请你提出你的反对意见。”
- “我们已经决定启动一个新的创新性项目，关于此项目的项目经理，我会让人力资源部起草一份招聘广告文案出来。”

需要注意的是，上述这些话在“家”的领域、社会领域和文化领域中是行不通的。当然，在市场领域中，也是毫无意义的。

10.2.2 市场领域

当你在阅读这本关于经济学的书时，你会发现在接近尾声处才出现有关市场领域的内容，这似乎有些奇怪。但是，正如我之前所提到的，市场在我们的生活中并不是无处不在的，至少没有标准经济学家所设想的那么普遍。

市场领域是交易的领域，是商品供应者和购买者之间的交换领域。用亚当·斯密的话来说：“任何一个想与他人做买卖的人，都会事先提出这样的提议：请给我我想要的，你就会得到你想要的。通过这个方式，我们可以获得大部分我们想要的东西。”（Smith，1759）

在市场上，我们会向别人提供商品，我们也会寻找我们所需要的商品。如果我们所提供的商品是别人喜欢的，那么我们就会进入下一个环节——交换，即用同等价值的东西进行交换。关键之处在于，如何能等价交换。通常来说，我们需要给商品定价，也就是确定它的价格是多少。

10.2.2.1 市场的优势与劣势

市场领域是工具性的领域早已被证明。在发达国家里，市场领域为社会福利的产生发挥着重要的作用。正是因为这样，人们会专注于一件事上，并全力以赴不断地去提高生产力。比如，制造电脑芯片，通过一系列的交易过程，可以换取由分布在世界各地的专业人士所生产出来的其他各种各样的商品。

在市场上，我们还可以提供技能并付出劳动力，我们的劳动可以换取报酬，换得一份利润，或者收获感恩（在一些社会和文化组织机构里）。另一方面，我们也可以用所赚来的钱去购买各种商品。

正如我们在前面讨论过的，市场无法实现对我们来说最重要的社会财富，如公共财富、个人财富、文化或者超越性财富。我们永远都不可能在市场上购买到友谊、信任、团结、信念、美丽、知识、技能或者智慧。但是，我们可以买到食物、啤酒、书籍、衣服，获得受教育的机会，得到进入博物馆的许可，接受护理以及理疗服务等。这些各种各样的物品以及服务为实现对我们来说最重要的财富是有帮助的。也就是说，我们可以在市场上购买到具有工具性质的商品。

因此，市场不仅有益于我们获得各种有形或者无形的商品，同时，它也可以帮助我们取得购买这些商品的手段，即通过出售我们的劳动时间，通过运用我们的技能为他人服务，从而换取金钱。然而，当我们在为共享财富定价时，市场却会表现得无能为力。

10.2.2.2 市场的价值

市场可以作为“如何解决……”问题的一个选择答案。

如果你想要实现某种价值，比如，看一场话剧，制作一件艺术品，自己做的一双鞋或者自己盖一栋房子，对你来说，市场或许是其他领域之外的一种选择。当你进入市场领域后，你不仅需要了解一些特定的事情，也需要结交一些特定的人，比如，需要收多少钱，以及如何让对方愿意支付这个价格，但是，这依然值得你去试一试。利用市场去实现价值的好处在于，你可以通过赚足够多的钱去购买你所需要的商品。

市场会涉及各种错综复杂的事情。和组织机构不同，你通常很难直接看到所谓的市场，除非你去当地的农贸市场或者老式的股票市场。在后一种情况下，你可以看到一大群人在进行买卖。但是，当你独自站在收银机前支付账单，或者在网上商店下单并转账时，你就会很难想象你的眼前有一个市场。我并不是在故弄玄虚，在大多数的情况下，市场的存在需要我们的一些想象力。比如，当你把你的房子挂牌出售时，你可以想象有些人也许也在做同样的事情，而有些人也许会在家里坐在电脑前浏览网页，并看见了你准备出售房子的信息，于是会思考是否需要和你预约看房，谁知道呢，或许他们接下来就会直接竞价。

正如市场倡导者会告诉你的那样，市场是奇迹的发源地，只要你愿意，就会有奇迹发生。就好比是铅笔之类的商品——这是米尔顿·弗里德曼(Milton Friedman) 曾经最喜欢用到的例子——你只需要花很少的钱，就可以购买到由世界各地的材料所制成的物品。如果你仔细想一想，这的确是市场的魔力所在，当你现在就想吃到杧果或者想马上拥有一辆保时捷跑车的话，至少在你有这个能力并愿意为其支付价格的前提下，你的确有可能得到它们。令人惊讶的是，如此之多的组织机构和个人所生产出来的大量的商品，居然绝大部分可以准确无误地送达到千千万万个客户手中。是的，没错！市场有时会崩盘，商品有时会被积压，甚至太多的人依然连少量的商品都没有能力去购买。但是，我们不得不承认，整体市场的运作仍然是良好的。当我们环游世界时，我们会发现不论我们走到哪里，星巴克、干净的水、整洁的床、可口的食物到处都有，而且它们的存在都是合理的，只要不是过于廉价的话。

自从市场的魔力发挥作用以来，在过去的几百年里，交换的商品数量急剧增长，大多数人的物质福利也增加了十来倍，甚至二十来倍。但是，与此同时，市场也有黑暗的一面，我将会在随后详细指出。

10.2.2.3 市场领域的人际关系

在正式的市场领域中，人际关系并不存在。在任何一本有关经济学的教科书里，我们都会发现，市场上出现的只有产品、价格、提供商品的个人以及愿意付出价格的个人，而人际关系并不需要被建立。价格应该是唯一重要的信息，至少在原则上是这样的。一旦支付了价格并转交了商品，交易双方就再无瓜葛，仅此而已。他们之间不会再有联系，不会承担义务，不会考虑互换礼物，也不需要共同完成任务。（标准经济学的研究方式是把人际关系分离出来。在经济学的模型里，人与人之间是没有关系的）当你在网上商店购物时，你会清楚地体验到所谓的正规市场。你只需要单击鼠标将所要购买的商品放入购物篮中，然后进入付款页面，再单击几下就可以完成转账程序，接下来，你就可以等待接收你所购买的商品。而在这一切发生时，另一方（即卖家）始终都是匿名存在的。

然而，在现实生活中，市场上交易各方其实是会建立并维持彼此间的关系的。比如，金融交易员们除了操纵大笔的钱以外，他们还会相互开玩笑，一起喝酒，一起聊天；对于那些即将达成购买协议的人们，他们会一起吃午饭，会相互交流，从而进一步讨论具体合约细节；每次当我去家门口的杂货铺买东西时，我也会和那家的老板闲聊几句。就如同政府领域一样，市场领域也很容易混有社会逻辑。

10.2.2.4 市场逻辑

市场领域的逻辑就是有关交换的逻辑。它是由以下四个特征构成的：

（1）产品。该产品必须可以出售，比如面包（这是显而易见的）。但是，我们必须意识到，我们的创造力也可以被当作是一种产品，并可以提供给他人。如果你想问，博物馆卖的是什么产品。那么，我会告诉你，博物馆会以门票的方式出售允许入馆的访问权，也会以冠名的方式去吸引赞助商投资。

（2）产品必须有产权。销售方必须能够证明所出售的产品的产权是可以被转移的。交易意味着转让产权，就像买卖面包一样。当然，还有另一种可能性，被转让的产权只在一定时间内有效，比如创造力。此外，知识产权会将音乐、创意和设计等无形的产品转化成可以买卖的商品，并赋予它们无形的产权。

（3）产品必须有价格。在市场逻辑中，商品的（交换）价值就是它的价格。价格是在交换过程中所产生的价值。为了让卖方将商品的所有权转让给他人时，少一些失落和沮丧，价格可以表明卖方所希望的补偿是多少。当买方愿意支付这个价格时，我们也就可以推断他或者她认可此商品至少应该值这个价格（当消费者愿意支付多于实际市场价格的货币去购买商品或者服务时，这时商家是幸运的）。当有人对某艺术家的一幅作品感兴趣并开始询问价格时，那么说明他可能已经有了愿意支付的心理价格，即预定价格。因此，当艺术家给出的价格低于他的预定价格时，他或许会感到惊喜；但是，当艺术家给出的价格高于他的预定价格时，他又或许会感到失望。

（4）必须有交易发生。归根到底，市场会涉及交易、商品转手、支付价格、接受价格、营业额、利润和损失等问题。当你的作品在画廊被展出时，它可能会带给你快乐，但是，这样做的目的则是为了卖掉该作品，记录交易情况，并创造营业额。总而言之，交易是市场逻辑的结果。

然而，请让我重申一下我在第5章中所提到的有关价格的问题。我认为，价格不应该是价值，这个观点和大多数经济学教材里所建议的并不一样。此外，当我们提到价格时，我们所强调的不应该只是钱的数量。也就是说，当我们支付一笔钱（即商品的价格）购买某种商品时，则意味着我们将放弃可以用同样价格购买的其他商品。此时，对我们来说，重要的不应该是钱，而是这个价格数字所代表的某种商品。同样地，当我们以一定的价格出售某种商品时，我们所获得的是可以换取其他商品（即对我们重要的商品）的手段。换句话说，我们关注的并不应该是货币的数量或者价格的多少，而是该货币数量所代表的商品。严格地来讲，交易的价格要么有关机会成本（即我们需要放弃的机会），要么有关暂停购买。所以，我们可以认为，市场有利于我们购买并拥有具有工具性质的商品、货物以及服务。

因此，我们把有价值的东西命名为一种产品或者一种商品，标上价格，并连同它的产权一起移交给任何一个愿意支付这个价格的人，其实是合乎逻辑的。然而，在很多情况下，这样的逻辑并没有意义。比如，当一个人走到我面前告诉我，他愿意支付一大笔钱换取我的孩子或者妻子；或者，一个学生可能会考虑找他的教授，用一笔钱换取好成绩，这通常是不符合逻辑的，至少在一所标准的大学里是不符合逻辑的。由此来看，或许只有在不符合逻辑的命题中，我们才能更好地理解市场逻辑的真正含义。

10.2.2.5 市场上的修辞手法

在市场领域中，人们会谈论“交易”“价格”“卖方和买方”等。在市场上，人们会成为“顾客”，公司的员工也常常会说“顾客就是上帝”（当然，只有顾客支付了合适的价格后才是）；在市场上，我们可以对别人说“嗨，你刚好有我想要的东西”，“给，这个正好是你想要的东西”，“想要交换吗?”；在市场上，你可以讨价还价（“哦，不，你要的太多了”）；在市场上，你可以说“我不在乎你需要什么，也不在乎你怎么想，这就是我定的价格，要不要随你”。再比如，当你非常想购买一件艺术品，而其他人的出价比你出的还要高时，你可以说“这不公平”。对！你可以这么说，但是这并不符合市场的逻辑。

市场的修辞手法允许人们用市场状况作为开除员工的借口。比如，市场“上涨”或者“下跌”，市场“稳定”或者“波动”。如果你在市场领域工作的话，那么你就能很快学会相关的语言措辞表达。

市场领域简介

（1）优势

当我们想要实现我们的价值时，市场可以为我们提供所需要的商品、有形或者无形的财物和服务。

但是，市场不会向我们提供共享财产和终极财产，比如美满的家庭、知识、艺术以及启迪。一般来说，市场是不会帮助我们实现集体富裕的。

(2) 人际关系

在市场领域中，人与人之间的互动具有工具性。人际关系并不需要被建立，至少原则上是这样的。

(3) 逻辑

在市场领域中，交换逻辑很重要。这是一个有关将物品转换成商品的逻辑，人们会对该商品进行定价、出售或者购买。在买卖双方达成协议后，交易可以顺利进行。按照市场逻辑的规定，在交易过程中，卖方会将商品的所有权或者使用权转让给买方。

如果人们在市场领域中使用枪支或者任何其他形式的暴力手段，都是不符合逻辑的，即使在交易达成后，卖方依然拒绝交出商品的情况下，也是如此。在大多数的当代文化下，要求出售某些商品，也都是不符合逻辑的，比如器官、配偶、孩子或者一个人的生活等。

(4) 价值

积极价值指的是市场具有有效性，可以激发人们创新和创业的精神，是实现物质财富的工具。市场是文明的标志，因为它可以使陌生人与陌生人之间产生文明的互动，从而获得互惠互利的结果。

消极价值指的是不公平、不公正、商业主义、贪婪、交易局限、垄断、剥削、匿名、违反人类价值观、非自然、不环保等。

(5) 修辞手法

比如：

• “请给我一盎司的牛肉，好吗?”“当然!”“谢谢!”“请付 3.55 美元。”“好的，在这里，给您。”“谢谢，祝您愉快。”

• “我愿意出 1 000 欧元买你的那艘船。”“但是我是用这个双倍的价格买到它的，所以如果你付 1 700 欧元，它就是你的了。”“让我看看它的样子，嗯，我最多只能出 1 400 欧元。”“好吧，成交！因为你看上去人不错。”

• “我打算卖掉公司”“那我们怎么办？这些年我们为你所做的一切都意味着什么？”-“实在对不起，这是困难时期，有人刚好出价不错，我也必须为我的家人考虑。”

• “我好饿，我想要一些食物。”“你能付得起吗？如果不能，很抱歉，我不能给你任何吃的，因为我这里不是慈善机构。”

• “你要价多少？”

• “我们做个交易吧！”

试想一下，我们在其他的领域里也使用以上这些表达方式将会如何？我们会发现，这些表达方式不再会有任何意义，除非是在开玩笑。

10.2.2.6 案例分析——剧院

假设你想表演一场戏剧。为了让你的梦想实现，首先你需要进入社会领域和文化领域。在文化领域里，你可以学习有关戏剧的知识，了解什么是戏剧，如何在舞台上表现，并且认识到特定剧本的历史意义以及文学价值。通常情况下，你会通过文化领域涉足社会领域，你可以在戏剧学院里和同学们相互交流，和志同道合的人分享讨论，从而让你的想法逐渐成熟。你或许会决定和那些与你有着同样抱负的人一起去实现你的梦想。让我们想象一下，你和你的同伴已经准备好了，那么，下一步该如何继续？

如果你在北欧国家，你们可能会去找政府机构，去查阅相关的补贴或者赞助都有哪些，以及需要填写哪种表格等。你会发现，在这个过程中，你必须制订出一套详细的方案和预算计划。你可以向会计师咨询，也可以和相关的政府公务员以及政界人士请教。这时，你便踏入了政府领域（即治理领域）。

如果你们的资金申请因为缺乏经验或者艺术作品质量不达标而被拒绝，你和你的同伴或许会不高兴，甚至对申请程序以及来自评审委员会的质疑而感到气愤。但是，然后呢？

现在的你还有三种选项：

（1）你可以利用“家”的领域，去说服家人在资金上给予你帮助，又或者自己找一份兼职来支持你的梦想。

（2）你可以在市场领域发挥创意长项，但是，你需要找一个愿意为你们的戏剧作品投资的人。看看是否会有企业愿意赞助你们的活动，答案或许是否定的，因为你们没有太大的名气和影响力。那么，你们也可以去试试其他方法，比如众筹，但是众筹并不属于真正的交易，除非你可以明确此交易的相关条款；又比如发行股票，这是一个很有趣的选择，当你们的戏剧票房收入很好时，持股人就可以获得可观的回报，然而，前提是，你们必须上映这场戏剧，找到一个合适的场地，并收取门票。

（3）又或者，社会领域是你最好的选择。在这里，你可以呼吁人们为你们的目标而捐款。你们可以试图激活属于自己的社交网络，当然也包括向家庭成员寻求帮助。也许你会遇到一些人，他们非常欣赏年轻人的梦想和激情，他们可能很喜欢你正在做的事情，只是他们没有勇气自己付诸行动，因此，他们会很希望你们可以实现这个目标。他们有可能会购买你的项目的一部分股份，或者为你提供贷款，或者他们会帮助你联系其他对你们的项目也感兴趣的人。看吧！在社会领域里，你需要运用到社会逻辑，建立人际关系，与人们展开互动，弄清楚究竟什么才能吸引他们，以及自己需要给予对方什么样的回报。但是，请记住，你不需要计较是否应该是等价的回报，因为这里是社会领域。对于回报，你可以邀请你的赞助者参加你们戏剧的首映仪式，可以去关注他们的故事，也可以在自己力所能及的范围内为他人提供支持，当然，也许当你的梦想实现时，才是给予对方最好的回报。

我猜想，社会领域是实现共享财富最合适的领域。科学家们可以在文化和社会领域实现他们的价值，但是他们的经济来源很大程度上依赖于政府逻辑。尽管科学家们需要为此付出一定的代价。

10.2.2.7 练习：溢出（spillovers）与交叉（crossovers）

为了突出每个领域各自显著的特征，在之前的章节里，我对各个领域的描述都比较理想化。然而，在我们的现实生活中，一个领域的逻辑会出现在另一个领域里。人们常常会将多种逻辑混合使用。但是，在许多情况下，混合使用逻辑会出现许多问题，从而导致价值实现受阻。更重要的一点则是，人们是不可能仅仅在一个领域里完成所有实践活动的，因此，平衡多元逻辑之间的相互关系至关重要。

下面让我们来思考几组重要的或者值得注意的溢出和交叉现象：

（1）市场领域中的政府逻辑。事实上，寻找一桩纯粹的买卖是非常困难的。大多数的交易都会涉及组织机构——想想商店、厂商、广告代理商、出售广告位的公司、房地产商——这些交易都会涉及政府的法律建设、安全和健康法规、特定的客户权力以及融资限制等。正如我所指出的，政府逻辑无处不在，它也在市场领域里发挥着作用。

(2) 社会领域以及“家”的领域中的政府逻辑。在日常交通里，我们需要留意政府机构制定并执行的交通规则。在公共区域里，相关的法律法规也同样重要。非营利性的组织机构以及教堂和剧院也会涉及政府逻辑。在“家”的领域中，我们似乎可以避免使用政府逻辑，但是，当我们处理离婚、家暴、虐童等相关案件时，我们就会感受到政府逻辑（侵入式且不可阻挡性）的存在。

(3) 市场领域中的“家”的逻辑。“嘿，因为你是我的朋友，所以你可以拿到非常优惠的价格哦!”这是卖家在使用“家”的逻辑。优秀的销售人员也会这样和买家进行沟通，会说“你的身体很康健啊”“你的衣服真好看”之类的话语。同时，也有一些人会把在“家”的领域所体会到的感受运用在一般市场环境下。比如，我的一个朋友想在加油站买一个东西，所以我们不得不半途停靠在一个偏远的加油站里。后来，我们发现这个加油站里的东西实在是太贵了。可是，我的朋友考虑不让加油站里的售货员失望，他依然掏出了钱包。

(4) 市场领域中的社会逻辑。在一些文化背景下，人们在交易结束前会一起喝酒、吃饭，这种生意场上的酒席文化暗示着买卖双方关系即将迈入一个新的阶段。在中东市场上，讨价还价具有社会目的：阿拉伯人喜欢讨价还价的过程胜过价格本身。如果买家二话不说直接付款的话，卖家会觉得吃了亏。对于交易双方来说，如果他们希望今后可以一起做更多的生意，他们就需要经常进行沟通，交换社交信息，并建立彼此之间的信任，或者尝试着说服对方促使交易达成。

在艺术市场上，人们彼此间会相互交流。对于画廊老板来说，如果她不喜欢某个人或者对某个人的背景不感兴趣，即使这个人出价再高，她或许还是不会把画卖给对方。另外，在金融市场上，交易员们也会为了分享见解，建立信任，并处理市场上所存在的一些不确定因素，而相互交流，极力相谈。企业家们不仅需要具备极佳的口才以及取得他人信任的说服力，同时也需要优良的个人形象并且还要展示出个人魅力。在市场领域中，社交技巧必不可少。正如社会经济学家所指出的，市场嵌入于社会之中，当我们进入市场领域时，我们会感受到社会逻辑无处不在。这就是为什么，艺术家会参与各种开幕典礼，企业家会频繁出现在各种新年宴会和社交活动中。

纯粹的市场交易只会发生在互联网上。买方下订单，再用信用卡支付，最后在家收货，在整个过程中，双方不会进行任何面对面形式上的社会互动，彼此间也不会知道对方是谁。

（5）“家”的领域和社会领域中的市场逻辑。与加里·S. 贝克尔（Gary S. Becker）等经济学家的观点相反，我认为市场逻辑并不适用于“家”的领域和社会领域。社会财富不会进入市场交换领域，所谓支付的行为也不应该出现在这两个领域里。但是，即便如此，人们还是会在他们的社交互动过程中运用一些有关市场的修辞言语，比如，当他们遭到社会性质的侵犯行为时（例如，未能赴约），他们会要求获得一定程度上的“补偿”。人们也会希望从社会投资中取得回报。你的祖母或许会因为你送给她的生日礼物很高兴，而给你一些零花钱。但是，通常情况下，这类的言论或者行为都含有道歉的含义，或者具有讽刺的意味。

（6）挤入效应（crowding in）和挤出效应（crowding out）。当一个领域的价值因为另一个领域的侵入而被破坏时，我们称这种现象为挤出效应（crowding out）。当一个领域的价值因为另一个领域的介入而获得增量时，我们称这种现象为挤入效应（crowding in）。挤入效应和挤出效应是多个领域相互作用的结果，与此同时，这两种现象也说明了各个领域并不是独立存在的。

强大的政府逻辑往往会排挤其他的领域里的行为活动。当政府开始照顾无家可归的流浪者时，教会和救世军就会展开其他方面的活动；当商业公司开始提供廉价的衣服时，主妇们就会停止缝补衣裳；当餐厅提供便宜的饭菜时，你也会觉得自己在家做饭是多么麻烦的一件事情。同样地，针对艺术和科学，强有力的政府资助会让人们丢失贡献的意愿。

强大的社交圈会排挤掉和“家”有关的逻辑。如果你有很多好朋友，你对来自家庭的支持的需求就不会那么迫切。反过来，市场也会排挤社会领域和“家”的领域。人们会为了高薪的工作而四处奔波，从而失去与家人和朋友相处的美好时光。高薪的工作需要你花费很多的时间与精力，以至于你不能参加自己女儿的毕业典礼，不能和妻子一起共进晚餐，不能和家人一起出去旅行。在这种情况下，市场和政府（治理）逻辑排挤掉了“家”的逻辑。

当艺术家在商业上取得成功时，他们就会拿自己在艺术界的名声去冒险。当一个文化底蕴浓厚的城市被不断涌进的人潮所淹没时，这个城市的文化资本有可能也会随之流失。当一家艺术博物馆的馆长自豪地宣称该博物馆已获得新的商业赞助时，而艺术界的人们也许会望而却步，博物馆的声誉也会受到损害。在这种情况下，我们可以说，由于市场逻辑的侵蚀，从而导致博物馆的艺术声誉受到了排挤。

当一个领域的逻辑介入了另一个领域时，被介入者所涉及的价值或许也会随之增长。善于运用市场逻辑的人，他们的社会地位和社会效益会得到提高，甚至还会得到异性的青睐。在这种情况下，市场逻辑会为社会财富增值。

当一件艺术品以高价售出时，人们也许就会对这件艺术品表现出浓厚的兴趣，从而此艺术品的艺术价值也会随之提升。此时，我们就可以称这种现象为挤入效应。

同样地，如果一个项目获得了政府的支持并取得了合法化，那么此项目的社会或者文化价值也会随之加强。当然，如果政府作为客户出现，那么该公司也会从中受益。

对我们来说，当社会领域的逻辑介入其他领域时，所产生的挤入效应是非常重要的。在市场领域里，社会逻辑可以让买卖双方产生相互信任并获得理解和同情，这些都可能有利于交易的达成；此外，政府的措施和项目也都得益于强大的社区以及社会的支持。

10.2.2.8 结论

以上提到的五种领域的模型是在以价值为基础的研究方法中的重要元素。至少如果将该模型定义为专门研究价值实现的学科，那么它不仅可以帮助我们实现我们的价值，同时还可以让以价值为基础的研究方法变得更加“经济”有效。作为一名经济学家，我一直在使用该模型，它是我授课的主要依据。当我在市政厅的办公室里工作时，我也会将该模型绘制在我记事本上，以便我可以随时查阅。比如，我会用该模型向他人解释我对社区发展所提出的相关政策。我会阐明社会领域的重要性，并提醒政府官员切勿过度使用政府逻辑（即治理逻辑），以防社会逻辑被排斥在外（通常情况下，我会解释什么是“挤出效应”）。

现在的我正在从韩国飞往荷兰的返程航班上，我刚刚参加完一个有关乡村经济的会议。此会议主要讨论的是如何才能使农村地区从创新性经济中受益。参加会议的成员主要是来自政府的公务员。在会议期间，我再次与他们分享了这五种领域模型图，并用它来劝告人们千万不要过度地依赖于政府项目。基于我自己之前的经历，我建议大家应该将目光重点放在社会领域里，因为它才是我们实现价值的关键。据我了解，这些公务员均对旅游景区的发展很感兴趣。旅游业会涉及政府逻辑，对他们而言，这也就意味着可以提高财政收入。而我所提到的多维模型可以帮助他们突破仅限于政府领域和市场领域的思维定势，进一步考虑文化领域和社会领域。比如，文化领域会提示人们有关韩国传统文化的重要性，尤其是乡土文化。其中，文化遗产也同样需要被重视，被开发和被利用。此外，韩国的自然资本又如何呢？这类资本的积累和增长是需要社会逻辑介入的。但是，如果当地社区不参与，当地的居民不合作，怀揣着新想法的企业家不愿意付出行动，那么政府项目或者商业运营也许就不会取得成功。当然，来自政府的激励与支持也会对个人主动性产生至关重要的积极影响。

我之所以强调社会领域、文化领域和“家”的领域是因为，它们在工具时代里被忽视，使得我们逐渐将它们遗忘。我们总是思考有关市场领域和政府领域的问题，然而，最终造成的结果是，市场领域和政府领域似乎变得过于强大。当同事们认为我们应该把更多的东西留给市场时，我会指出关于涉及社会领域的可能性。比如，社会企业？合作社？注重质量，而不是数量？

归根到底，这不是有关这一个或者那一个领域的问题。当我们作为个人想要实现自己的价值、想法或者技能时；当我们作为组织中的一分子想要获取收入，或者想要为公共或超越性目标做出贡献时，当我们作为政治家或者公务员想要为社会的共同利益服务时，我们就需要在这个多维模型中找到属于我们自己的平衡点。

11 从理论到现实

维玛尔·耶格（Wimar Jaeger）是一名政治家，我和他分别支持着不同的党派。他是荷兰中部希尔弗瑟姆城市（Hilversum）主管经济、媒体和文化的副市长，我也同样在该市政厅工作。当我在总结本书第一部分的内容时，维玛尔表示他非常好奇我这本书到底讲的是什么。当时假期刚刚结束，所以我和他的心情都很放松，于是我们进行了一次长时间的深度交流。需要补充的是，维玛尔在从政之前是一名商人，这使得他是一个务实的人，渴望追求结果。但是，与此同时，他又对创意很感兴趣——“艺术”是他职责的一部分——他会时不时地回应我的观点。因此，我也会很认真地对待他所提出的每一个问题。

我告诉维玛尔，这是一本关于如何重新思考经济学的书，它将经济学作为一门全新的科学进行深入的探究。这也是一个从数量思维到质量思维转变的研究过程，我补充道。看到他困惑的表情，我继续解释：“我开发了一种以价值为基础的研究方法，这种方法可以帮助你我在从事与经济相关的事务时实现价值。比如，我们现在的谈话就是这么做的。”我看出来他在努力地理解我说的话。随后，他问道：“那么运用这种研究方法的实际结果是什么呢？你的观点会对我有什么影响？”我听后，不得不停顿一下，因为我知道有些人虽然不明白你在说什么，但却还是试图跳过要点，而去直接追寻结果。不过他提的问题确实有道理。如果一个理论不会带来任何结果，如果它不能给像维玛尔这样顾家的从政者一个满意的答案，那么这个理论还会有什么价值？于是，我尝试着用一种简短的方式来回答他的问题：“这种方法将会激励我们追求品质。”不过我自己并不喜欢用这种方式去解释这个问题，因为我认为一个好的答案不是能用一两句话可以表达明白的。

当然，在我与记者们的采访对话过程中，我也常常会听到他们想知道“需要做什么”的问题。实际上，他们的问题是“从政者们应该做什么”。对于大多数的记者来说，经济学的理论只有在对其相关的政策产生影响时才会有意义。那么，政府应该做些什么呢？它是否需要推动教育事业、在贫困地区投入更多的资金、调整政策指标、修改经济衡量标准、促进合作、退出社区建设？只有当我回答了这些问题，并且我给出的答案在一定程度受到了关注，那么我的这本书对他们来说才会有意义。就工具主义者而言，他们的世界观导致他们很容易提出类似的质疑：如果从政者们不能将这本书作为工具使用，那么它就会一文不值。

但是，这些记者却忽视了所有其他正在阅读这本书的人们，难道他们不想知道应该如何去做？以及什么才是正确的事情吗？

正是因为工具主义世界观的盛行，推行以价值为基础的研究方法总是受到阻碍。人们倾向性地认为金钱就是一切，并企图用金钱去衡量任何东西的价值。因此，这种金钱至上的观点所带来的结果就是，组织机构追求利润，学者们追求资金赞助，政府消减成本推动经济增长、提高 GDP。然而，谁又会去在乎价值呢？很明显，金钱所带来的现实以及和金钱有关的所有事物都是极为残酷的。相对而言，以价值为基础的研究方法的核心则是超越价格、收入、工资、金融财富、利润以及 GDP，让我们开始重新关注价值世界，并开始思考如何才能实现对我们来说最重要的价值。这就是我写这本书的真正目的。

或许经济学家很想知道，本书所提到的以价值为基础的研究方法是否可以解决有关政府如何平衡税收和支出、央行如何正确调整利率，以及政府如何恰当采取保护主义措施等相关问题。但是，我不得不承认，这本书是无法回答以上这些问题的，标准经济学的方法可以处理这些问题。在此我必须重申一下，我并不是有意去揭穿标准经济学的局限性。标准经济学所涉及的会计语言、成本效益分析、存量与流量等概念，均对工具主义者有很大的帮助，尤其处理金融方面的问题。由此来看，标准经济学所涵盖的领域是以价值为基础的方法所描绘出的世界的一部分，它更侧重于工具性，如果你读了本书前面的内容，就应该会明白我在说什么了。

由于以价值为基础的研究方法侧重于价值或者品质，因此标准经济学可以被认为具有一定的规范性。我个人认为，标准经济学关乎于“效率”，它所关注的价格、收入以及其他财务情况同样和价值有关。标准经济学的研究方法与以价值为基础的研究方法一样，都会关注价值。因此，我希望人们可以从不同的视角出发去探索这个世界，并同时可以用一种独殊的、基于价值的方式处理所遇到的各种问题。你还记得盲人摸象故事里的那几个盲人吗？

有些读者想通过这本书找到可以解决世界问题的方法，然而，我猜想他们或许会失望。他们可能期待这本书会对资本主义或者医疗系统的运作方式进行一场毁灭性的批判；或者，他们可能期望这本书会提到如何推动共享经济或者循环经济的发展；又或者，认为本书会讲有关实体化的创造性经济的问题。对于以上这些想法，我会尝试着去解释。因为，针对各类问题，以价值为基础的研究方法可以为人们提供一种丰富且具有导向性的视角。但是，与此同时，这也需要人们投入大量的工作。在我未来的研究中，我将会进一步讨论。

11.1 值得肯定的部分

这就是我一直以来想要做的事情。我编写这本书的目的在于，让人们在从事有关经济学方面的实践活动时，可以突破工具主义的局限并将关注点转向价值。这种研究方法对相关类型的问题均有作用。尽管以价值为基础的研究方法只会为解决政治性质的问题提供一个背景，但是，它可以鼓励我们用一种全新的视角去看待事物。作为家庭的一员，作为朋友，作为俱乐部成员，作为政府、社会或者金融机构的员工，我们可以通过这本书了解和思考我们应该如何才能做正确的事情。

我会引导我的读者置身其中。比如，请你假设一下，自己为人父母后，当你自己的孩子在温暖且充满爱的家庭中追求充实而又具有创造性的生活时，你应该给予他/她什么样的建议？或许你会告诉他/她要好好学习，找一份好的工作，这样才有能力买到属于自己的房子，毫无疑问，这是一个明智的建议。但是，这类建议几乎都只是遵循着经济学的标准思维模式。而我所提出的以价值为基础的研究方法会为人们指明：如何独立生活、如何维持亲情和友谊，如何实现家的梦想，如何建立具有创造性的环境，如何激发正能量的观念，提高自我意识并实现各种价值等。总而言之，尽管以价值为基础的研究方法为大家所提供的建议的确比和金钱有关的建议要复杂许多，但是这种建议却更加贴近生活，更加真实可信。但是，如果你依旧固守在工具主义的思维定势里，那么这本书将不会对你有任何影响。

需要注意的是，在以价值为基础的建议中，定量的指标将不会被考虑在内。如果你告诉你的孩子拥有充实的生活必须获得多少收入，或者必须要多少个孩子，又或者需要和多少个人建立联系，那么你的建议将毫无意义。有品质的生活在于“品质”，而不是“数量”。

接下来，请你再假设一下，自己是一家公司的董事会成员，或者是一个在市政厅工作的议员，又或者是一个艺术组织机构的领导者，如果你的目标是满足你所负责的人的需求，帮助他们过上美满的生活，为社会做出重大的贡献，那么此时的你对自己的建议应该完全不同吧？

以价值为基础的研究方法主要是针对人们的行为活动而言的。如果你回看一下本书前面的序言，你就会发现这种研究方法具有治愈性，因为它会向人们提出各种不同的问题，比如“对你来说最重要的财富是什么”以及“它对你有什么好处”。同时，此研究方法具有启发性，因为它可以为人们提供一系列以价值为基础的与生活、组织机构、政治和经济有关的概念、框架和图片。这也正是这种研究方法的益处所在。

以价值为基础的研究方法与标准经济学的研究方法的不同之处在于，它不会直接地满足一个人的世界观。就如同在本书序言里所提到的那样，标准经济学法会直白地去描述大象的局部体征；而以价值为基础的研究方法则会研究什么才能让大象移动。标准经济学的研究方法主要探讨世界或者经济是如何运行的，是什么导致了失业率上升或者下降，如何解释大型公司实力的增长和减弱；而以价值为基础的研究方法只涉及和做正确事情相关的知识。坦率地说，我担心的是，大多数的标准经济学者对此研究方法会产生一定的偏见。不过，我发现，当我在计划我的家庭度假时，或在出售我的房子时，或者在制订扶贫计划时，又或者在研究改善就业情况时，科学研究实际上是毫无用处的。但是，我会一直使用以价值为基础的研究方法。

11.2 世界观

目前，我必须承认，以价值为基础的研究方法几乎不能给一个人的世界观添加任何切实性的内容，也不能帮助人们洞察世界或者经济。但是，它是一种可以帮助人们更好地看待世界的特殊方法，可以被当作是一种世界观。那么，现在让我来向你预测一下这个世界观究竟“长”什么样子吧。

以价值为基础的研究方法描述的是这样一个世界：人们试图做正确的事情。由于人们所拥有的知识、具备认知以及能力不足，因此，在很多地方都会出现问题。我们总是会犯错，但是即便如此，对我们来说，唯一合理且成熟的做法就是——努力去做正确的事情。因此，我的推论就是，在这个世界里，人们一直会尝试着做正确的事情，尽管在这个过程中总是会存在错误和过失（想一想，你是否曾经遇到这样的一种人，他总是想方设法地去做坏事或者错事）。

当我们试图去做正确的事情时，我们需要认识到什么对我们来说才是最重要的，这涉及我们的价值观，我们所追求的财富，以及我们的理想。换句话说，我们需要不断地追问自己："什么对我们来说才是最重要的""我们究竟在为了什么而奋斗?"这种做法有助于我们形成一种以追求价值和品质为核心目标的世界观。

正如我在第 1 章中所提到的，在经济学世界里的"房子"，在以价值为基础的世界里却是"家"。

我们也许已经普遍认识到了工具主义，或者政府逻辑（即治理逻辑），并且了解了市场逻辑是有关工具性商品和价值的生产和分配的逻辑，但是，社会逻辑依然需要受到我们的特殊关注。因为，正是由于社会逻辑和奉献意愿的存在，才使得我们可以创造出最重要的财富、美好的生活以及和谐的社会。

为了实现这些价值，政府领域里的战略性转型似乎也会变得更加井然有序。人们也许会思考，是否小型规模的组织机构会比大型规模的组织机构更适合于工作并能生产出更高品质的财富?政府是否需要通过社会逻辑进而更好地与本国公民建立起合作关系?

我们也会留意社会领域和市场领域里的变化。想一想共享经济、循环经济以及创意经济，我们是不是会首先在社会领域里发起有关共享、循环以及创意的各种倡议呢?

以价值为基础的研究方法解决了市场领域与政府领域之间的对立。很长时间以来，人们的讨论总是纠结于到底应该选择一个不受任何政府干预和调控的自由市场，还是选择一个完全可以操控市场的强大政府。然而，以价值为基础的研究方法却指出了，"家"是一切发展的基础，是社会领域和文化领域的主导。归根到底，文化才是最重要的。因此，该研究方法强调了有关文化的盛行（见第 2 章 C1、C2 和 C3 的叙述）

那些治理国家的政党或许可以从本书中了解应该如何处理有关"家"和

“社会”领域里的行为活动。总而言之，重中之重在于“品质”。大多数的定量测量（包括 GDP 和利润）都只具有工具性，而品质的实现才是我们的最终目标。

我们应该逐渐减少对财政业绩的关注，而投入更多的时间和精力去追求品质。我们可以将文化组织理解为关于文化的“品质”，将社会组织理解为关于社会的品质。消除贫困不仅是经济上不平等的问题，与此同时，贫困也是有关社会和文化的问题。

11.3 本书的主要贡献

有些人很想知道有关“以价值为基础的研究方法”的主要贡献到底是什么，以及这本书究竟成功之处在哪里。作为作者，我需要指出的是，我希望这本书可以拓展人们的视野和思路，并对完善该研究方法的概念和论点有一定的启发意义。在此，我将本书所涉及的全部内容总结为以下几点（其实，我在序言部分中已经提示过，但是在这里我还想再重申一遍，以便加深读者的记忆。）

（1）做正确的事情是有关价值实现的问题，比如，认识相关价值并将其变为现实。

（2）价值的实现必然会发生在某一特定的文化语境里。这种文化语境可以传递某种价值并使其变得有意义。然而，与此同时，该文化语境也会让其他不符合此语境的价值消失。

（3）价值的实现需要实践智慧（phronesis）（非理性的）。

（4）价值是通过财富实现的，其中最重要的是共享财产。购买到的商品和政府所提供的财产都具有工具性，因此，它们都附属于共享财产，后者具有社会性和文化性。

（5）有些财富是值得人们去争取的。我们将这种财富称之为终极财富，该财富由美好的生活和和谐的社会构成。实践（praxis）是一种行为活动，比如艺术、科学或者宗教的实践。这些实践所涵盖的目标主要涉及内在财富。

（6）人们所拥有的资源或者财产主要是由那些值得追求的财富构成的，比如参与实践、有意义的活动以及对话等。这些资源构成了人们的文化资本。此外，拥有工具性的财产（比如金融资本、社会地位以及社会资本）可以帮助人们获取其他潜在的财富。传统保守性的观念只会将有关不平等的测量方法锁定在工具性的财物上，而忽视文化资源的分配。

（7）五种不同的领域可以帮助人们实现他们所需要的价值。这些领域都有各自不同的独特逻辑以及修辞手法。这五种领域分别为：文化领域（C）、“家”的领域（O）、社会领域（S）、市场领域（M）和政府领域（G）。

这本书读起来似乎会让人感到非常抽象，并偏重于哲学性。其原因在于，我需要开发出一系列新的概念，并向读者展示出如何才将现有的概念变得更加有意义。

以下的概念非常重要：

- 价值观（values）是人们所认为的重要的事物、社会实体以及实践的相关品质。价值观可以是个人的、社会的、公共的或者超越的。
- 以价值为基础的经济学（a value based economy）强调价值的实现，侧重于品质，涉及良好的实践、美好的生活、有效的工作、有序的组织以及和谐的社会。
- 财富（goods）是指可以帮助人们实现价值的事物，它可以是有形的，也可以是无形的，可以是私有的，也可以是公有的，或者是与他人共有的。财富可以是个人的、社会的、公共的或者超越的。人们获取各种各样的财富都是为了价值的实现。
- 为之奋斗的财富（goods to strive for）构成了美好的生活以及和谐的社会。人们需要思考的问题是：这些财富对我们有什么好处？
- 实践（praxis）指的是在目标指引下的实践行为（或者对话），并包括人们为之奋斗的财富；在这种情况下，财富具有内在性。
- 资源（resources）是富裕的重要基础，资源贫乏会导致贫困。主要的资源可以是个人的、社会的、公共的或者超越的。
- 在日常生活中，经济不平等（financial inequality）是从属于社会的、公共的、个人的和超越的不平等（social，societal，personal，and transcendental inequalities）。基于这种思考方式，以价值为基础的研究方法会赋予有关贫穷和富裕概念全新的含义。
- 金钱或者价格本身没有价值，它们只是具有可以实现某种价值的潜力。
- 五种领域各自涵盖五种不同的逻辑模式，它们可以帮助我们实现价值。这五种领域指的是文化领域、“家”的领域、社会领域、市场领域和政府领域。

- 乐于奉献（the willingness to contribute）是社会逻辑的一大特征，它有利于人们获得共享财产（比如，友谊、知识和艺术）。

我需要这些概念来开拓和发展我所提出的以价值为基础的研究视野。在一些情况下，我也会参考其他的相关的研究文献和他人的学术成果。但是，我需要强调的是，我会仔细地思考和理解这些文献和成果，并进一步赋予它们新的意义。毫无疑问，梳理这些概念还需要后续大量的工作，以便证明这些概念具有有效性。我用表 11-1 来总结一下以价值为基础的研究方法和标准经济学的不同。

表 11-1 简要对比

以价值为基础的研究方法	标准经济学
侧重价值的实现	侧重稀缺资源的配置
强调“价值”	强调“价格”
强调社会、公共、个人和超越价值	强调偏好
注重实践智慧	注重合理行动
盛行社会行为，其他类型的行为活动也普遍存在	利己主义普遍盛行
利他主义往往是社会行为，目的是为了获得共享财富	无法解释利他主义
关注共享财产、私人财产、集体财产	只关注私人财产和集体财产
看重社会、个人以及文化资本	看重经济、人力以及金融资本
附加金融资本	附加人力资本
涉及文化领域、“家”的领域、社会领域、市场领域以及政府领域	只涉及市场领域和政府领域
嵌入在文化内（C1 和 C2）	不会涉及文化（C1 和 C2）
社会领域和“家”的领域中的人际关系	人和人之间没有任何关系
侧重品质、质量	主要侧重于数量
什么对你来说最重要？	你想要什么？
强调共同生产、共同创作、共同消费	强调生产、分配以及消费

续表

以价值为基础的研究方法	标准经济学
本质性的论点	工具主义的论点
关注于做正确的事情	关注于制定政策
本质性的不平等	经济不平等
开心是因为做了正确的事情	开心是因为效用的最大化
定性观察分析法	获得可量化的结果

11.4 实践成果

不论是在日常生活中，还是在和专业人士讨论工作时，或是在从政经历里，我一直都在使用以上这些概念。我的许多学生也常常会用到它们，因为这些概念的确会涉及方方面面各种不同的问题。比如，以价值为基础的研究方法会和工作、组织、创业、文化遗产、社会政策、政府与私人组织之间的关系、新经济、创意经济、循环经济等话题有关。在这里，我总结概括出以下几个重要的实践成果。

11.4.1 愿意为艺术做出贡献

资金不足以及削减政府补贴都会迫使艺术家和涉足文化组织的工作人员开始考虑“如何让人们愿意为他们的作品付费”。而我则会让他们的注意力转向“如何让人们愿意为他们的作品付出”。我会帮助他们意识到，不论是拜访者，还是参观者，这些人群都可以成为推广艺术和文化的宣传使者。通过与他人之间的对话，艺术家和涉足文化组织的工作人员可以邀请对方也参与到该艺术文化工作当中，并让对方为其做出贡献。当然，乐于奉献也可以是以金钱捐赠的形式。但是，如果要实现这一点，我们就必须使用社会逻辑。我尝试着让艺术家和涉足文化组织的工作人员用社会逻辑理解并勾画出所谓的社会领域。

11.4.2 明确目标，清楚自己的优势以及想要追求的目标，考虑它们会被如何评价并由谁来评价

这是我在组织机构工作时遇到的最大困难。为了应用以价值为基础的研究

方法，人们需要清楚地表达出他们的理想、他们目标值以及他们的行为价值。但是，当我向组织机构的人员提出类似相关的问题时，他们的回答总是不尽人意。即使是那些已经将目标任务具体化的公司，我们依然需要对他们进行额外的评估。通常情况下，由于不明确的评估标准，会导致目标任务或多或少失去有效性。因此，结合评估工作而行事，就是确定目标的最好方式。在使用以价值为基础的研究方法时，我们需要和该组织机构的相关利益者一同进行（请参考以下框格中的内容）。根据我的个人经验，阐明相关价值以及适当地去评估这些价值，会为我们提供持久有效并具有启发性的结果，至少在评估结束后是这样的。

定性观察分析法（The Quality Impact Monitor）

当一个组织或者一个政府针对质量的实现而制定政策时，其政策必须要明确地表达出人们想要实现的品质，并且要对该品质做出评估。比如：一个剧院必须清楚它所追求的艺术目标；当一个组织拥有为更美好的生活而做出贡献的雄心壮志时，该组织首先需要做的是，清楚地表明它想要以何种方式实现这个目标，以及谁可以为这个目标付出行动。使用定性观察分析法的目的是为了监控价值或者质量是否得到实现。它可以为组织机构的领导者提供明确的指示，不仅会告诉他们该如何去实现目标，而且还会告诉他们在实施战略决策时应该做出什么样的改变，与此同时，它也为资助者和监督者提供了一个清晰的视角，以便人们清楚地了解应该如何更有效地实现他们的目标。

作为这个定性观察分析法的开创者，我们发现，实际上在建立定性观察的过程中，该分析法可以提高我们对目标以及所追求的质量的理解，并可以帮助我们对其有一个更加清晰的认识。然而，反观其他研究方法，似乎通常都会直接省略第一个阶段，因为它们会让人们企图从现有的资源中收集数据，却放弃了探索阶段的机会。

所谓第一个阶段，则是人们需要确定行为和目标的价值，以及相关的利益者。经验告诉我们，这需要一个过程。一般来说，组织机构的领导者很难充分地阐明该组织的价值观，即使可以阐明，他们也无法准确地评估这些价值观。（比如“我们想让世界变得更快乐”“我们想让世界变得更加公正”等）

在确定价值观时，我们需要考虑到四种不同的维度：社会的、公共的、超越的和个人的。

通常情况下，组织领导者也想确定含有工具性质的目标，比如理想的访客数量、赞助资金、与外部联系的次数以及相关分析等。相比较而言，定性观察分析法同样会考虑到以上这些工具性目标，但是它会将重点放在本质性的目标上，即值得争取的质量（而不是数量）。

接着，我们会和组织领导者一起为他们的组织活动确定各种不同的利益相关者。这些利益相关者通常包括访客（或许需要划分几种不同的类别：不同年龄访客、忠实访客和偶然访客）、当地社区、企业、地方和国家政府、资助者、赞助机构、专家、教育机构、艺术同行、同事、监事会，以及常常被忽视的组织内部人员。

其次，我们还会要求组织领导者去考虑那些他们想要追求的各种品质，给予最重要的品质最大的关注，并且对利益相关者的不同重要性及影响程度做出权衡。因为，在最后的分析中，这些因素都是需要被考虑到的。

当我们在和利益相关者交流时，我们会向他们提出两种问题：一是他们会看重什么样的品质；二是他们会如何评价组织活动所带来的品质。当然，针对不同的利益相关者，我们提出的问题也会有所不同。比如，向偶然来访的访客提出有关本质性的问题（例如艺术品质），这是毫无意义的。或许他们会告诉你，他们很感动、很受启发，或者感到很无聊，但是通常由于他们缺乏经验和专业知识，也会使得他们无法真正地欣赏到其中的工艺技艺或相关的公共性的价值。

以下有几种可以帮助人们对不同的利益相关者做出评估的方法，比如问卷调查、访谈、小组讨论和访客管理委员会等。对于访客管理委员会来说，它需要由具有一定知识背景的人组成，他们需要花费一到两天的时间与特定的利益相关方进行交流沟通，随后审核数据并核查相关报告，从而进一步对已实现的品质进行定性分析评估。然而，相比之下，针对工具性目标的评估通常只需要收集相关的定量数据就足够了。

关于质量方面，领导者、管理者以及资助者可以将目标陈述和从利益相关者那里所得到的体会进行比较，进而得到两者之间的差距。比如，如果根据定性观察分析法，其结果显示观众们一致认为该剧院所上映的戏剧内容和形式上都过于前卫和怪诞，那么作为领导者，他将可以用两种不同的方式去改变这种现状：一是策划迎合大众口味的戏剧；二是引导人们接受具有复杂性、创新性以及挑战性的戏剧。然而，对于后者来说，它的目标就是为了改变观众的价值观。

11.4.3 与社会企业以及合作社合作

现在的美国和英国依然会将社会企业以及合作社称之为“公益企业”(public benefit corporation)。所有这些组织形式均拥有一个共同点，即都会明确地将一个共享的财富作为他们共同的奋斗目标——这个目标可以是社会的、公共的或超越的。我很赞成一项财政政策，那就是将这些组织与商业组织区别对待。我作为一名政府的工作人员，如果这些组织的奋斗目标和我的目标保持一致，那么我就更倾向于和他们一起合作。

11.4.4 发行官方货币的同时，推行社交货币（并且重新引入国家货币）

我与欧元之间无休止的“斗争”，以及思考有关欧元背后的故事，都是在以价值为基础的方法中找到灵感的。至少在过去的几年里，是这样的。欧元是政府逻辑的产物，它完全忽略了社会逻辑以及文化逻辑。欧元缺乏一个良好的示范，其政治合法性遭到质疑。人们在面对欧元的不足和缺陷时，往往会不断考虑如何加强政府部门结构，而忽略了其他领域的存在。

实际上，欧元的现象表明，一种货币需要一个强劲的社会领域才能正常运作。因此，货币具有社会功能，在好的情况下，货币可以将人们紧密地联系在一起；但是，在不好的情况下（比如欧元的危机），货币也会促使人们分开。所以，我非常赞成使用当地货币来加强当地社区和地方的特色。在希尔弗瑟姆市，我目前正与一群市民合作，准备推行这样类似的当地货币。

11.4.5 实践（practices）与实践行为（praxes）

最近我必须就有关教学和研究之间的问题做一次演讲。在大学里，做研究会被认为比教学更容易获得满足感。那么，我们应该如何改进教学呢？研究和教学均属于实践，是人们通过一系列的活动才能完成的事情。努力奋斗的人们会为了兑现自己的承诺，怀着奉献之心，不断地付诸实践。教学与研究应该都具有内在价值，因为这两项工作都可以让实践者获得一定的满足感。这种满足感可以促使人们成为真正的专业人士，并将实践转化成一种具有目的性的行为。但是，当真正的研究者认为教学仅仅是一件枯燥无味且不断重复的实践时，或者当真正的授课老师认为做研究只不过是一种工作的义务时，那么问题就出现了。在以上这两种情况下，实践只是一种毫无目的性的实践。因此，针对教学与研究之间的关系，校长们需要合理分配任务，或者考虑应该如何将实践转化成实践行为，比如欣赏并肯定真正的教学和真正的研究（强调教学质量和研究质量）。

我也会告诉我的学生们，区分实践和实践行为是非常重要的，因为他们无疑会参与各种各样的活动或实践。他们总是想要将一种实践称之为实践行为，因为实践行为最终可以给他们带来真正的满足感。然而，我看到却是太多失败的例子：有些人并没有意识到什么是实践行为，甚至他们在经济方面获得成功时，却依然身处困境，或者也正是因为这种经济上的成功，反而使得他们困顿迷茫。

11.4.6 利他主义是一种正常现象

不仅经济学家认为利他主义是一种不合理的行为，而且许多普通人也是这么认为的。我常常听到人们会抱怨，并对他人的善意缺乏信心。“人是自私的，”他们说，“人从来只顾自己的利益。”然而，此时的我很高兴终于可以对这一广泛的观点做出回应。首先，我想问问说出这个观点的人们，他们自己是否自私，就像我在序言部分提到的那样。此外，我会向他们介绍有关共享财产和社会逻辑在社会领域的概念。基于这些概念，我可以很有信心地说，利他主义是一种正常现象，至少我们在考虑社会行为是为了实现共享财富时是这样的。这一论点非常实用，比如，在和他人共进晚餐时，我们会分享各自的故事。当然，当我与那些坚定拥护自由主义者或行为自由论者以及激进的利己主义者讨论时，这一论点也非常有用。如果我们所认为的最重要的财富意义与价值的关键在于和他人一同分享，那么我们又怎么会成为一个利己主义者呢？或许他们会反驳我的观点，并指出这些都是源于理性的利己主义，那么我不会去和他们争论，因为很明显对方并没有明白我在说什么。“请先读读我的书吧，然后我们再继续讨论。”也许我应该这样回复他们，虽然听上去很蹩脚。

作为这本书的结语，我期待着有更多的人会为同样的目标而做出贡献：

- 我希望学生们可以在今后的学习、工作和生活中不断地运用这个以价值为基础的研究方法。
- 我希望组织机构开始关注品质、质量的实现。
- 我希望我们不仅可以废除工具主义在我们日常生活中的主导性地位，同时还可以在考虑数量增长之前，优先考虑质量的实现。

总而言之，这本书适用于所有正在参与实践活动或者想要参与实践活动的人们。尽管至此本书到尾声，但是有关以价值为基础的“对话”才刚刚开始，它还需要我们后续做大量的工作以及投入。讨论依然继续，任重而道远。

参考文献

[1] Adams R M. A Theory of Virtue: Excellence in Being for the Good [M]. Oxford: Clarendon Press, 2006.

[2] Anderson E. Value in Ethics and Economics [M]. Cambridge: Harvard University Press, 1993.

[3] Appadurai A. The Social Life of Things [M]. Cambridge University Press, 1988.

[4] Aristotle Ross W, Brown L. The Nicomachean Ethics [M]. Oxford: Oxford University Press, 2009.

[5] Arnold M. Culture and Anarchy: An Essay in Political and Social Criticism [M]. New York: MacMillan, 1869.

[6] Augustine, Blaiklock E. The Confessions of Saint Augustine [M]. London: Hodder & Stoughton, 1963.

[7] Aurelius M Gill C. Meditations. Book 1 - 6 [M]. Oxford: Oxford University Press, 2013.

[8] Barnes J. A History of the World in 10 1/2 Chapters [M]. New York: Knopf, 1989.

[9] Becker G. The Economic Approach to Human Behaviour [M]. Chicago: University of Chicago Press, 1976.

[10] Beugelsdijk S, Maseland R. Culture in Economics: History, Methodological Reflections and Contemporary Applications [M]. Cambridge: Cambridge University Press, 2014.

[11] Bourdieu P. Forms of Capital [M] //J R. Handbook for Theory and Research for the Sociology of Education. New York: Greenwood, 1986.

[12] Buchanan J. An Economic Theory of Clubs [J]. Economica, 1965, 1-14.

[13] Bustamente Kuschel P G. Rationality and Phronesis in Economics: A

Rhetorical Moment [OL] . 2012. http: //hdl. handle. net/1765/38053.

[14] Cameron K, Quinn R. Diagnosing and Changing Organizational Culture: Based on the Competing Values Framework [M]. New York: Addison-Wesley, 1999.

[15] Chandler A D. The Visible Hand: The Managerial Revolution in American business [M]. Cambridge: Belknap Press, 1997.

[16] Cicero M T, Gardner R. Speeches [M] . London: Harvard University Press, 1958.

[17] Debreu G. The Theory of Values: An Axiomatic Analysis of Economic Equilibrium [M]. New York: Wiley, 1959.

[18] Dewey J. The School and Society [M]. Chicago: The University of Chicago Press, 1915.

[19] Drucker P. Managing the Non-Profit Organization—Principles and Practices [M]. New York: Harper Business, 1992.

[20] Elias N. The Cilvilizing Process [M]. Oxford: Wiley-Blackwell, 2000.

[21] Florida R. The Rise of the Creative Class [M] . New York: Basic Books, 2002.

[22] Folbre N. Valuing Children: Rethinking the Economics of the Family [M]. Cambridge Mass: Harvard University Press, 2008.

[23] Foot P, Adams R M. A Theory of Virtue: Excellence in Being for the Good [M]. Oxford: Clarendon Press, 2006.

[24] Foucault M. The Archeology of Knowledge [M]. London: Routledge, 1969.

[25] Foucault M. The Order of Things [M]. London: Pantheon Books, 1970.

[26] Foucault M, Senellart M. The Birth of Biopolitics: Lectures at the Collège de France, 1975-1976 [M]. Basingstoke: Palgrave Macmillan, 2008.

[27] Frey B. Not just for the money: An Economic Theory of Personal Motivation [M]. Cheltenham: Edward Elgar Pub. , 1997.

[28] Geertz C. Deep Play: Notes on the Balinese Cockfight [M]. Indianapolis: Bobbs-Merrill, 1972.

[29] Goede de M. Virtue, Fortune, and Faith: A Genealogy of Finance [M]. Minneapolis: Univerisity of Minnesota Press, 2005.

[30] Graeber D. Towards an Anthropological Theory of Value: The False

Coin of Our Dreams [M]. New York: Palgrave MacMillan, 2001.

[31] Granovetter M. Economic Action and Social Structure: The Problem of Embeddedness [J]. American Journal of Sociology, 1985, 481-510.

[32] Grube L E, Storr V H. Culture and Economic action [M]. Cheltenham: Edward Elgar Publishing, 2015.

[33] Gudeman S. Economy's Tension the Dialectics of Community and Market [M]. Oxford: Berghahn Books, 2008.

[34] Habermas J. The Theory of Communicative Action [M]. Boston: Beacon Press, 1984.

[35] Hardin G. The Tragedy of the Commons [J]. American Association for the Advancement of Science, 1968 (12).

[36] Hicks J R. Value and Capital: An Inquiry into Some Fundamental Principles of Economic Theory [M]. Oxford: Clarendon Press, 1939.

[37] Hillesum E P. An interrupted life: The diaries of EttyHillesum, 1941-1943 [M]. New York: Pantheon Books, 1981.

[38] Hoffman D D, Richards W A. Parts of Recognition [J]. Cognition, 1985, 65-96.

[39] Hofstede G. Culture's Consequences: Comparing Values, Behaviors, Institutions and Organizations Across Nations [M]. Thousand Oaks: SAGE, 2003.

[40] Inglehart R, Welzel C. Modernization, Cultural Change, and Democracy: The Human Development Sequence [M]. Cambridge: Cambridge University Press, 2005.

[41] Jacobs J. The Death and Life of Great American Cities [M]. New York: Random House, 1993.

[42] Johnson J. Russell and Strawson on Significant Sentences [J]. Aporia, 2006, 16 (1).

[43] Keynes J M. Essays in Persuasion [M]. New York: W. W. Norton & Company, 1963.

[44] Klamer A. The Value of Culture: On the Relationship Between Economics and Arts [M]. Amsterdam: Amsterdam University Press, 1996.

[45] Klamer A. The Gift Economy [M] //R Towse. A Handbook of Cultural

Economics. Cheltenham: Edward Elgar Publishing, 2003.

[46] Klamer A. Speaking of Economics: How to get in the Conversation [M]. New York: Routledge, 2007.

[47] Kopytoff I. The Cultural Biography of Things: commoditization of process [M] //A Appadurai. The Social Life of Things: Commodities in Cultural Perspective. Cambridge: Cambridge University Press, 1988.

[48] Lane R. The Market Experience [M]. Cambridge: Cambridge University Press, 1991.

[49] Lasch C. The True and only Heaven [M]. New York: W. W. Norton & Company, 2013.

[50] Leemans I, Johannes G. Worm en Donder [M]. Utrecht: Prometheus, 2013.

[51] Lohman R. The Commons: New Perspectives on Nonprofit Organizations and Voluntary Action [M]. New York: Jossey-Bass Inc Pub, 1992.

[52] Luhmann N. Die Gesellschaft der Gesellschaft [M]. Frankfurt am Main: Suhrkamp, 1997.

[53] MacIntyre A. After Virtue [M]. Parijs: Notre Dame University Press, 1981.

[54] Mandela N. Nelson Mandela's Statement from the Dock at the Opening of the Defense Case in the Rivonia Trial [R]. Pretoria, South Africa, 1964.

[55] Marx K, Engels F, Moore S, McLellan D. The Communist Manifesto [M]. Oxford: Oxford University Press, 1992.

[56] Maslow A H. A Theory of Human Motivation [J]. Psychological Review, 1943, 370-396.

[57] Maslow A H. Motivation and Personality [M]. New York: Harper, 1954.

[58] Mauss M. The Gift: forms and functions of exchange in archaic societies [M]. New York: Norton, 1967.

[59] McCarthy T. Theory of Communicative Action [M]. Boston: Beacon Press, 1984.

[60] McCloskey D N. The Applied Theory of Price [M]. New York: Macmillan Pub. Co, 1982.

[61] McCloskey D N. The Bourgeois Virtues: Ethics for an Age of Commerce [M]. Chicago: University of Chicago Press, 2007.

[62] McCloskey D N. Bourgeois Dignity: Why Economics Can't Explain the Modern World [M]. Chicago: University of Chicago Press, 2011.

[63] McCloskey D N. Bourgeois Equality: How Ideas, Not Capital or Institutions, Enriched the World [M]. Chicago: University of Chicago Press, 2016.

[64] Meinong. Untersuchung zur Gegenstandstheorie und Psychologie, 1904.

[65] Menger C. Principles of Economics [M]. Auburn: Ludwig von Misesinstitute, 1871.

[66] Merton R. The Matthew Effect in Science [J]. Science, 1968, 56-63.

[67] Mirowski P, Sent E-M. The Commercialization of Science and the response of STS [M] //E J Hackett. O Amsterdamska, M Lynch, Wajcman. The Handbook of Science and Technological Studies. Cambridge: MIT Press, 2008.

[68] Moody-Adams M. Reflections on Appiah's the Ethics of Identity [J]. Journal of Social Philosophy, 2006, 292-300.

[69] Nelson M, Singh R. Democracy, Economic Freedom, Fiscal Policy, and Growth in LDCs: a fresh look [J]. Economic Development and Cultural Change, 1998, 677-696.

[70] Netzer D. Non-profit Organizations [M]//R Towse. A Handbook of Cultural Economics. Cheltenham: Edward Elgar Publishing Limited, 2011.

[71] Nussbaum M. The Fragility of Goodness: Luck and Ethics in Greek Tragedy and Philosophy [M]. Cambridge: Cambridge University Press, 1986.

[72] Oslington P. The Oxford handbook of Christianity and Economics [M]. Oxford: Oxford University Press, 2014.

[73] Ostrom E. Governing the Commons: the Evolution of Institutions for Collective Action [M]. Cambridge: Cambridge University Press, 1990.

[74] Piketty T. Capital in the Twenty-first Century [M]. Cambridge: The Belknap Press of Harvard University Press, 2014.

[75] Plato, Jowett B. Plato's the Republic [M]. New York: The Modern Library, 1941.

[76] Polanyi K. The Great Transformation: the Political and Economic Origins of Our Time [M]. Boston: Beacon Press, 1944.

[77] Ray L, Sayer A. Culture and Economy after the Cultural Turn [M].

Thousand Oaks: SAGE, 1999.

[78] Robbins L R. An Essay on the Nature & Significance of Economic Science [M]. London: Macmillan, 1932.

[79] Rorty R. Philosophy and the Mirror of Nature [M]. Princeton: Princeton University Press, 1979.

[80] Sahlins M. Stone Age Economics [M]. Chicago: Aldine-Atherton, 1979.

[81] Samuelson P. Foundations of Economic Analysis [M]. Cambridge, MA.: Harvard University Press, 1947.

[82] Sandel M J. What Money Can'T Buy: the Moral Limits of Market [M]. New York: Farrar, Straus and Giroux, 2012.

[83] Schön D. The Reflective Practitioner, How Professionals Think in Action [M]. New York: Basic Book, 1984.

[84] Scitovsky T. The Joyless Economy: The Psychology of Human Satisfaction [M]. Oxford: Oxford University Press, 1976.

[85] Sen A. Commodities and Capabilities [M]. Amsterdam: North - Holland, 1985.

[86] Sennett R. The Craftsman [M]. New Haven: Yale University Press, 2008.

[87] Severin T. In Search of Robinson Crusoe [M]. New York: Basic Books, 2003.

[88] Smith A. The Theory of Moral Sentiments [M]. London: A. Millar, 1759.

[89] Smith A. An Inquiry into the Nature and Causes of the Wealth of Nations [M]. London: Methuen & Co, 1776.

[90] Taylor C. The Malaise of Modernity [M]. Toronto: House of Anansi, 1991.

[91] Taylor C. Sources of the Self [M]. Cambridge, MA.: Harvard University Press, 1989.

[92] Thatcher M. October 31. Woman's Own [J]. Interviewer, 1987 (10).

[93] Thompson E P. The Moral Economy of the English Crowd in the Eighteenth Century [J]. Past & Present, 1971, 76-136.

[94] Throsby D. Economics and Culture [M]. Cambridge: Cambridge University Press, 2001.

［95］ Tilly C. Credit and Blame ［M］. Princeton：Princeton University Press，2008.

［96］ Walzer M. Spheres of Justice：A Defense of Pluralism and Equality ［M］. Oxford：Basil Blackwell，1983.

［97］ Waterman R，Peters T. In Search of Excellence ［M］. New York：Harper and Row，1982.

［98］ Weber M. Economy and Society ［M］. California：University of California，1968.

［99］ Weber M. The Protestant Ethic and the Spirit of Capitalism ［M］. New York：Routledge，2001.

［100］ Zelizer V A. Pricing the Priceless Child：The Changing Social Value of Children ［M］. New York：Basic Books，1985.

［101］ Zelizer V A. The Social Meaning of Money：Pin Money，Paychecks，Poor Relief，and other Currencies ［M］. Princeton：Princeton University Press，2005.